集成供应链业务流程再造

Integrated Supply Chain
Business Process Re-engineering

水藏玺　赵晓东◎著

中国铁道出版社有限公司
CHINA RAILWAY PUBLISHING HOUSE CO., LTD.

图书在版编目（CIP）数据

集成供应链业务流程再造 / 水藏玺 , 赵晓东著 .—北京：
中国铁道出版社有限公司 ,2023.6
ISBN 978-7-113-29971-2

Ⅰ.①集… Ⅱ.①水… ②赵… Ⅲ.①供应链管理 –
业务流程 Ⅳ.① F252.1

中国国家版本馆 CIP 数据核字 (2023) 第 030014 号

书　　名：集成供应链业务流程再造
　　　　　JICHENG GONGYINGLIAN YEWU LIUCHENG ZAIZAO
作　　者：水藏玺　赵晓东

责任编辑：王　宏　　　　　编辑部电话：（010）51873038　　电子邮箱：17037112@qq.com
封面设计：宿　萌
责任校对：苗　丹
责任印制：赵星辰

出版发行：中国铁道出版社有限公司（100054，北京市西城区右安门西街 8 号）
印　　刷：北京盛通印刷股份有限公司
版　　次：2023 年 6 月第 1 版　2023 年 6 月第 1 次印刷
开　　本：787 mm×1 092 mm　1/16　印张：16.25　字数：384 千
书　　号：ISBN 978-7-113-29971-2
定　　价：69.80 元

信睿企管专家委员会

主 任　水藏玺

委 员　吴平新　赵晓东　王远飞　刘志坚

　　　　　卢亚东　郭凌志　刘　海　许艳红

　　　　　高国栋　刘凡慧　钟太林

本书案例来源及技术支持

信睿咨询 南粤商学 采贝教育

信睿咨询

信睿咨询是由国内知名管理专家水藏玺先生、吴平新先生发起，以"持续提升客户经营业绩"为追求目标，始终坚持"以客为尊，以德为先"的经营理念。结合十多年理论研究与企业实践，信睿咨询开创性地提出了"SMART-EOS 企业经营系统"理论，信睿咨询认为：企业的任何一项经营活动和管理行为都必须以提升企业市值为准绳。同时，在与客户合作模式方面，信睿咨询提出的"与客户结婚"和"咨询零收费"模式开创了国内咨询行业全新的商业模式。

南粤商学

南粤商学是由国内知名管理专家水藏玺先生、张少勇先生等为核心发起人，联合近 300 位优秀企业家及企业高级管理者，以"信睿 SMART-EOS 企业经营系统"为理论基础，以"拓展管理视野"为使命，传播南粤优秀企业管理经验，推动中国企业提升管理能力，怀揣"管理报国，利润报企，幸福报民"之理想，旨在帮助中国企业实现管理升级，为早日实现"中国梦"而努力。

采贝教育

深圳采贝教育有限公司是基于新型交互技术的产业技能生态平台，以"3 链接 +3 定位 +4 体系"的产品理念，助力并参与行业人才标准落地，汇聚产业专家，数字化跨行业、跨领域专家，基于采贝教育特有的 SSL 方法论，共同萃取产业、企业、跨行业最佳实践，并以"云平台 + 服务 + 生态创新"模式构建的数智化技能生态平台为依托，支持企业在产业升级的大背景下，实现人才技能升级和管理。到目前为止，采贝教育已为燃气、港口、地铁、高铁、机场、电力、智能制造等诸多行业领军企业提供一站式数智化人才升级服务整体解决方案。

前　言

　　自华为技术有限公司（简称华为）在国内首创并成功实施集成供应链（Integrated Supply Chain，简称 ISC）以来，越来越多的中国企业开始关注并实施集成供应链的改善和创新。传统供应链从计划、采购、生产、仓储、物流、设备、工艺、品质等多个专业将产品的生产过程及交付切分开来，每个专业各自开展工作。自从有了集成供应链，情况就大不相同了，集成供应链要求和产品生产与交付相关的各个部门高度协同，共同为客户所关心的品质、交期、成本及服务负责，一方面可以聚焦目标，以最经济的方式，最大化满足客户价值主张，另一方面还可以聚焦资源，避免浪费，因为不同的订单，其背后客户的核心利益诉求不同，企业内部资源的协同方式也就会存在差异。

　　浙江华孚色纺有限公司（简称华孚色纺）是国内一家知名的新型纱线供应商，董事长孙伟挺在他的专著《快速反应》中提出：为了满足不同客户订单的价值诉求，华孚色纺将内部几十家工厂进行了分类，有些工厂以成本控制见长，有些工厂以质量控制见长，而有些工厂则以交期保证见长，销售部门在接到客户订单的时候必须注明客户的核心诉求，然后计划部门根据与客户诉求相匹配的工厂安排订单交付，这其实就是一种典型的敏捷供应链。

　　福建宁德时代新能源科技股份有限公司（简称宁德时代）成立于 2011 年，该企业在经过短短 10 年时间的超高速发展后，已经在全球动力电池企业最新排名中位列第一，专注于新能源汽车动力电池系统、储能系统的研发、生产和销售，致力于为全球新能源应用提供一流解决方案，聚焦于动力和储能电池领域，以及材料、电芯、电池系统、电池回收二次利用等全产业链研发及制造能力。可以这么说，宁德时代的成功除了在产品技术领域的突破与创新，与其成熟的集成供应链体系也有非常紧密的关系。

　　青岛红领集团有限公司（简称红领）是一家专门从事西服定制的服装企业，该企业以"定制风尚引领者"为核心价值理念，在其他服装企业选择以大规模、批量化、标准化为主的经营模式的时代，红领独辟蹊径，以"定制"的名义，转型成了新时代个性化智能定制品牌，这样的转型面临最大的挑战便是供应链系统的整合。

　　以上企业的成功在很大程度上取决于其集成供应链系统的创新，过去我们认为的供应链体系就是和一群产品生产与交付相关的职能部门在一起完成相关工作，而现在已经有越来越多的企业开始重视以客户需求（交期、成本、质量、服务）为触发点，前后拉通和整合相关部门统一为最大化满足客户需求而负责，进而形成一整套完善的流程体系，这就是本书要重点阐述的集成供应链业务流程再造。

　　早在 2008 年，笔者就曾经出版过《企业流程优化与再造实例解读》一书，这是笔者在此领域的第一本专著，也是国内早期为数不多的流程相关书籍之一。随着这些年研究方向地不断拓宽和加深，笔者又在 2011 年之后连续出版了《流程优化与再造：实践、实务、实例》《流程优化与再造》《互联网时代业务流程再造》《业务流程再造》《不懂流程再造，怎么做管理》等一系列与流程相关的书籍。在这些书籍中，结合不同行业、不同企业的最佳实践，笔者开创性地提出了"业务流程再造五步法"（即业务蓝图与业务流程规划、业务流程现状描述与问题分析、业务流程优化与再造、业务流程配套设计、业务流程信息化），这一方法已经在国内很多企业成功应用并取得了极佳的实践效果。

　　本书也是按照笔者提出的"业务流程再造五步法"，对企业集成供应链业务流程再造进行详细介绍，期望能够对读者有所帮助。

　　全书共分为三篇九章，分别是集成供应链业务流程再造理论篇、集成供应链业务流程再造方法篇、集成供应链业务流程再造实践篇，有系统理论、有实操方法、有最佳实践。通过阅读本书，读者可以全方位了解企业集成供应链业务流程再造的方方面面。

　　在本书出版之际，我要感谢多年来一直保持着密切合作的客户们，在与客户合作的过程中，有幸见证了中国企业供应链从过去粗放管理到敏捷化、数字化、智能化、平台化、集成化的蜕变。

　　另外，还要感谢我的家人，由于顾问工作原因，长期、频繁出差在所难免，很少有时间好好陪在家人身边，在此也谢谢家人的鼎力支持、无私奉献和默默付出。

　　当然，限于个人资历、学识与能力，书中难免存在不足与缺憾之处，恳请广大读者不吝批评与指正，我愿与大家共同努力，推动中国企业通过集成供应链业务流程再造提升企业供应链运营能力，谢谢！大家有任何疑惑或不同的观点，可以直接来电、来信与我联系，期待与大家交流，我的联系方式为：电话（13713696644）、电子邮箱（sacaxa@163.com）、微信号（shuicangxi）。

水藏玺

2022 年 12 月于深圳前海

目　录

第一篇
集成供应链业务流程再造理论篇

为了取得经营业绩的戏剧性提高，企业应该再造经营——运用现代信息技术的力量急剧地重新设计每项业务的核心流程。

——迈克尔·哈默、詹姆斯·钱匹

我们的生产战略是在超大规模销售的基础上建立敏捷生产体系。因地制宜地采用世界上先进的制造技术和管理方法，坚持永无止境地改进，不断提高质量，降低成本，缩短交货期和增强制造柔性，使公司制造水平和生产管理水平达到世界级大公司的基准。

——《华为基本法》

现代企业的竞争不再是简单的产品竞争，也不是企业个体之间的竞争，而是企业价值链之间的竞争。

——本书作者

第一章
流程与业务流程再造

目前，我国积极稳妥推进碳达峰、碳中和目标，倡导绿色、环保、低碳的生活方式。加快降低碳排放步伐，有利于引导绿色技术创新，提高产业和经济的全球竞争力。我国持续推进产业结构和能源结构调整，大力发展可再生能源，在沙漠、戈壁、荒漠地区加快规划建设大型风电光伏基地项目，努力兼顾经济发展和绿色转型同步进行。

想要实现这一宏伟目标，全社会都必须行动起来，共同努力。对制造型企业而言，实施集成供应链业务流程再造是必须要走的道路！

一、中国制造需要流程

根据"双碳"目标，我国计划到 2025 年，绿色低碳循环发展的经济体系初步形成，重点行业能源利用效率大幅提升。单位国内生产总值能耗比 2020 年下降 13.5%；单位国内生产总值二氧化碳排放比 2020 年下降 18%；非化石能源消费比重达到 20% 左右；森林覆盖率达到 24.1%，森林蓄积量达到 180 亿立方米，为实现碳达峰、碳中和奠定坚实基础。

到 2030 年，经济社会发展全面绿色转型取得显著成效，重点耗能行业能源利用效率达到国际先进水平。单位国内生产总值能耗大幅下降；单位国内生产总值二氧化碳排放比 2005 年下降 65% 以上；非化石能源消费比重达到 25% 左右，风电、太阳能发电总装机容量达到 12 亿千瓦以上；森林覆盖率达到 25% 左右，森林蓄积量达到 190 亿立方米，二氧化碳排放量达到峰值并实现稳中有降。

到 2060 年，绿色低碳循环发展的经济体系和清洁低碳安全高效的能源体系全面建立，能源利用效率达到国际先进水平，非化石能源消费比重达到 80% 以上，碳中和目标顺利实现，生态文明建设取得丰硕成果，开创人与自然和谐共生新境界。

从以上具体目标可以看出，我国政府在改善生态、发展循环经济、走"绿水青山就是金山银山"的绿色发展之路的决心与信心。

从 20 世纪 80 年代开始，中国制造企业走过了高能耗、高污染、劳动密集、粗放式经营发展历程，随着近些年国家在能耗、环境治理、民生健康等方面的重视度越来越高，越来越多的企业开始思考如何通过科技手段和集成供应链业务流程再造实现战略转型。

我们熟悉的三一重工智能工厂、京东方智能制造基地、宁德时代智能工厂、比亚迪新能源汽车智能生产线……一大批低能耗、低污染、高智能化，代表"中国制造"的现代化工厂如雨后春笋在神州大地拔地而起，同时，我们看到除了工厂硬件升级之外，越来越多的中国企业通过集成供应链业务流程再造将外部供应商、内部供应链资源与外部客户链接起来，形成价值链共同体，发挥各自优势，最大化满足客户价值主张，助力国家"双碳"目标落地。

二、什么是流程

为了让读者全面了解集成供应链业务流程，我们先从流程的基本概念开始讲起。当然不同的专家对流程有不同的理解和定义：

马文·M.沃泽尔在《什么是业务流程管理》[①]一书中写道：流程是重复的增值活动的集合，它由组织的人和技术资源实施，其目的是实现共同的业务目标，生产出客户愿意也能够付费购买的产品或服务。

迈克尔·哈默、詹姆斯·钱匹认为：流程是有精确定义的一个技术术语，它是成组的、相互联系的活动，这些活动一起为客户创造价值。

彼特·芬加认为：业务流程是一组完整的、动态协调的活动，它们相互协同、相互作用，共同为客户交付价值。

彼得·基恩认为流程应该有4个标准：流程是周期性的；流程对组织能力的某些方面有影响；流程可以按不同方式完成，这些方式影响到流程产生的成本、价值、服务或质量；流程需要协调。

托马斯·达文波特认为：流程是为了给特定的客户或市场产出特定产品而设计的一组结构化、精准的活动。

国际标准化组织在 ISO 9001：2000 质量管理体系标准对流程是这样定义的：流程是一组将输入转化为输出的相互关联或相互作用的活动。

总之，关于流程的定义，不同的人有自己的理解和认知，因此给出的定义也就不尽相同。通过认真分析我们会发现，过去对流程的理解更多是以价值创造为出发点，试图说明企业内部为了满足客户需求（交期、成本、质量、服务）而选择或者实施的增值活动组合。但在企业内部有很多活动其实并不直接与客户需求相关，而是与客户需求交付的支持或者控制相关，这些活动之间也存在流程，因此我们认为需要对流程进行更加全面的定义。

根据我们多年的工作实践和对流程的理解，对流程定义如下：

所谓流程，就是指一系列、连续、有规律的活动，这些活动以特定的方式进行，并导致特定结果的产生。

在对流程定义的理解过程中，我们要注意：

（1）流程是一系列、连续、有规律的活动。正因为这样，这些"活动"是有先后顺序或并列关系的，同时这种先后或并列关系是连续和有规律的，企业不能违背规律地实施管

---

① 沃泽尔 M.什么是业务流程管理 [M].姜胜，译.北京：电子工业出版社，2017：31.

理。正如迈克尔·哈默、詹姆斯·钱匹对流程定义中提到的"它是成组的、相互联系的活动";也如彼特·芬加所说的"业务流程是一组完整的、动态协调的活动";还如托马斯·达文波特所说的"一组结构化、精准的活动"。

比如说要生产一款产品，企业需要从客户订单分解开始，包括订单交付计划、物料需求计划、采购计划、物料采购、物料检验及入库、生产作业计划、领料及生产、成品检验、成品入库等"一系列、连续、有规律"的活动。

（2）流程是以特定的方式进行的。在流程运作的过程中，不同公司、不同发展阶段，其"活动"之间的运作方式是不同的，即便是同一家公司、相同的发展阶段，因为客户需求或者流程目标的不同，可能也会导致"活动"之间的运作方式存在差异，因此这种"特定的方式"必须要结合企业实际业务需要，切不可照搬照抄。

如有些企业的供应链运营模式是以销售预测为主的，而有些企业是以订单交付计划为主的，还有些企业是前面二者相结合的，不同的供应链运营模式要求企业内部的供应链业务活动"以特定的方式进行"。

（3）流程导致特定结果的产生。流程最终目的在于创造价值，也就是增值。正如马文·M.沃泽尔对流程的定义中提到的"流程是重复的增值活动的集合"，也如彼得·基恩对流程定义中提到的"这些方式影响到流程产生的成本、价值、服务或质量"。在企业中，流程的增值可能体现在效率提升、成本降低、销售增加、利润增长、质量提高，也可能体现在客户满意、员工满意。总之，这与每个流程的目的（绩效目标）有关。

比如生产计划管理流程的增值方式是提升效率、减少呆滞；原料品质检验流程的增值方式是确保原料的品质；制程管理流程的增值方式则是提高效率、提升品质；生产成本管理流程的目的是控制产品成本。总之，每一个流程其增值方式是确定的，企业在进行流程再造的时候一定要清晰每个流程增值方式，并按照流程增值方式进行相应地优化与再造。

（4）基于流程目标，优秀流程的每项活动都是增值的。正如迈克尔·哈默、詹姆斯·钱匹所说的"这些活动一起为客户创造价值"。

（5）流程的目标是由客户决定的。菲利普·科比在《流程思维：企业可持续改进实践指南》[①]一书中写道：持续满足客户需求是设计流程时无可争议的要求。这意味着我们要消除对目标毫无益处的活动，如果正在进行的工作刚好能够满足客户需求，那么流程便是高效的。由此可见，企业在进行流程设计时首先要明确流程客户，并充分理解其核心需求，只有这样才能保证流程的每个环节都是有价值的。

对于集成供应链流程而言，客户的需求是明确的：交期、品质、成本、服务，如何始终围绕客户核心需求进行集成供应链业务流程再造，这是企业需要重点关注的。

（6）不同类型流程的增值方式会不同，对于业务流程而言，其增值可能体现在提升效率、缩短交期、降低成本、提升品质、确保客户满意等方面；对管理流程而言，其增值方式会体现在风险控制、知识传承、绩效提升等方面；而对辅助流程而言，其增值方式又会体现在内部客户满意、效率提升、业务支持等方面。总之，不同类型的流程其客户不同，客户需求

---

① 科比.流程思维：企业可持续改进实践指南 [M].肖舒芸，译.北京：人民邮电出版社，2018：151.

有异，其增值方式也会不同。

虽然不同的人对流程的定义存在的差异，但以上六点的认知是趋同的，这也是企业在进行业务流程再造时必须注意的。

三、流程构成六要素

一个完整的流程必须包含 6 个核心要素，即输入、供应商、过程、执行者、客户、输出。

（1）流程输入。流程输入是流程启动的触发点，是流程运作过程中不可或缺的组成部分。如生产计划管理流程的输入可能是销售预测，也可能是客户订单交付计划；原料品质检验流程的输入是原料来料及请检信息；成品检验流程的输入是成品检验需求。总之，每个流程都必须有明确的输入，这些输入可能是行政指令、会议纪要或者某种特定的信息。

（2）流程供应商。流程供应商是指提供流程输入的物料、信息或其他资源的组织或个人。在日常的流程运作中，供应商可以有一个，也可以有多个。我们在进行流程设计时，一般只需要列出关键供应商即可。供应商作为流程组成的基本要素之一，所提供的物料、信息或其他资源对流程运作将产生重要影响。

（3）流程过程。流程过程是指为了满足流程客户需求所必须进行的相关活动的集合。这些活动对流程输出来讲，是核心的、关键的、不可缺失的、有增值效果的。从流程优化的思路来讲，过程才能为组织创造价值，因此必须尽量减少一切不必要的非增值环节，提高流程的质量和效率，使流程路径最短、效率最高、价值创造最大。

在一个完整的流程中，包含着多项活动，一般而言，流程活动之间是有着严密的逻辑关系的，上一个活动的产出就是下一个活动的输入，这些活动对应着不同的流程角色。因此在进行流程优化时，我们必须明确相关角色在这些流程活动中所承担的责任。

（4）流程执行者。流程执行者又称为流程角色，是指具体流程中活动的实施者，它既包括岗位，也包括部门。在一个跨部门流程中，可能包括多个执行者。流程执行者的识别，与各个部门在流程中所扮演的角色和流程本身的层级划分有着重要关系。

（5）流程客户。流程客户就是流程输出结果的接受者。流程客户既可以是外部市场客户，也可以是内部组织客户。在设计相关流程时，首先必须明确流程的客户是谁，仔细把握客户最核心的需求，这样设计出的流程才有意义。而要做到这一点其实有时并不是太容易，需要我们认真甄别和思考，才能得出正确的结论。

在进行流程设计之前，不妨不断地提出相关问题，用以识别流程客户和客户的核心需求，比如：

谁来负责该流程的最终输出结果和效果？

该流程会对哪些部门的运作造成影响？

流程设计的最终目的是什么？

流程的内部客户是谁，外部客户是谁？

流程的主要客户是谁，次要客户是谁？

如何衡量流程客户的核心需求？

（6）流程输出。流程输出就是指流程的最终产出结果。流程输出可能是有形的产品，也可能是无形的服务，还可能是一份文件或者一项决策。总之，不同流程的输出结果是不同的。流程的输出是否合格，最终需要由流程客户进行判断，看产出是否与客户需求相吻合。

另外在同一个流程中，可能有几种不同的输出，对应着不同的客户需求，这些需求可能会存在一定程度上的矛盾或者冲突。设计流程时应以满足该流程的主要客户的核心需求为主，这样设计出的流程才能达到我们所期望的效果。

【案例 1-1】浙江高科塑料集成供应链业务流程规划

浙江高科塑料是一家专门从事塑料管材、管件及重载包装膜袋、塑料容器等产品研发、生产与销售的高科技企业，该企业现有制造工厂 6 家，受该企业委托，表 1-1 是我们帮助该企业规划的集成供应链业务流程。

四、企业流程类型

在企业内部，流程贯穿于不同部门、岗位等角色之间，不同流程发挥的作用是不同的，如：强调客户价值主张的挖掘和洞察，重点解决产品的制造与交付、服务的交付，重点关注风险控制，为更好地实现客户价值主张提供支持和帮助。

不同企业由于其业务选择不同、价值链有异，因此内部的流程也存在巨大的差异，但不管怎样，企业内部的流程大致可以分为三类：其一是与企业产品及服务研发、生产、销售及客户订单交付直接相关的业务流程；其二是企业为了控制经营风险及运营成本而设置的管理流程；其三是帮助业务流程更顺畅、更高效的辅助流程。

概括来说，业务流程的价值在于从客户需求洞察、客户需求整理、产品研发、客户开发、采购供应、生产制造、市场推广、营销管理、客户服务等流程到客户价值主张的最大化满足，也就是通常所说的端到端的流程，旨在为企业创造更大的价值；管理流程的作用在于明确方向、确定目标、降低运营成本、控制风险等对业务流程运行进行监督；而辅助流程的作用则为业务流程提供支持和帮助，进而确保业务流程更加畅顺和高效运营。关于业务流程、管理流程与辅助流程之间的关系如图 1-1 所示。

（1）业务流程。业务流程（Business Process，简称 BP），又称订单实现流程，是从洞察客户潜在需求开始，通过产品研发、市场营销、生产制造、仓储物流、客户服务等环节，最终满足客户价值主张。业务流程主要是直接参与企业经营运作的相关流程，涉及企业"产—供—销"三个基本环节，企业利用业务流程的高效运行，可以挖掘客户潜在需求，为客户直接创造价值。

企业常见的业务流程主要有集成研发类业务流程，包括市场需求分析流程、产品规划流程、产品定义流程、产品研发流程等；整合营销类业务流程，包括销售线索开发流程、销售商机管理流程、客户开发流程、销售订单评审流程、货款管理流程、客户服务流程等；集成供应链业务流程，包括销售订单管理流程、计划管理流程、原材料采购流程、生产制造流程、仓储管理流程、物流服务流程等。

表1-1　浙江高科塑料集成供应链业务流程规划（部分）

流程名称	增值方式	流程"六要素"					
		输入	供应商	过程	执行者	客户	输出
外购物资库存预警标准控制流程	控制物资库存，降低资金占用	产销分析报告，月度销售计划、月度库存报告	营销中心、仓管部	编制外购物资的库存预警标准、数据分析、预警标准控制	采购部、营销中心、客户服务部、生产部	计划部	库存标准、生产计划
采购管理流程	提升采购效率	上月度物料消耗报告、月度销售计划、物料库存信息	营销中心、仓管部	采购的计划、实施、订单跟踪、货款对账及支付	采购部、营销中心、客户服务部、财务中心	仓管部	检验合格的物料
采购价格维护流程	控制采购成本	询价表	采购部	采购策略、询价、价格维护与更新	采购部、财务中心	财务中心	价格录入
供应商开发和考评流程	提升采购效率、降低采购风险	供应商评价标准	企管部	供应商的合格标准、开发与评估、名录管理	采购部、技术质量部	采购部	供应商考评表、合格供应商名录
新物料替代流程	降低产品成本	新物料输入	技术质量部	新物料替代策划与验证、供应商选择、生产试用	采购部、技术质量部	生产部	新物料使用评估报告
委外加工流程	提升订单交付效率	委外加工订单	计划部	委外加工的计划、资源开发与验证、对账及结算	采购部、技术质量部、生产部	仓管部	来料入库
废旧物资处理流程	降低废旧物资资金占用	废旧物资库存表	仓管部	废旧物资的标准、处理计划与实施	采购部、财务中心、仓管部	财务中心	废旧物资处理结算和账务处理
销售发货流程	提升订单交付效率	销售发货通知	营销中心	发货通知、备料、物流装车及送货	客户服务部、营销中心、仓管部、财务中心	客户	客户收货凭证
存货盘点流程	提升库存管理准确性	盘点计划	财务中心	库存盘点的计划、实施、账务处理	财务中心、生产部、仓管部、客户服务部	仓管部	库存盘点表
来料检验控制流程	提升来料质量	来料检验申请	采购部	来料请检验、取样、检验及报告	技术质量部、采购部、仓管部	仓管部	来料质量检验报告
成品质量管控流程	确保成品品质	成品品质检验申请	生产部	成品品质检验需求、取样、检验及报告	技术质量部、生产部	仓管部	成品品质检验报告

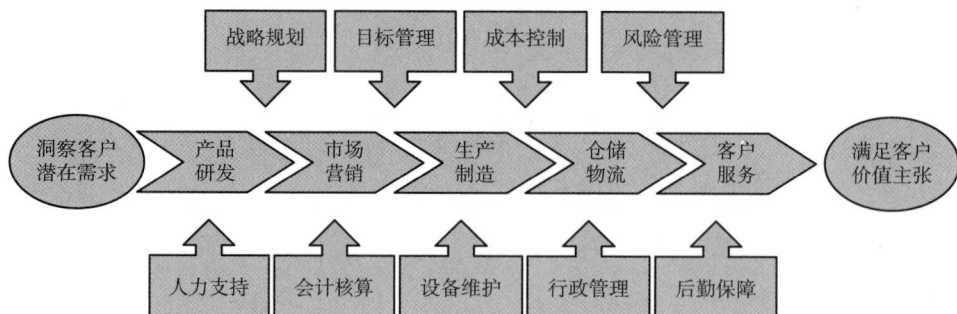

图 1-1　业务流程、管理流程与辅助流程之间的关系

（2）管理流程。管理流程（Management Process，简称 MP），主要是企业开展各种管理活动的相关流程，它并不直接为企业经营目标负责，而是通过管理活动对企业业务开展进行监督、控制、协调、服务，间接为企业创造价值。

常见的管理流程主要有战略及经营类管理流程，如发展战略规划与实施流程、年度经营计划制订与管理流程、经营分析流程、经营风险控制流程等；财务类管理流程，如财务分析流程、财务预算编制及控制流程等；供应链类管理流程，如供应商开发与评价流程、合格供应商管理流程、采购货款管理流程、原材料品质管理流程、成品品质管控流程等；集成供应链类管理流程，如产品开发验证流程、研发品质管理流程；整合营销类管理流程，如客户满意度管理流程、销售价格管理流程、销售政策管理流程、客户信用管理流程等；人力资源类管理流程，如组织管理流程、人力资源规划流程等。

（3）辅助流程。辅助流程（Service Process，简称 SP），主要是为企业的管理活动和业务活动提供各种后勤保障服务的流程。这些流程与管理流程一样，并不直接为企业创造价值，而是通过为企业创造良好的服务平台和保障服务，间接实现价值增值。

常见的辅助类流程主要有财经服务类辅助流程，如会计核算流程、费用报销流程等；人力资源服务类辅助流程，如员工招聘流程、员工培训流程、薪酬核算流程、人事事务服务流程等；后勤服务类辅助流程，如车辆服务流程、办公用品管理流程、基础建设流程、物业服务流程等；行政服务类辅助流程，如档案管理流程、行政事务服务流程、会务服务类流程等。

【案例 1-2】某工业机器人企业业务流程、管理流程、辅助流程

在图 1-2 中，该企业的核心业务流程从洞察客户潜在需求开始到满足客户价值主张，其中包括产品研发流程、市场推广流程、商机管理流程、订单开发流程、生产制造流程、安装调试流程和客户服务流程共 7 个，这 7 个核心流程也是该企业实现价值增值的全过程。另外，为了保证业务流程顺畅开展，该企业还建立了包括战略管理流程、年度经营计划管理流程、目标绩效管理流程、风险控制流程、资金管理流程等相关管理流程，同时还建立了包括财务核算流程、人力资源服务流程、设备保障流程、工艺管理流程、后勤服务流程等在内的若干项辅助流程。

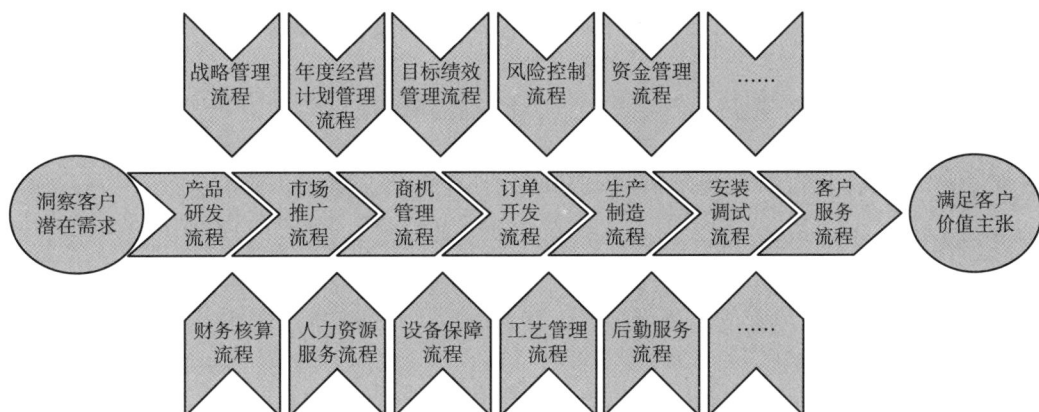

图 1-2　某工业机器人企业业务流程、管理流程、辅助流程（示意）

五、业务流程再造

早在 1990 年，美国管理专家迈克尔·哈默在《哈佛商业评论》上发表了一篇题为《再造：不是自动化，而是重新开始》的文章，率先提出企业再造的思想。1993 年，在他与詹姆斯·钱匹合著《企业再造：企业革命的宣言书》一书中写道：为了取得经营业绩的戏剧性提高，企业应该再造经营——运用现代信息技术的力量急剧地重新设计每项业务的核心流程。从此，管理界对企业经营的认知正式进入了"再造"时代。

业务流程再造（Business Process Re-engineering，简称 BPR），就是指根据企业战略调整及商业模式变化从根本上重新考虑产品或服务的提供方式，再造全新的业务流程体系。

业务流程再造具有以下 3 个特点：

（1）根本性。所谓根本性，就是指我们要对业务流程存在的本质意义进行探讨和反思。如：我们的客户是谁？客户的核心诉求是否已经发生改变？客户潜在的需求是什么？为什么我们要满足这些需求？这些需求与组织战略是否一致？我们该如何满足这些需求？

（2）彻底性。彻底性就是指将现有流程完全抛弃，不再对其进行表面化的改善或者修补。通过根除现有不合时宜的架构与流程，独辟蹊径来完成相关流程的设计。

（3）显著性。显著性指业务流程改造并非是缓和、渐进式的改善，而是一日千里的革新，可以说是为企业下的一剂猛药。一般而言，渐进式的变革需要"精雕细琢"，而猛烈的革新则必须"除旧布新"。

业务流程再造需要遵守一定的原则，迈克尔·哈默根据自己的实践，提出了业务流程再造的 8 项原则，分别是：

（1）围绕结果进行组织，而不是围绕任务进行组织。企业应当围绕某个目标或结果，而不是单个的任务来设计流程中的工作。

（2）让利用流程结果的人来执行流程。基于计算机的数据和专门技能的普及，部门、事业部和个人可以自行完成更多的工作。那些用来协调流程执行者和流程使用者的机制可以取消。

（3）要将信息处理工作归入产生该信息的实际工作流程。

（4）将分散各处的资源视为集中的资源。企业可以利用数据库、网络和标准化处理系统，在获得规模和利益的同时，保持灵活性和稳定性。

（5）将平行的活动连接起来，而不是合并它们的结果。在活动进行中，将平行职能连接起来，并对其进行协调。

（6）将开展工作的位置设定为决策点，并在流程中形成控制。让开展工作的人员决策，把控制系统嵌入流程之中。

（7）从源头上一次性获取信息。当信息传递难以实现时，人们只得重复收集信息。如今，当我们收集到一份信息时，可以把它储存到在线数据库里，供所有需要的人查阅。

（8）领导层要支持。流程再造要获得成功必须具备一个条件：领导层真正富有远见。除非领导层支持该工作，并能经受住企业内的质疑，否则人们不会认真对待流程再造。为了赢得那些安于现状的人的支持，领导层必须表现出投入和坚持，甚至狂热。

另外，美国著名流程专家阿什利·布拉干扎在《全面流程再造》一书中也提出企业业务流程再造的 10 项原则：

（1）全面的流程再造需要在大家对组织的变革动因充分认同的基础上进行，而这种变革动因既可以是危机，也可以是机遇。

（2）只有当跨职能变革而不是其他的方式成为实现变革动因的需要时，成功实施全面流程再造才成为可能。

（3）当人们认识到组织要素，即战略、结构、人员责任和评估标准、协作行为以及信息系统将要有所改变，并且这些要素应该与职能流程导向看齐时，更有可能实现全面的流程再造。

（4）当人们明确并接受组织所需的所有变革时，全面流程再造就更可能实现。

（5）当包括董事会成员、高层管理者、中层管理者和员工在内的所有人都愿意让变革影响他们时，就更容易建立全面的流程意识。

（6）当人们发现需要处理的问题，并把那些问题和所需的真正变革联系起来时，全面的流程再造才更有可能实现。

（7）在进行全面流程再造时，如果能够根据各个问题的实际情况并运用革命性和改良性的实施方法，变革更有可能获得成功。

（8）公司只有通过全面的行动方案激发人们实施变革的主人翁意识和意愿，全面的流程再造才更可能取得成功。

（9）如果变革的实施者和接受者都能认同这两种角色并且意识到它们是相互关联的，而且愿意扮演这两种角色，就更可能实现全面流程再造。

（10）衡量全面流程再造所取得的成果，要看变革动因是否被根除以及行为方式改变的程度。

六、第五代流程管理

自从 20 世纪 90 年代流程一词进入中国企业，到现在已经有近 30 年的时间，在过去 30 年间，中国企业在流程的应用和创新方面取得了丰硕的成果。根据多年实践，我们将企业流程管理划分为 5 个阶段，分别为流程显性化、流程规范化、流程体系化、流程智能化、流程互联网化，如图 1-3 所示。

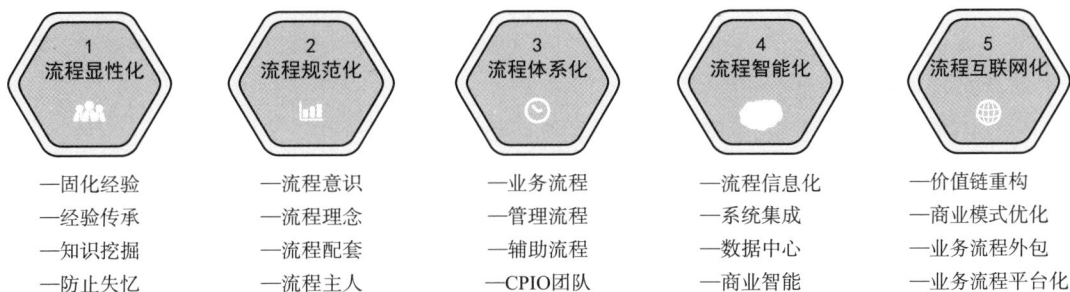

1 流程显性化	2 流程规范化	3 流程体系化	4 流程智能化	5 流程互联网化
—固化经验	—流程意识	—业务流程	—流程信息化	—价值链重构
—经验传承	—流程理念	—管理流程	—系统集成	—商业模式优化
—知识挖掘	—流程配套	—辅助流程	—数据中心	—业务流程外包
—防止失忆	—流程主人	—CPIO团队	—商业智能	—业务流程平台化

图 1-3　流程管理的 5 个阶段

1. 流程显性化

流程显性化是所有企业进行流程梳理时最基本的诉求，因为流程无处不在。正如菲利普·科比[1]曾说：哪里有信息或物质交换，哪里就有流程。也就是说，只要企业内部存在物流、信息流、资金流交换的地方，就有相应的流程。可见，流程在企业内部的重要性不言自明。

正因为如此，企业进行流程管理的初期就需要将这些诉求灌输于老员工，抑或将个人电脑当中的隐性流程显性化，让所有员工都能看得见、摸得着。这样既利于员工学习与技能提升，也利于经验积累与流程传承。

我们发现，绝大多数中国企业进行流程显性化是伴随着 ISO 9000 体系中的程序文件开始的，特别是集成供应链业务流程再造，也是中国企业进行业务流程再造比较早的领域。

2. 流程规范化

随着企业对流程的认识逐步加深，越来越多的企业开始着手于流程规范化建设，这个阶段的 5 个典型特征是：

（1）以流程客户为导向、以流程结果为衡量的观念逐步形成。

（2）大多数管理者都已经掌握了流程描述以及优化相关的方法、工具。

（3）流程管理成为独立运作的一级部门，赋予其流程优化与再造、流程信息化建设的相关职能。

（4）与流程相配套的制度、表单、绩效指标逐步完善，各级管理者已经适应了直面流程，针对流程找问题的管理方法。

---

[1]　科比. 流程思维：企业可持续改进实践指南 [M]. 肖舒芸，译. 北京人民邮电出版社，2018：34.

（5）业务流程、管理流程、辅助流程的概念已经明确，而且员工也都明白它们之间的差异，但以业务流程为核心的体系还没有完全建立起来。

同理，业务流程规范化最早也是在与产品质量相关的领域兴起的。

3. 流程体系化

流程体系化阶段的核心目标就是要根据公司发展战略及经营需要逐步实现流程的体系化，并突出业务流程在组织当中的价值，适度降低管理流程对业务的控制，一切以终端客户价值主张的最大化满足为导向，有效识别企业风险控制点，全面实现流程体系化，同时着手信息系统集成及商业智能体系建设。

流程体系化阶段，企业需要完成以下 5 项核心工作：

（1）企业价值链规划、业务蓝图分析、核心业务逻辑关系图规划，以及核心业务流程、管理流程、辅助流程识别。

（2）形成以价值链为核心的业务流程白皮书，以及以部门为单位的管理流程、辅助流程红皮书。

（3）与流程相关的制度、表单、分权、流程风险控制及相应控制措施、流程绩效、信息化、知识管理基本健全。

（4）企业内部有一批既懂流程，又懂信息系统，还懂业务的流程创新官（Chief Process Innovation Officer，简称 CPIO），CPIO 的工作职责覆盖首席流程官（Chief Process Officer，简称 CPO）、首席信息官（Chief Information Officer，简称 CIO）、首席运营官（Chief Operating Officer，简称 COO）的范畴，优秀的 CPIO 是企业经营系统升级及流程再造的主要推动者和责任承担者。

（5）企业通过管理流程、辅助流程的持续优化与再造实现效率最大化，同时通过业务流程持续优化与再造实现业绩倍增。

4. 流程智能化

流程智能化阶段是企业流程管理的最高境界，不论是员工的流程意识、流程对战略的支撑，还是流程中新型组织运作都已经达到了很高的境界，企业内部一切运营都以流程为导向。流程会根据企业发展战略作出调整、商业模式创新以及客户诉求变化进行自我优化。同时，流程已经渗透到企业经营的各个领域，流程信息化也可以对经营过程进行实时跟踪、衡量与评价，实现企业经营过程可控、经营结果可视化，甚至可以通过信息系统干预企业业务活动及经营决策。

这个阶段企业需要完成以下 5 项核心工作：

（1）以开放、包容、协同、客户导向、价值创造为核心的流程文化深入人心，同时渗透到企业业务运营的各个环节。

（2）利用成熟软件系统或根据企业实际自行开发软件系统来固化流程。

（3）流程支撑企业战略转型及经营业绩倍增。

（4）流程完全具备自我优化与再造的能力。

（5）通过信息系统集成和商业智能系统开发，实现企业经营过程可控制、经营结果可视化。

在集成供应链领域，流程智能化是伴随着设备装置的自动化及物料需求计划（Material Requirement Planning，简称MRP）、制造资源计划（Manufacture Resource Planning，简称MRP II）、企业资源计划（Enterprise Resource Planning，简称ERP）、制造执行系统（Manufacturing Execution System，简称MES）等信息系统的导入开始的。

5. 流程互联网化

严格来讲，流程互联网化不是流程管理的更高境界，只不过随着实体企业与互联网经济的高度融合，实体企业互联网化已经成为不可逆的大趋势。因此，企业内部的流程也要顺应互联网无边界、失控、去中心化的特征，对内部业务流程、管理流程、辅助流程进行全面改造与升级。

根据我们的经验，企业流程互联网化需要完成以下4项工作：

（1）以互联网视野重新定义企业价值链。过去的企业价值链往往是从产品研发到生产组织再到市场营销，是典型的产品推动型或者订单拉动型，在这个过程中很难保证内部价值链的每个环节都能站在客户的立场上去思考客户价值主张的最大化满足，因此，企业必须利用互联网视野重构内部价值链，建立科学合理的价值链模型。

（2）将企业内部的流程利用互联网技术延伸到流程每个相关者，包括经销商、终端客户、供应商、委外加工厂、开户银行等。应该这么说，客户在哪里，企业的流程边界就在哪里；同理，供应商在哪里，企业的流程边界也就在哪里。比如企业可以让终端客户登录企业客户关系管理（Customer Relationship Management，简称CRM）系统，实现线上下单、跟踪订单执行情况等；企业还可以打通供应链管理（Supply Chain Management，简称SCM）系统，让供应商在第一时间获得采购订单信息，或者让供应商根据企业实时库存状况进行备料及发货等；企业也可以通过开放产品生命周期管理（Product Lifecycle Management，简称PLM）系统，让客户在自己的终端提交产品定制及个性化需求，接入产品研发与验证，甚至交付的全过程。

（3）利用互联网进行业务流程外包，持续简化企业内部价值创造模型，如营销流程外包、研发流程外包、供应链流程外包、财务流程外包或人力资源流程外包等。

（4）利用云技术、大数据、传感技术、通信技术、计算机技术等新科技进行产品迭代与升级、产品及服务交付模式创新、颠覆式的成本降低等，进而提升企业竞争力。

第二章
集成供应链业务流程再造实践

集成供应链最早是由国内知名企业华为提出并实践的，正如《华为基本法》中写道：我们的生产战略是在超大规模销售的基础上建立敏捷生产体系。因地制宜地采用世界上先进的制造技术和管理方法，坚持永无止境的改进，不断提高质量，降低成本，缩短交货期和增强制造柔性，使公司的制造水平和生产管理水平达到世界级大公司的基准。

除了华为，美国生产力与质量中心（American Productivity and Quality Center，简称APQC）、国际标准化组织（International Organization for Standardization，简称ISO）对集成供应链业务流程再造也有相应的描述。

另外，面对互联网时代的巨大冲击，企业在集成供应链流程再造实践方面遇到了巨大的挑战，同时也面临前所未有的机遇。

一、华为集成供应链实践

华为主要创始人兼总裁任正非曾经提到：集成供应链这一问题解决了，公司的管理问题基本上就全部解决了。当年在委托 IBM 协助完成了集成研发业务流程再造之后，当时华为面临严峻的内部供应链的整合问题。在任正非看来，华为要想实现自己的事业梦想，就必须彻底对供应链体系进行再造。

1. 华为集成供应链业务流程再造过程

早在华为从程控交换机代理向研发、生产转型的时候开始，集成供应链体系建设就从未停止。华为集成供应链体系从乱到治，先后经历了 4 个阶段，分别为：供应链建设前期、全球供应链建设期、单产业供应链集成期、多产业供应链集成期。

这 4 个阶段与华为业务发展阶段相结合稳步推进，在 1999 年之前，由于订单的质量不高、大量订单发生更改，导致订单交付不及时、生产产能和采购难以匹配、经常发错货等问题频频发生，当时华为为此专门成立了"发正确货"的小组，由公司的一位副总裁担任小组组长，领导供应链的同事进行了一些内部优化，初步建立了供应链流程、制度和 IT 工具。同时，华为在 1998 年启动集成研发业务流程再造的基础上，于 1999 年正式启动了集成供应链业务流程变革项目。

从 1999 年至 2003 年，华为在集成供应链领域进行了全新设计和创新，并提出"质量好，成本低，服务好，快速响应客户需求"的目标，为了达到这一目标，华为从全球供应商资源开发入手，拉通从需求预测到计划、采购、生产、仓储、物流到交付整个价值链，这就是华为在集成供应链方面进行的创新和实践。事实证明，华为的集成供应链创新是成功的，这也成了诸多国内企业纷纷效仿华为供应链模式的原因之一。

2. 华为集成供应链业务流程再造实践

华为集成化供应链管理（Integrated Supply Chain，简称 ISC）要求把公司运作的每个环节都看成是供应链上的一部分，无论是在公司内部还是在公司以外的合作伙伴，都需要对每个环节进行有效管理，进而提高供应链的运作效率和经济效益。

（1）内部供应链集成。华为在导入 ISC 流程后，对公司的组织机构进行了相应的调整，把原来的生产部、计划部、采购部、进出口部、认证部、外协合作部、发货部、仓储部统统合并，成立统一的管理供应链业务部门，叫作"供应链管理部"。这个部门的设置，绝对不是简单地把分散在不同系统的部门合并起来换一个名称，而是把供应链管理当作了公司降低成本和库存、提高供货质量、提高资金周转率和供货速度的有效手段。公司主要从供应链上获得成本优势，而不是压榨员工来获利，这就是为什么华为员工的工资奖金比别人高，而生产成本却比别人低很多的根本原因。

另外，华为拥有技术认证和商务认证的严密体系，保障其能够一直使用价格最优、质量最好、供货最快的供应商，同时华为的"高薪养廉"的薪酬体制以及独特的员工持股制度，保障了供应链体系的廉洁与高效，还有干部轮岗制度也形成了另一个有效防止腐败行为的约束机制。

（2）外部供应链集成。ISC 流程要求把供应链管理的范围延伸到公司之外的整个供应链，从华为的全局规划看来，不一定非要把从产品研发到生产的每一个环节都放到公司内部来做，而是根据实际情况，在确保公司核心竞争力的前提下，把非核心环节外包给社会上的专业公司来实现。这样一来，可以集中资源突出核心业务，并通过社会专业分工和规模生产来显著降低生产成本，缩短公司内部的管理链条，使公司领导集中精力抓技术研发和市场开拓。

2000 年以后，华为逐步把生产部门、后勤服务部门、基础培训，以及工程安装、调试、维护、软件开发等很多环节外包出去，不仅节省大量成本，而且还降低了库存，基本上实现了所谓的零库存，供货周期也缩短到了几天，市场反应速度明显加快。华为将主要力量都放到了技术研发和市场开拓上。公司大约有 48% 的员工在研发部门工作，有效地保障了公司技术的领先优势；还有大约 38% 的员工在国内外市场与服务体系部门工作，有效地保障了华为的市场竞争力。国外同行评价华为是 Design House + Marketing Team，就是说华为是由"设计院 + 营销团队"组成的，这个说法不无道理。

在深圳、全国乃至全世界，有很多公司作为华为的分包商或者供应商，主要为华为工作，产业链的全球化是华为走向国际市场的一个基础，也是构成其国际竞争力的一个重要部分。华为作为这条产业链的龙头，为这些上游企业创造了"间接"参与国际竞争的机会，同时这些上游分包商、供应商以质优价廉的性价比与供货能力，也为华为形成核心竞争力作出了重要贡献。华为的实践证明，企业之间的竞争归根结底是供应链之间的竞争，发展、维护和管理组成的一条有竞争力的供应链是使企业立于不败之地的关键因素。

3. 华为集成供应链业务模型

在华为，集成供应链业务模型左边为供应商，右边为客户，供应链通常由"6+3"组成，即 6 个核心模块和 3 个辅助模块。其中，6 个核心模块包括需求、计划、采购、制造、仓储物流及客户服务，3 个辅助模块包括质量、工艺、设备，如图 2-1 所示。

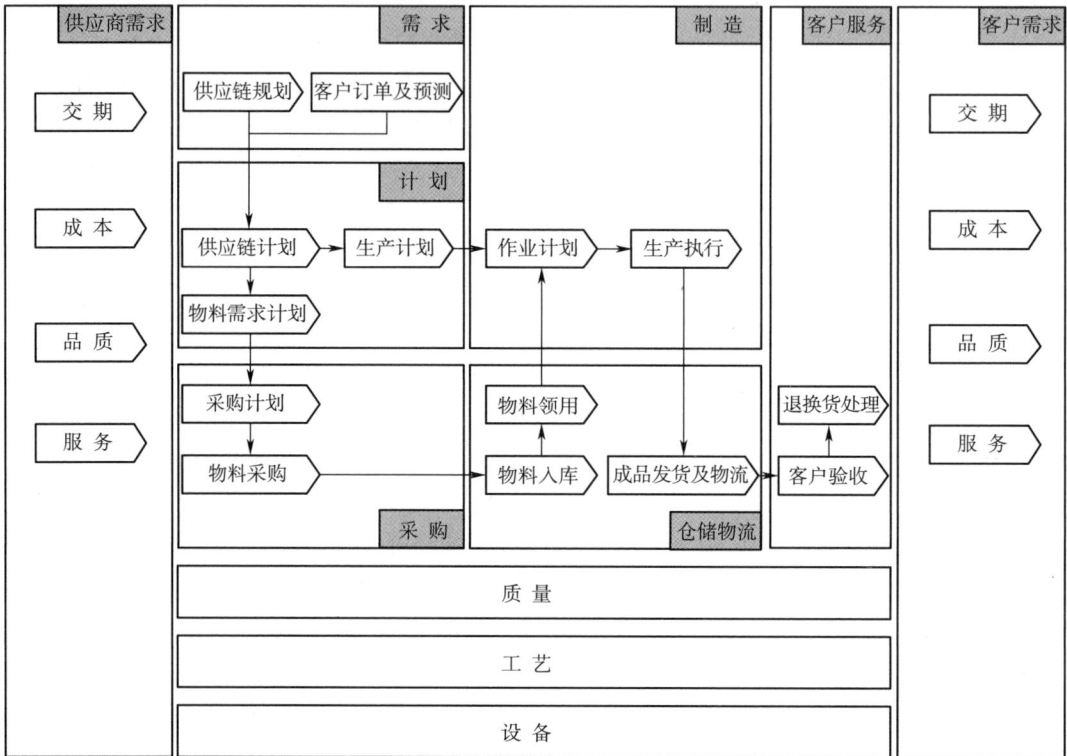

图 2-1　集成供应链业务模型

通过集成供应链整合有竞争力的资源，并通过集成供应链业务流程将这些资源有序组织起来共同为客户服务，这就是华为在集成供应链领域取得巨大成就的原因。

二、APQC 产品与服务交付相关流程

美国生产力与质量中心（简称 APQC）将企业内部的流程共分为 12 类，如图 2-2 所示。

（1）愿景与发展战略。

（2）设计与开发产品及服务。

（3）产品与服务的营销。

```
┌─────────────────────────────────────────────────────────────────┐
│                          运营流程                                  │
│  ┌────────┐ ┌────────┐ ┌────────┐ ┌────────┐ ┌────────┐          │
│  │  1.0   │ │  2.0   │ │  3.0   │ │  4.0   │ │  5.0   │          │
│  │愿景与发展│ │设计与开发│ │产品与服务│ │产品与服务│ │客户服务  │          │
│  │战略    │ │产品及   │ │的营销   │ │的交付   │ │管理     │          │
│  │        │ │服务    │ │        │ │        │ │        │          │
│  └────────┘ └────────┘ └────────┘ └────────┘ └────────┘          │
└─────────────────────────────────────────────────────────────────┘

┌─────────────────────────────────────────────────────────────────┐
│                       管理与支持流程                               │
│  ┌─────────────────────────────────────────────────────────┐    │
│  │            6.0  发展与管理人力资本                          │    │
│  └─────────────────────────────────────────────────────────┘    │
│  ┌─────────────────────────────────────────────────────────┐    │
│  │            7.0  信息技术与知识管理                          │    │
│  └─────────────────────────────────────────────────────────┘    │
│  ┌─────────────────────────────────────────────────────────┐    │
│  │            8.0  管理财务资源                               │    │
│  └─────────────────────────────────────────────────────────┘    │
│  ┌─────────────────────────────────────────────────────────┐    │
│  │            9.0  物业的获得、建设与管理                       │    │
│  └─────────────────────────────────────────────────────────┘    │
│  ┌─────────────────────────────────────────────────────────┐    │
│  │            10.0  健康、安全、环境管理                        │    │
│  └─────────────────────────────────────────────────────────┘    │
│  ┌─────────────────────────────────────────────────────────┐    │
│  │            11.0  管理外部公共关系                           │    │
│  └─────────────────────────────────────────────────────────┘    │
│  ┌─────────────────────────────────────────────────────────┐    │
│  │            12.0  对改善与变革进行管理                        │    │
│  └─────────────────────────────────────────────────────────┘    │
└─────────────────────────────────────────────────────────────────┘
```

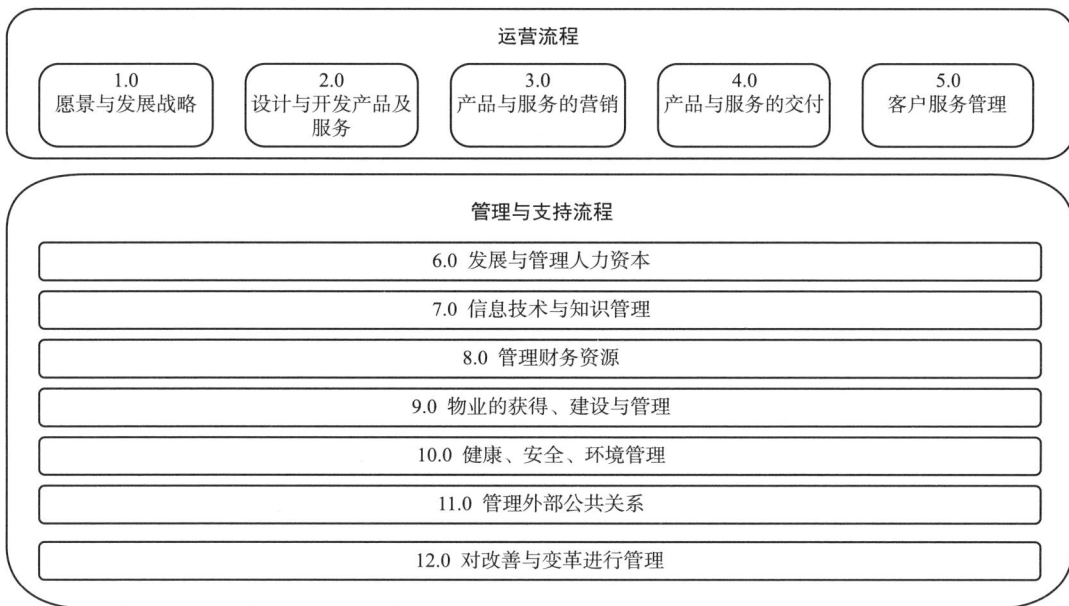

图 2-2　APQC 企业内部流程分类

（4）产品与服务的交付。

（5）客户服务管理。

（6）发展与管理人力资本。

（7）信息技术与知识管理。

（8）管理财务资源。

（9）物业的获得、建设与管理。

（10）健康、安全、环境管理。

（11）管理外部公共关系。

（12）对改善与变革进行管理。

其中，产品与服务的交付流程分为 5 个阶段，见表 2-1。

表 2-1　APQC 产品与服务的交付流程

流程阶段	核心流程	主要工作
1. 计划并获取必要资源：供应链计划	（1）产品、服务的要货需求管理	①制定基线预测 ②与客户形成协同计划 ③达成公认预测 ④分配可承诺量
	（2）生成物料计划	①生成无限能力计划 ②与供应商和协议生产商协同计划 ③识别关键物料和供应商能力 ④生成有限能力计划

流程阶段	核心流程	主要工作
1. 计划并获取必要资源：供应链计划	（3）生产排程	①生成生产厂级的计划 ②半成品库存的管理 ③与供应商协同 ④生成详细排程并执行
2. 物料和服务采购	（1）制定采购战略	①制订采购计划 ②阐明采购要求 ③将需求与供应商能力进行匹配 ④分析公司的采购支出档案 ⑤寻找效率和价值提升的机会
	（2）选择供应商、制定与维护合同	①识别供应商 ②供应商认证和检验 ③合同谈判 ④合同管理
	（3）订购物料和服务	①请购和复核 ②请购批准 ③对供应商询价并跟踪报价 ④生成并传送采购订单 ⑤推进采购订单进程、对相关问询做出令人满意地回复 ⑥到货接收记录 ⑦例外情况调查和处理
	（4）供应商评价和发展	①供应商信息监控和管理 ②对采购支出情况以及供应商绩效表现进行整理与分析 ③对库存及生产流程提供支持
3. 产品的生产与交付	（1）生产排程计划	①生产计划编制 ②车间作业计划
	（2）产品生产	①制程控制 ②制程异常处理
	（3）设备维护排程和执行	①设备维护与保养计划 ②设备维护与保养实施
4. 将产品、服务交付给客户	（1）确认个体客户的特定服务要求	①客户需求分解 ②客户差异化需求满足策略
	（2）对满足服务所需的资源进行识别	①对满足服务所需的资源甄别 ②对满足服务所需的资源配置
	（3）为特定客户提供服务	①特定客户需求满足 ②特定客户需求满足状况评估
	（4）保证服务质量	①服务质量标准 ②服务质量评估
5. 物流和仓储管理	（1）制定物流策略	①将客户服务需求转化为物流需求 ②对物流网络进行设计 ③就外包需求进行沟通 ④特定服务交付政策并加以维护 ⑤对运输排程和成本进行优化 ⑥定义关键绩效指标

流程阶段	核心流程	主要工作
5. 物流和仓储管理	（2）对进场物流做出计划	①对进场物料接收做出计划 ②对进场物流进行管理 ③对进场交付的绩效进行监控 ④退货管理
	（3）仓储运作	①对库存调拨进行跟踪 ②对进场物品进行接收、检验和存储 ③对产品可获得性进行跟踪 ④挑货、包装和交运 ⑤对库存准确度进行跟踪 ⑥对第三方物流的储量和运输表现进行跟踪
	（4）出场物流运输安排	①对出场产品进行计划、运输和交货 ②对承运商的交货表现进行跟踪 ③运输车辆管理 ④对承运商发票和单据进行处理和审核
	（5）退货管理：逆向物流管理	①退货认理 ②执行逆向物流 ③执行抢修和财货抢救 ④对售后保证和索赔进行管理和处理

三、ISO 产品生产和服务提供相关程序

　　国际标准化组织在 ISO 9001：2015 标准中将产品生产与服务提供过程分为 8 个环节：产品生产和服务的控制、标识和可追溯性、顾客或外部供方的财产、产品防护、交付后的活动、变更控制、产品和服务的放行、不合格产品和服务等，并对每个环节的工作提出了明确的标准和要求。这 8 个环节对应相应的流程如下：

1. 产品生产和服务的控制

　　组织应在受控条件下进行产品生产和服务提供。适用时，受控条件应该包括：

　　（1）获得表述产品和服务特性的文件信息。

　　（2）控制的实施。

　　（3）必要时获得表述活动的实施及其结果的文件信息。

　　（4）使用适宜的设备。

　　（5）获得、实施和使用监测和测量设备。

　　（6）审查人员的能力和资格。

　　（7）当过程的输出不能由后续的监测和测量加以验证时，对任何这样的产品生产和服务提供过程进行确认、批准和再次确认。

　　（8）产品和服务的放行、交付和交付后活动的实施。

　　（9）预防人为错误（如失误、违章）导致的不符合要求。

2. 标识和可追溯性

在适当情况下，组织应使用适宜的方法识别过程输出。

组织应在产品实现的全过程中，针对监视和测量要求识别过程输出的状态。

在有可追溯性要求的过程中，组织应控制产品的唯一性标识，并确保形成文件的信息。

3. 顾客或外部供方的财产

组织应爱护在其控制下或使用中的顾客、外部供方财产。组织应识别、验证、保护和维护供其使用或构成产品和服务的顾客、外部供方财产。

4. 产品防护

在处理过程中或交付到预定地点期间，组织应确保对产品和服务（包括任何过程的输出）提供防护，以确保符合要求。

防护也应适用于产品的组成部分、服务提供所需的任何有形的过程输出。

5. 交付后的活动

适用时，组织应确定和满足与产品特性、生命周期相适应的交付后活动要求。产品交付后的活动应考虑如下：

（1）产品和服务相关的风险。

（2）顾客反馈。

（3）法律和法规要求。

6. 变更控制

组织应有计划地和系统地进行变更，考虑对变更的潜在后果进行评价，采取必要的措施，以确保产品和服务完整性。应将变更的评价结果、变更的批准和必要的措施等信息形成文件。

7. 产品和服务的放行

组织应按策划的安排，在适当的阶段验证产品和服务是否满足要求。符合接收准则的证据应予以保持。除非得到有关授权人员的批准，适用时得到顾客的批准，否则在策划的符合性验证已圆满完成之前，不应向顾客放行产品和交付服务。

8. 不合格产品和服务

组织应确保对不符合要求的产品和服务进行识别和控制，以防止其非预期的使用和交付对顾客造成不良影响。

四、互联网时代集成供应链业务流程再造新趋势

我们都知道，除了前面提到的关于集成供应链理论和实践之外，近些年互联网技术、

数字经济的快速发展对企业集成供应链业务流程再造也带来了巨大冲击，客户需求个性化、订单碎片化、生产柔性化、供应链数字化、集成供应链业务流程外包等都已经成为摆在每一家企业面前的一道道难题。

（1）订单碎片化将成为一种趋势。随着 B2B、B2C、C2B2C、O2O 等新兴营销模式的出现，小额订单化、个性定制化、服务嵌入化已经成为不可阻挡的三股潮流迎面袭来。而且可以预测，在不久的将来，这种碎片化的订单将会成为企业供应链必须面对的常态。

（2）生产柔性化考验传统规模生产模式。订单碎片化直接带来的挑战就是企业生产模式的改变，因此小单生产、柔性生产就变得越来越重要。

柔性生产是针对大规模生产的弊端而提出的新型生产模式。所谓柔性生产，即通过系统结构、人员组织、运作方式和市场营销等方面的改革，使供应链系统能对市场需求变化快速做出响应，同时消除冗余无用的损耗，确保企业获得更大的收益。

在互联网时代，信息化及自动化技术是柔性生产的物质技术基础。例如，柔性制造系统是以统一的信息控制系统和自动物料储运系统连接起来的一组加工设备，能在不停机的情况下实现多品种工件的加工，并具有一定管理功能。

当然，柔性生产是全面的，不仅是设备的柔性，还包括管理、人员和软件的综合柔性。目前国际上柔性管理已经出现，相信在未来所有的工厂都必须满足柔性生产的需求。

（3）供应链数字化。传统企业以低端制造参与全球分工的模式越来越难，因此提升企业供应链数字化水平就显得越来越重要，基于互联网架构、云端架构、AI 技术支持供应链数据流通，实现物料订单及采购、制造、库存、物流和支付全渠道打通，以客户订单为核心，追踪供应链各个环节，实现供应链全过程数字化、可视化将是未来供应链发展的方向之一，也是集成供应链业务流程再造的重点。

（4）供应链绿色化。随着我国"双碳"目标的提出以及国家对"双碳"目标达成措施的推进，企业供应链生态要从减少能耗、减少制程浪费、提升品质良率、提升供应链总体效率角度入手，推进企业绿色发展。

（5）供应链集成化。随着国际分工的不断深化以及企业的国际化发展，越来越多的企业开始寻求整合全球供应链资源，如全球制造中心从我国到越南、印度、缅甸、孟加拉国，再到南美洲的巴西、阿根廷的转移就是最好的例子，企业需要思考和布局在全球范围内集成供应链。

（6）供应链也要做减法。供应链也要做减法是一种全新的思维模式，传统企业的供应链构建从供应商选择、自建工厂、代工厂选择、物流及仓储的建设和选择到固定资产的投入等都是用作加法的思维在进行的，但在互联网时代，企业要想实现柔性化，面对碎片化订单的挑战，只有两条路：其一，做减法，即选择少数优质供应商、代工厂和物流、仓储公司达成战略合作联盟；其二，用平台思维重构供应链，即把所有利益相关者纳入同一平台进行管理。

以上种种变化对企业集成供应链提出了严峻的考验，如何突破？除了思想观念的改变、硬件条件的改造之外，对集成供应链核心业务流程进行全面再造也是必须要做的事情！

第二篇
集成供应链业务流程再造方法篇

　　以"品质改变世界"为企业使命，注重产品质量及制造工艺，将产品品质视为企业价值和尊严的起点，是唯一不可妥协的事情。

——三一重工

　　顾客是企业的基础，顾客维持企业的生存，只有顾客能为企业创造就业机会。为了满足顾客的所需所想，社会把创造财富的资源托付给了企业。

——彼得·德鲁克

　　集成供应链的核心在于最大化满足客户需求，客户需求包括交期、品质、成本和服务。

——本书作者

第三章
集成供应链业务流程规划

　　供应链包括需求、计划、采购、制造、仓储物流及客户服务六大核心职能，还包括质量、工艺、设备三大辅助职能，集成供应链的核心目标就是将这些职能集合起来共同为客户服务，满足客户对交期、成本、质量、服务的价值诉求。

　　集成供应链业务流程规划就是以企业价值链为出发点，通过业务蓝图规划、业务逻辑关系图设计，将满足客户价值诉求过程中涉及跨部门的流程甄别出来。

一、价值链与业务蓝图

　　价值链理论是由美国管理学教授迈克尔·波特[①]提出的，他把企业的所有活动分为两大类：基本活动（价值创造活动）与支持活动（支持价值创造活动），如图 3-1 所示。迈克尔·波特认为，企业参与的价值活动中，并不是每个环节都创造价值，实际上只有某些特定的价值活动才真正创造价值，这些真正创造价值的经营活动，就是价值链上的"战略环节"。企业要保持的竞争优势，实际上就是在价值链中的某些特定战略环节上所获得优势。借用迈克尔·波特的价值链理论，我们认为企业必须对真正创造价值的活动进行规划及分析，并在此基础上详细规划出企业的核心业务流程。

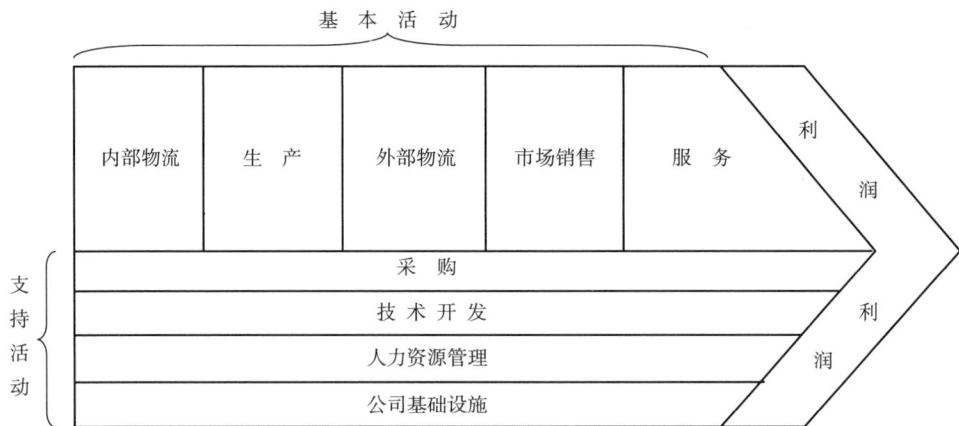

图 3-1　迈克尔·波特价值链模型

---

① 波特.竞争优势[M].陈小悦，译.北京：华夏出版社，2009：37.

迈克尔·波特的价值链模型是企业普遍使用的一种方法，因为按照该模型理论，企业只要选择和不断完善自己的基本活动便可获得更多的收入，而支持活动又可以帮助企业进行有效的成本控制，这样一来企业便可获得一定的利润。

【案例 3-1】肯德科技价值链模型

肯德科技以"改善人居生活品质"为使命，是一家集智能晾衣架研发、生产、销售、安装服务为一体的高新技术企业。在肯德科技的价值链模型中（见图 3-2），基本活动包括内部物流、生产经营、外部物流、市场营销、服务，支持活动包括采购、产品开发、人力资源管理、战略管理、公司基础设施。

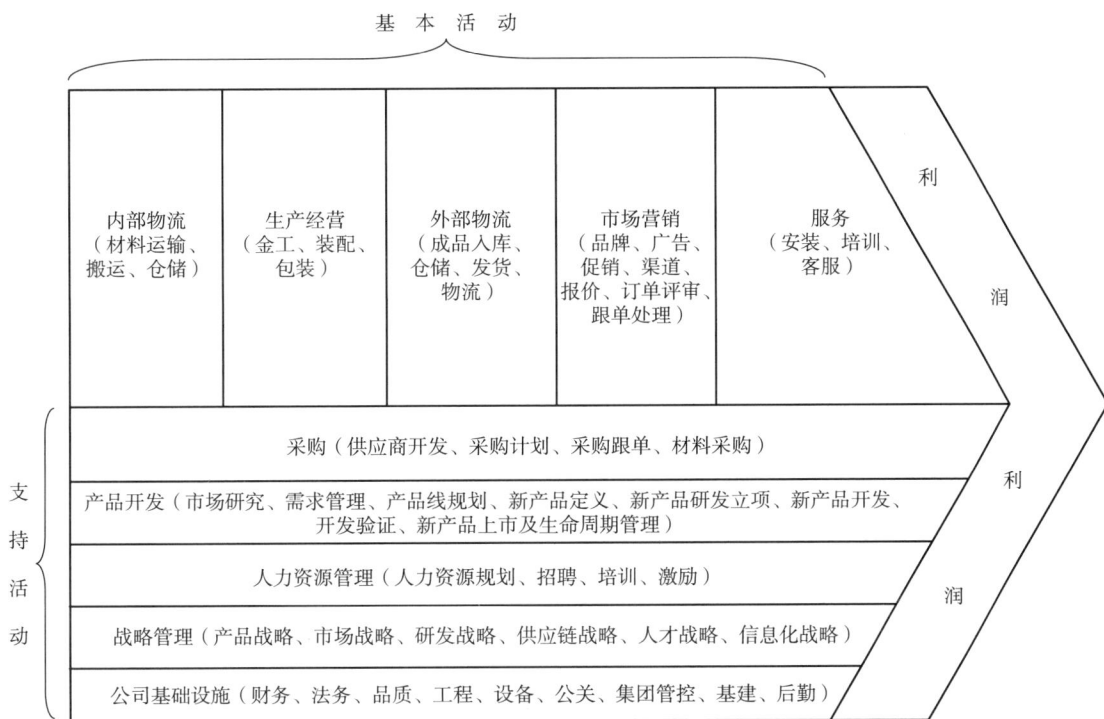

基 本 活 动

内部物流 （材料运输、 搬运、仓储）	生产经营 （金工、装配、 包装）	外部物流 （成品入库、 仓储、发货、 物流）	市场营销 （品牌、广告、 促销、渠道、 报价、订单评审、 跟单处理）	服务 （安装、培训、 客服）	利 润

支持活动

采购（供应商开发、采购计划、采购跟单、材料采购）

产品开发（市场研究、需求管理、产品线规划、新产品定义、新产品研发立项、新产品开发、开发验证、新产品上市及生命周期管理）

人力资源管理（人力资源规划、招聘、培训、激励）

战略管理（产品战略、市场战略、研发战略、供应链战略、人才战略、信息化战略）

公司基础设施（财务、法务、品质、工程、设备、公关、集团管控、基建、后勤）

利　润

图 3-2　肯德科技价值链模型

我们可以看到，肯德科技与集成供应链相关的业务活动有内部物流、生产经营、外部物流、采购等。

对于绝大多数企业而言，价值链模型还是比较抽象的，为了更加清晰、全面地呈现企业业务现状，我们的做法是在价值链的基础上详细绘制企业的业务蓝图。

业务蓝图一方面可以帮助企业全视野看清业务布局现状，另一方面还可以帮助企业进行有效的业务逻辑分析，找出现有业务中存在的问题，以便识别哪些业务活动对满足客户诉求是有利的、哪些业务活动是没有价值的，进而通过流程优化与再造为客户创造价值。

业务蓝图通常由四部分构成：

（1）战略及经营计划。这部分内容是为企业指明发展方向，优化商业模式，明确年经营策略及目标，并建立完善的目标来实现计划体系与经营预算。

（2）经营衡量。这部分内容从3个维度进行企业经营衡量，即经营健康度指标、经营过程指标及经营结果指标。不同企业的经营衡量指标会存在差异，但健康度指标、过程指标和结果指标这3个大类都是雷同的。其中，健康度指标衡量企业是否具有长期、稳健经营的能力，如员工满意度、客户满意度、管理成熟度、人均产值、人均利润、投资回报周期、现金流等；过程指标用来衡量企业经营过程的状况，是确保企业经营结果指标顺利达成的基础，如订单交付周期、订单准时交付率、生产计划达成率、产品不良率、存货周转次数、库存周期、销售回款及时率等；经营结果指标是阶段性经营成果的体现，是企业全体员工共同努力的结果，也是用来衡量结果是否达到股东诉求，如利润、收入、资产回报率、资产增值、股东价值、企业市值等。

（3）核心业务。与价值链模型中的基本活动类似，业务蓝图中的这部分内容需要详细列出企业从洞察客户需求，到产品研发、获取订单、订单交付、客户服务等价值创造全过程的业务活动。值得注意的是，不同企业价值创造的逻辑是不同的，有些企业是从市场营销—面向订单研发—面向订单生产制造—仓储物流—客户服务，有些企业是从客户需求调研—产品研发—市场营销—面向订单生产制造—仓储物流—客户服务，还有些企业是从需求调研—产品研发—生产制造—市场营销—仓储物流—客户服务等。总之，在绘制业务蓝图的时候一定要将企业价值创造的逻辑表达出来，关于以上内容读者可以通过阅读本章后续内容详细了解。

（4）支持业务。与价值链模型中的支持活动类似，支持业务需要规划和识别与企业价值创造不可或缺的辅助和支持活动，常见的支持业务包括品质管控、设备管理、工厂管理、财务管理、组织及人力资源、行政后勤、流程与信息化、资源管理等。

【案例3-2】肯德科技业务蓝图

接【案例3-1】，图3-3是我们在图3-2的基础上，为肯德科技绘制的业务蓝图。

【案例3-3】浙江高科塑料业务蓝图

接【案例1-1】，图3-4是我们为浙江高科塑料绘制的业务蓝图。

【案例3-4】光彩新材料业务蓝图

光彩新材料是一家专注于工业用新材料研发、制造与销售为一体的国家高新技术企业，图3-5为我们帮助该企业绘制的业务蓝图。

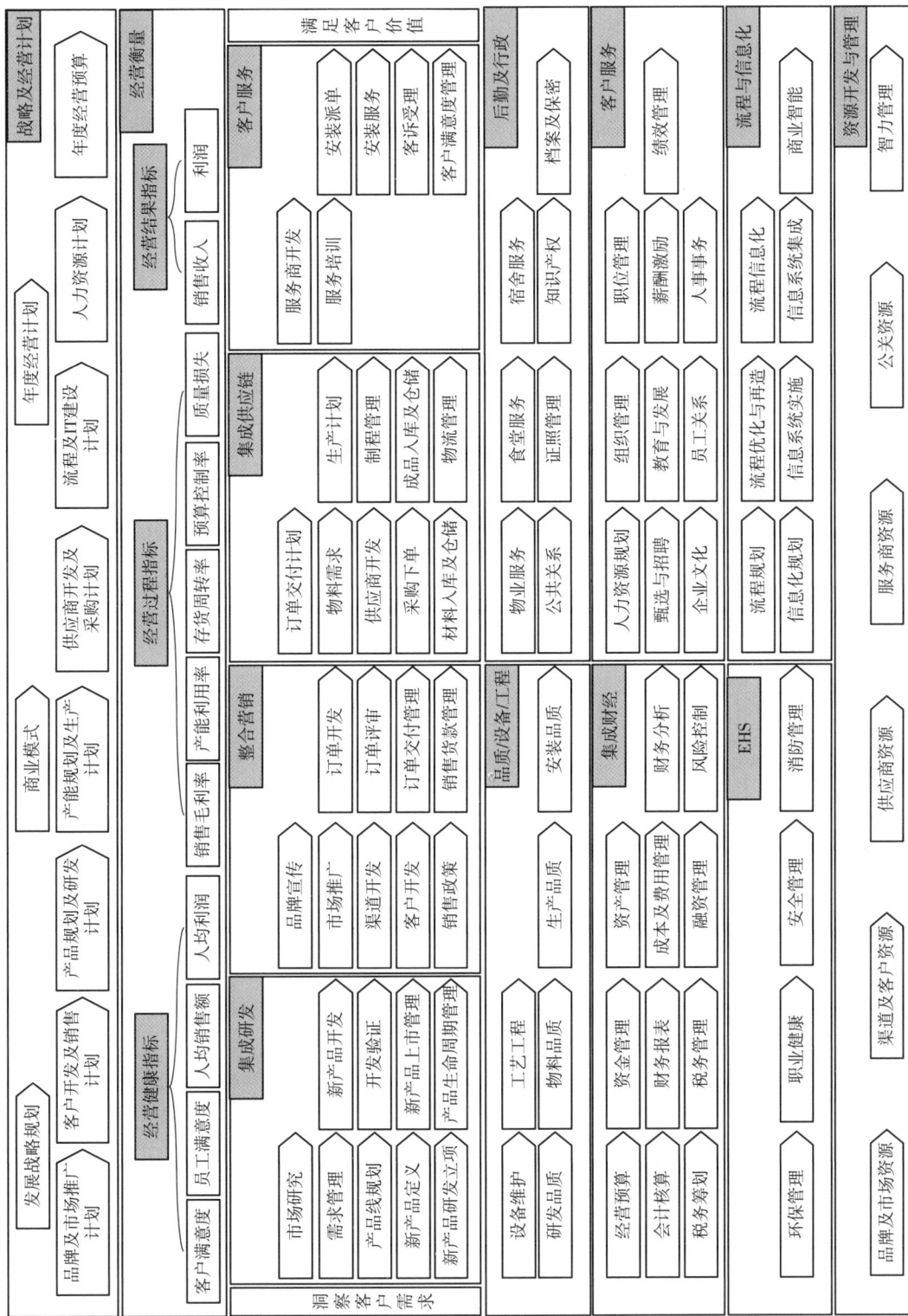

图3-3　肯德科技业务蓝图

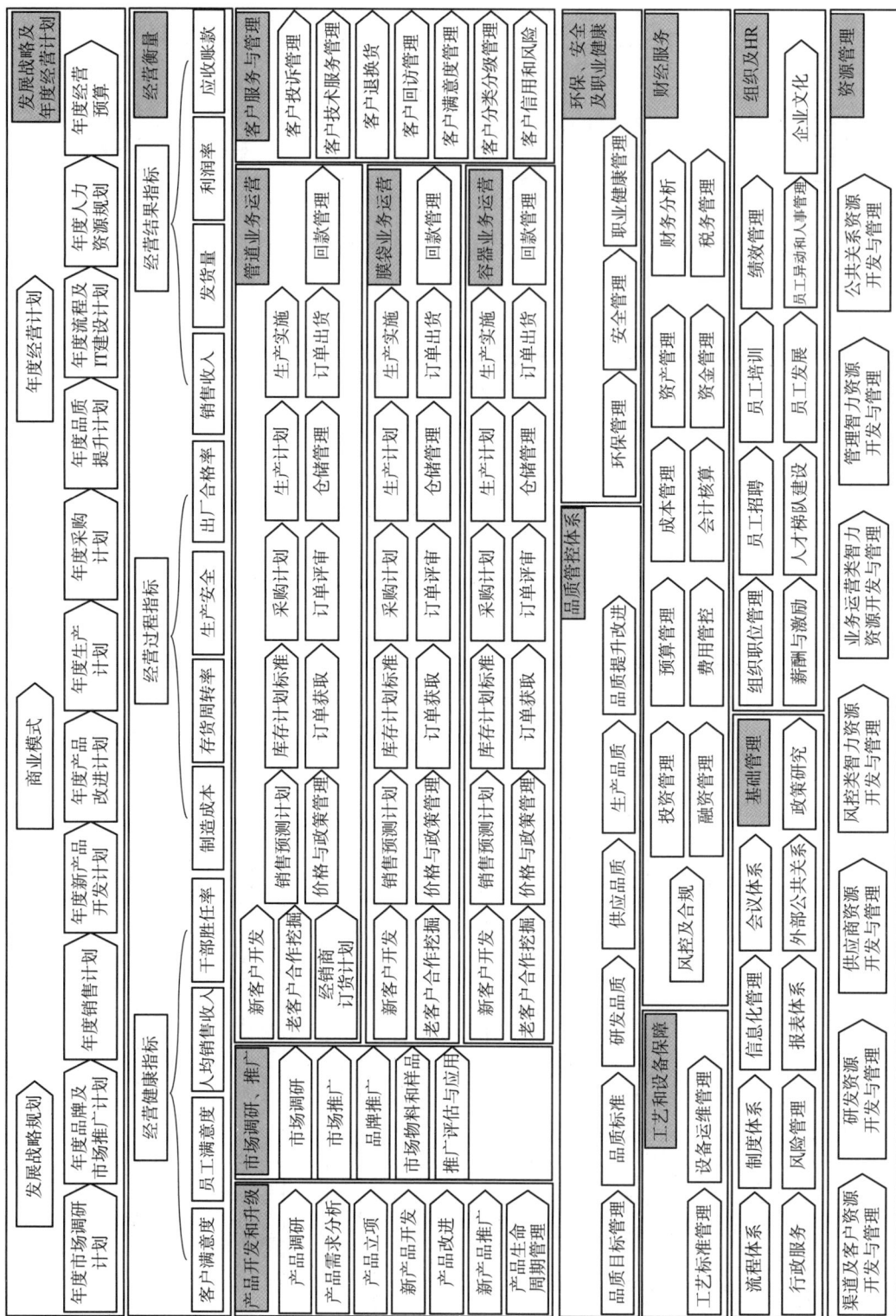

图 3-4 浙江高科塑料业务蓝图

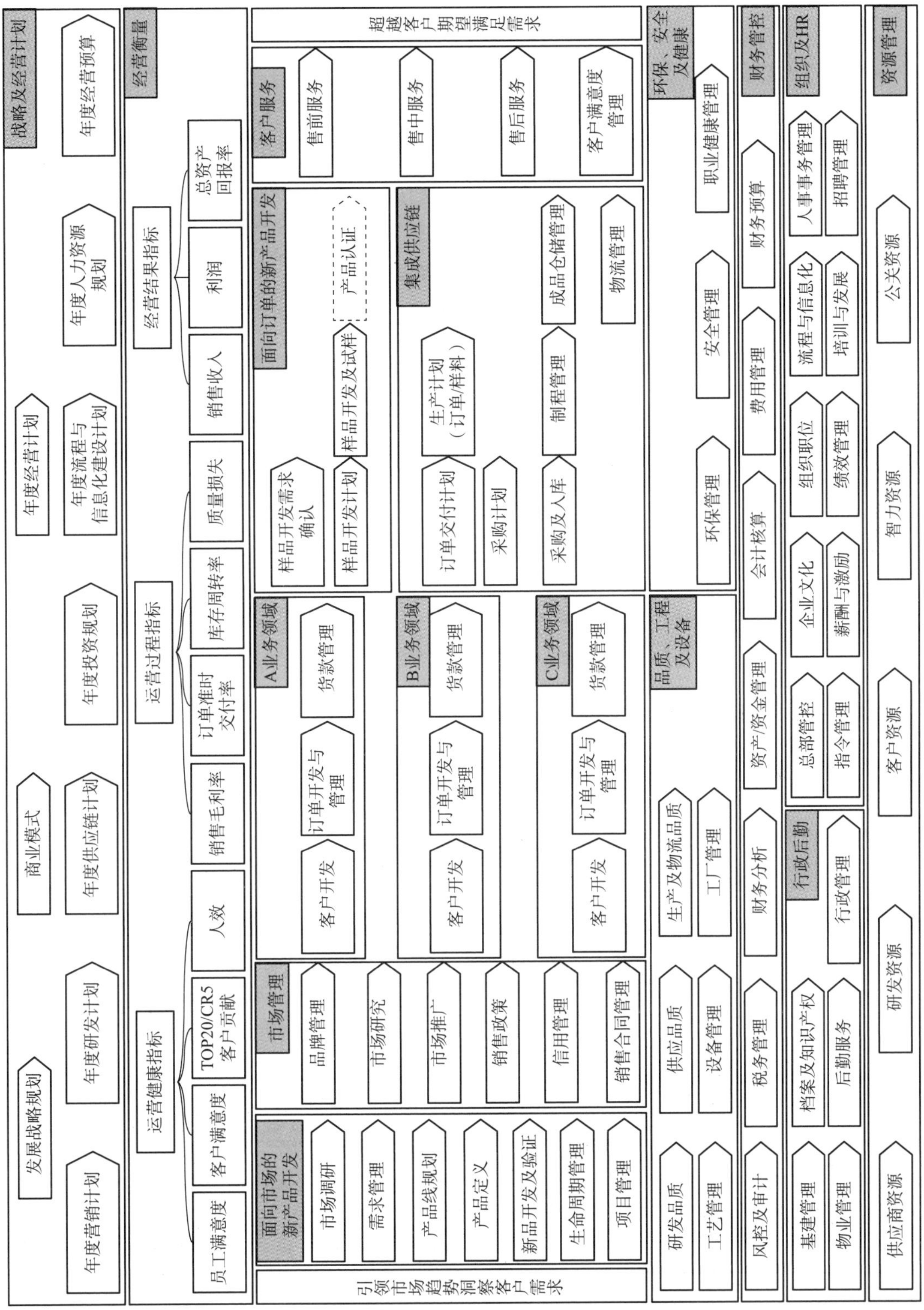

图 3-5　光彩新材料业务蓝图

【案例 3-5】华夏色纺业务蓝图

华夏色纺是国内，乃至全球知名的新型纱线供应商，主营中高档色纺纱线，配套提供半精纺、气流纺、色纺纱线和高档新型的胚纱线、染色纱线，同时提供流行趋势、原料与产品认证、吊牌、技术咨询等增值服务。经过多年的发展，公司目前在我国华东、华北、华中、西北等地区及海外拥有 5 个基地、70 多家生产工厂，产品遍及世界近百个国家和地区，图 3-6 是我们帮助该企业绘制的业务蓝图，仅展示核心业务部分。

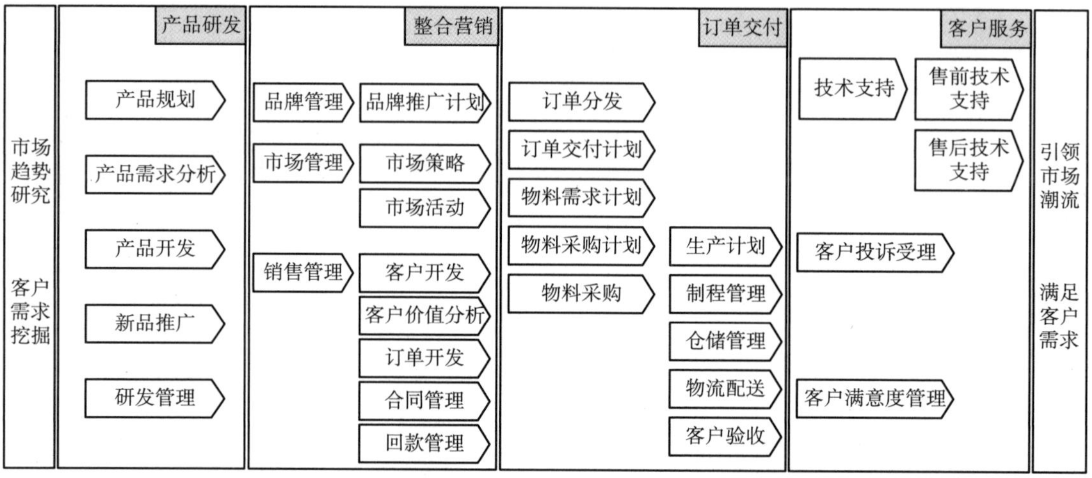

图 3-6 华夏色纺业务蓝图

【案例 3-6】华南汽配公司业务蓝图

华南汽配是一家专门为长安汽车、吉利汽车和长城汽车等国内知名汽车厂家提供精密轴承、精密离合器、精密汽车零部件的企业，图 3-7 是我们帮助该企业绘制的业务蓝图，仅展示核心业务部分。

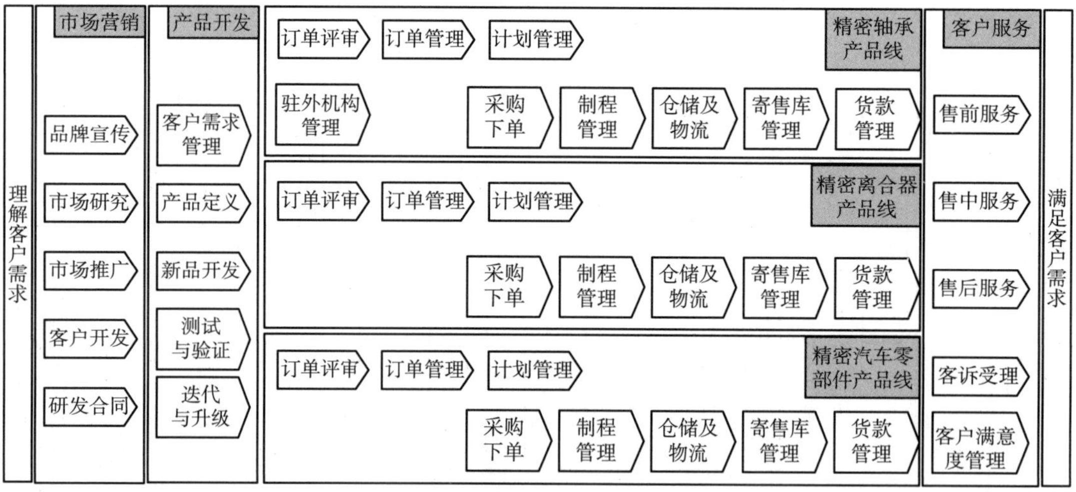

图 3-7 华南汽配业务蓝图

【案例 3-7】绿源饮料业务蓝图

绿源饮料是国内一家以奶制品饮料、果蔬汁饮料的研发、制造、销售为主的快消品企业，图 3-8 是我们帮助该企业绘制的业务蓝图，仅展示核心业务部分。

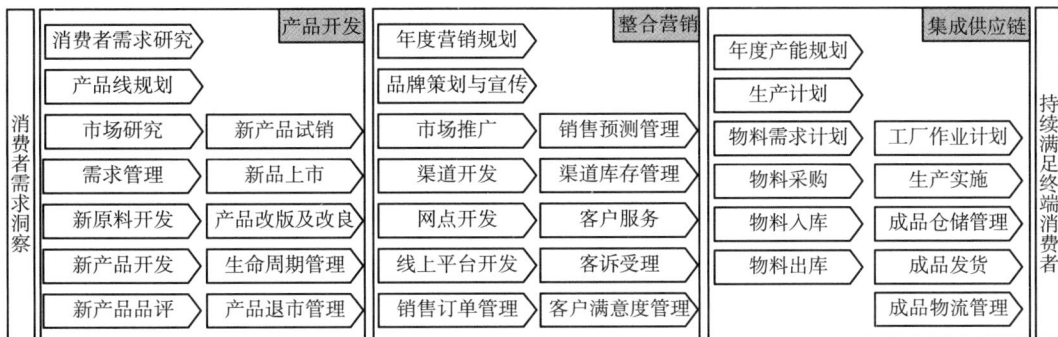

图 3-8　绿源饮料业务蓝图

【案例 3-8】上海中恒业务蓝图

上海中恒致力于电子、信息、自动化等专业的系统设计、系统集成、系统工程、项目管理等，为政府提供智能化、信息化、自动化等系统解决方案及系统工程，图 3-9 是我们为该企业绘制的业务蓝图。

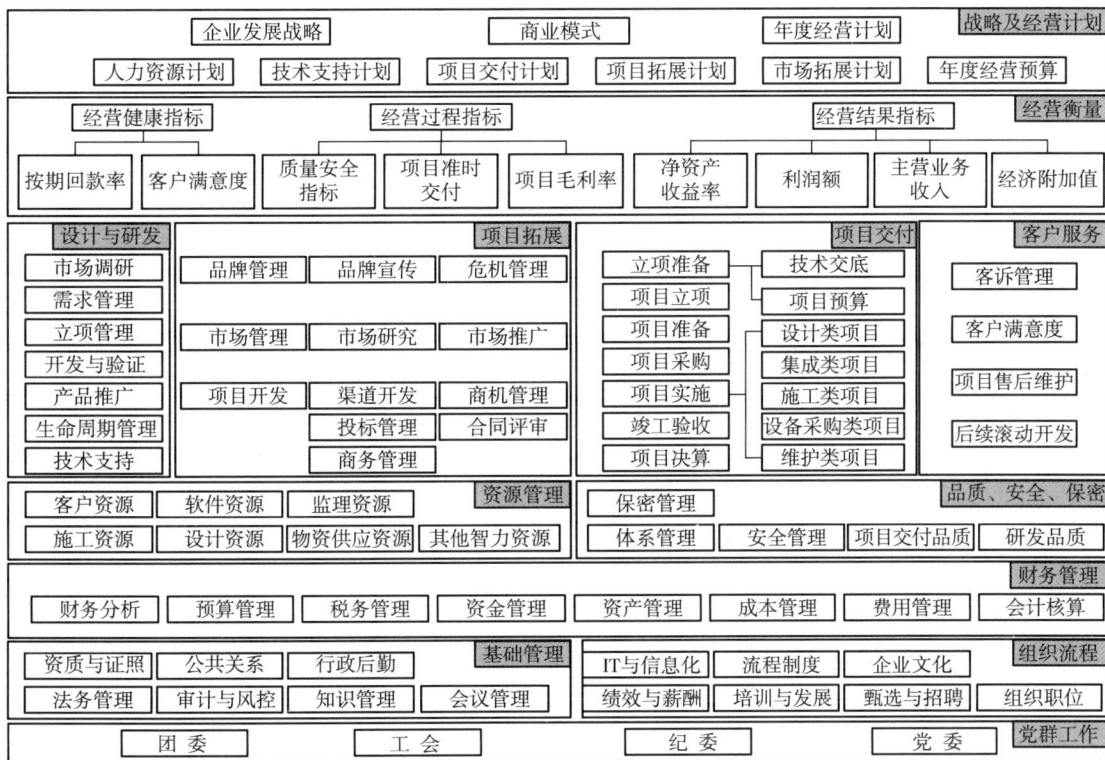

图 3-9　上海中恒业务蓝图

【案例 3-9】深圳众恒国际业务蓝图

深圳众恒国际是一家集远洋货代、海外仓储服务为主的服务型企业，图 3-10 是深圳众恒国际的业务蓝图。

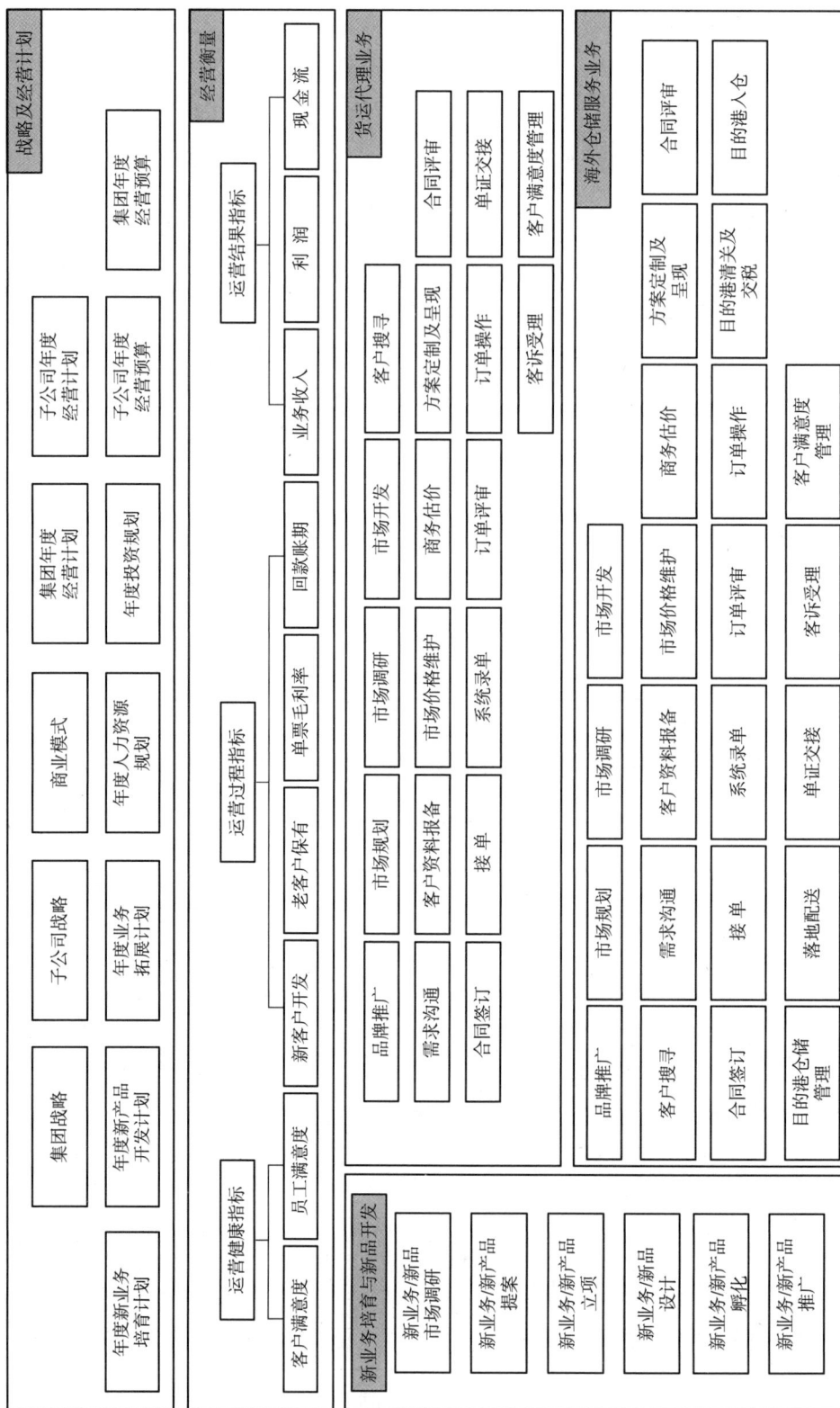

图 3-10 深圳众恒国际业务蓝图

从【案例 3-2】到【案例 3-9】，综合以上 8 家企业业务蓝图可以看到，这 8 家企业的核心业务逻辑各不相同，集成供应链核心业务也存在很大的差异。

肯德科技作为一家传统制造型企业，其集成供应链的触发点为订单交付计划，以订单交付计划为输入展开物料采购、生产计划及实施、仓储及物流交付。

浙江高科塑料则不同，这家企业集成供应链的触发点为经销商订货计划及销售部门提供的销售预测，是一家典型的根据市场预测来启动内部集成供应链的企业。

光彩新材料虽然和浙江高科塑料同样都是工业品制造企业，但是光彩新材料的新产品大多数都是面向客户订单开发的，因此，该企业的供应链是完全按照客户下达的订单推进的。当然，该企业还有一部分产品是按照销售预测生产的。

华夏色纺的集成供应链体系又是另外一种模式，订单交付中心统一接收客户订单，但对于每家工厂而言，则完全是按照订单中心的生产计划开展工作。

华南汽配公司的集成供应链则完全按照客户订单进行排产。

绿源饮料作为一家快消品企业，其集成供应链的触发点是完全依赖于企业自身的产能规模及市场销售预测展开的。

上海中恒作为一家项目型交付公司，其集成供应链系统也是完全按照项目拓展部门与客户签订的合同展开的，但这里会涉及与项目交付前的交底、立项等工作。

深圳众恒国际作为一家远洋货代、海外仓储服务为主的服务型企业，其集成供应链与制造业不同，这家企业完全是按照与客户签订的合同进行交付。

通过以上 8 家企业集成供应链模式的分析，我们发现不同产品、不同类型、不同行业的企业其集成供应链运营模式差异很大。

二、集成供应链业务逻辑关系图

从【案例 3-2】到【案例 3-9】可以看到，不同企业的供应链模式是不同的。为了简洁、明了地展示产品制造的全过程，我们的经验是还需要将产品和服务交付的全过程进行业务逻辑分析，并在此基础上绘制集成供应链业务逻辑关系图。

业务逻辑分析是在对企业价值链和业务蓝图分析的基础上，针对企业价值链和业务蓝图中所涉及的每一项活动进行细化分析，分析每项活动对企业的价值贡献，以便帮助企业识别增值与非增值业务单元，为企业重新规划流程体系，以及为流程体系的系统优化与再造提供依据。

核心业务逻辑分析主要包括三个环节，即识别核心业务、业务活动分析、业务逻辑分析与优化。

（1）识别核心业务。在企业中，每天都在同时运作很多业务，有些业务是增值的，也有很多业务是非增值的，企业核心业务逻辑分析的第一步便是对现有业务进行全面盘点和梳理。

（2）业务活动分析。结合每项业务活动的绩效表现，利用访谈、问卷调查、现场观察等手段对每项活动进行分析，明确关键活动及增值活动，并识别需要加强、削弱、增加或删除的业务活动。

（3）业务逻辑分析与优化。根据对现有核心业务的系统分析，企业还需要对这些核心业务活动的逻辑关系进行分析，以便确定这些业务活动存在的必要性及先后顺序。

业务逻辑关系图就是将核心业务按照一定的逻辑关系用一张图表达出来，在绘制业务逻辑关系图的时候一定要体现各个业务之前的前后关系或并列关系。

【案例 3-10】肯德科技集成供应链业务逻辑关系图

基于图 3-2、图 3-3 中对肯德科技集成供应链中需求、计划、采购、生产、仓储物流、客户服务等核心业务的细化，我们共为该企业集成供应链业务规划了 4 个阶段，共计 51 项核心业务活动，并绘制了该企业集成供应链业务逻辑关系图，如图 3-11、图 3-12 所示。

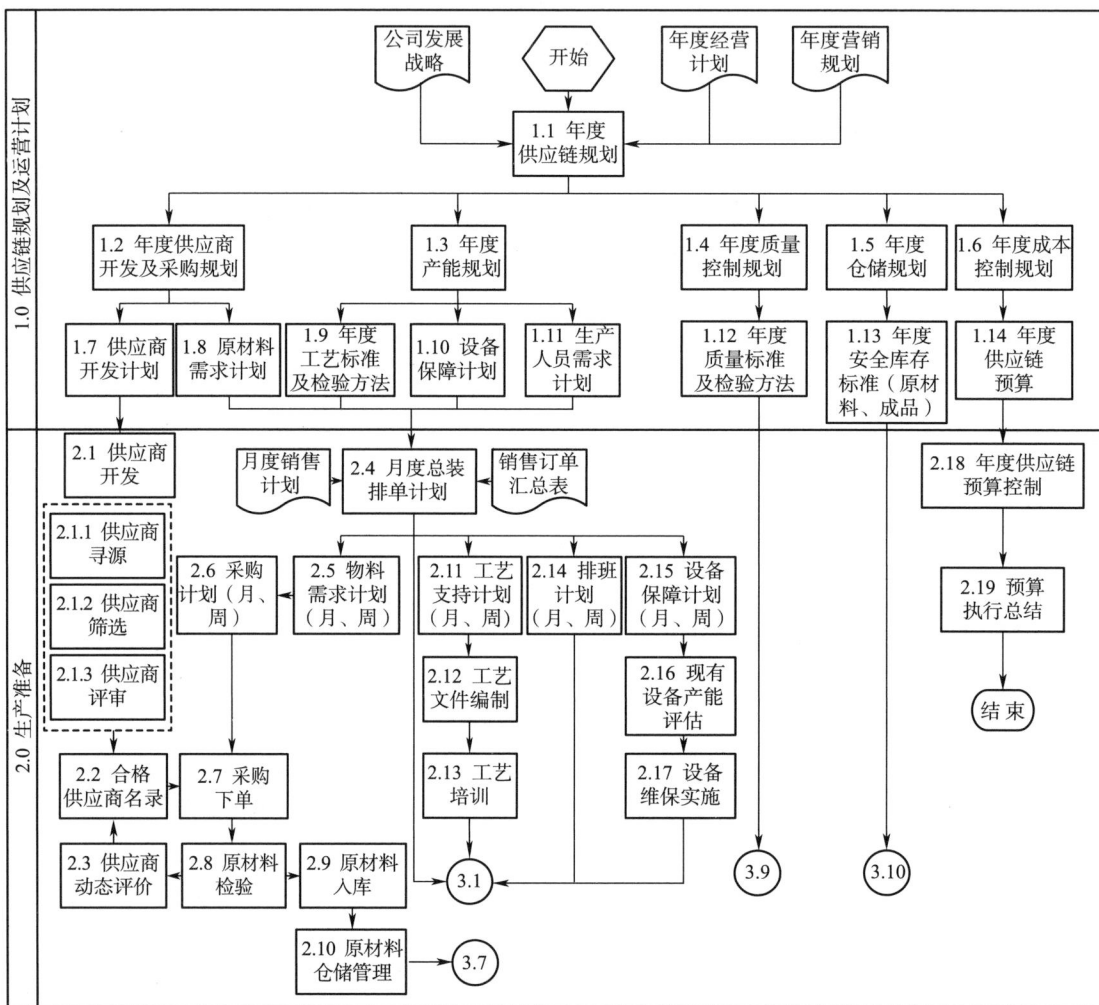

图 3-11　肯德科技集成供应链业务逻辑关系图（1）

3.0 测控及一个库管理

4.0 集配供应链管理

2.17　2.14　2.13　2.4

3.1 总装周计划（T3+4）

3.2 金工日作业计划　3.3 喷塑日作业计划　3.4 部装日作业计划　3.5 总装日作业计划　3.6 包装日作业计划

2.10

3.7 原材料领用

3.8 制程管理

3.8.1 计划变更管理　3.8.2 4M变更管理　3.8.3 工艺纪律监督

3.8.4 看板管理　3.8.5 设备运维　3.8.6 生产成本核算与控制

3.8.7 安全环保管理　3.8.8 现场管理　3.8.9 制程异常管理

1.12

3.9 制程及成品质量管控

3.9.1 上线前物料核对　3.9.2 首件检验　3.9.3 制程IPQC和QC管控

3.9.4 制程品质异常处理　3.9.5 成品入库检验　3.9.6 例行式试验和型式试验

1.13

3.10 成品入库

3.11 成品仓储管理

3.11.1 仓储定置管理　3.11.2 备货管理

3.11.3 成品库龄管理　3.11.4 盘点管理

3.12 数据统计与分析

结束

4.1 供应链资源管理　4.2 生产台账管理　4.3 工艺文件管理　4.4 质量文件管理　4.5 设备台账管理　4.6 仓库台账管理

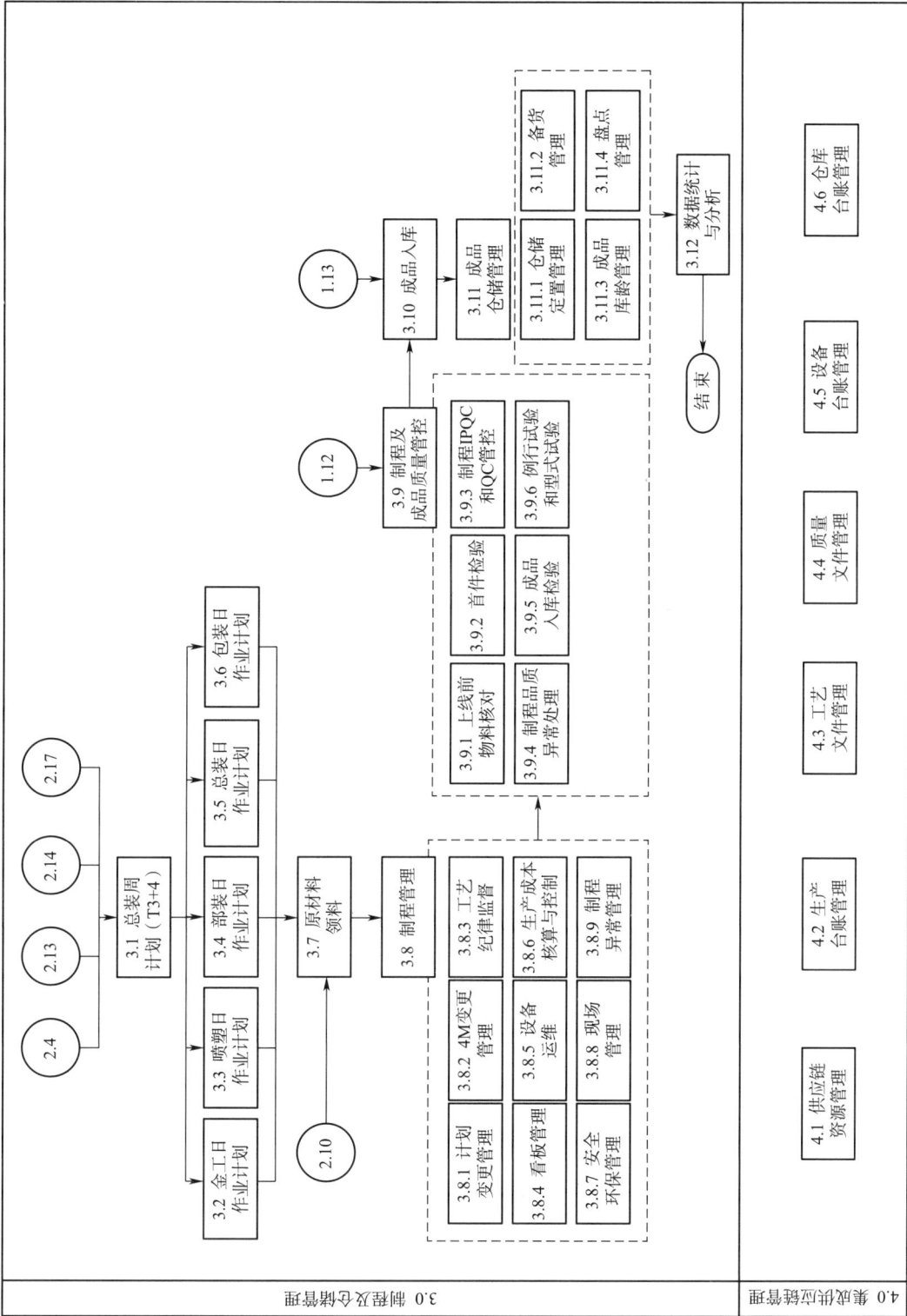

图 3-12　肯德科技集成供应链业务逻辑关系图（2）

【案例3-11】浙江高科塑料集成供应链业务逻辑关系图

根据图3-13至图3-16所示，我们将浙江高科塑料集成供应链分为集成供应链运营计划、物料采购和生产准备、生产实施及仓储管理、物流管理及客户服务共4个阶段，共计49项核心业务活动。

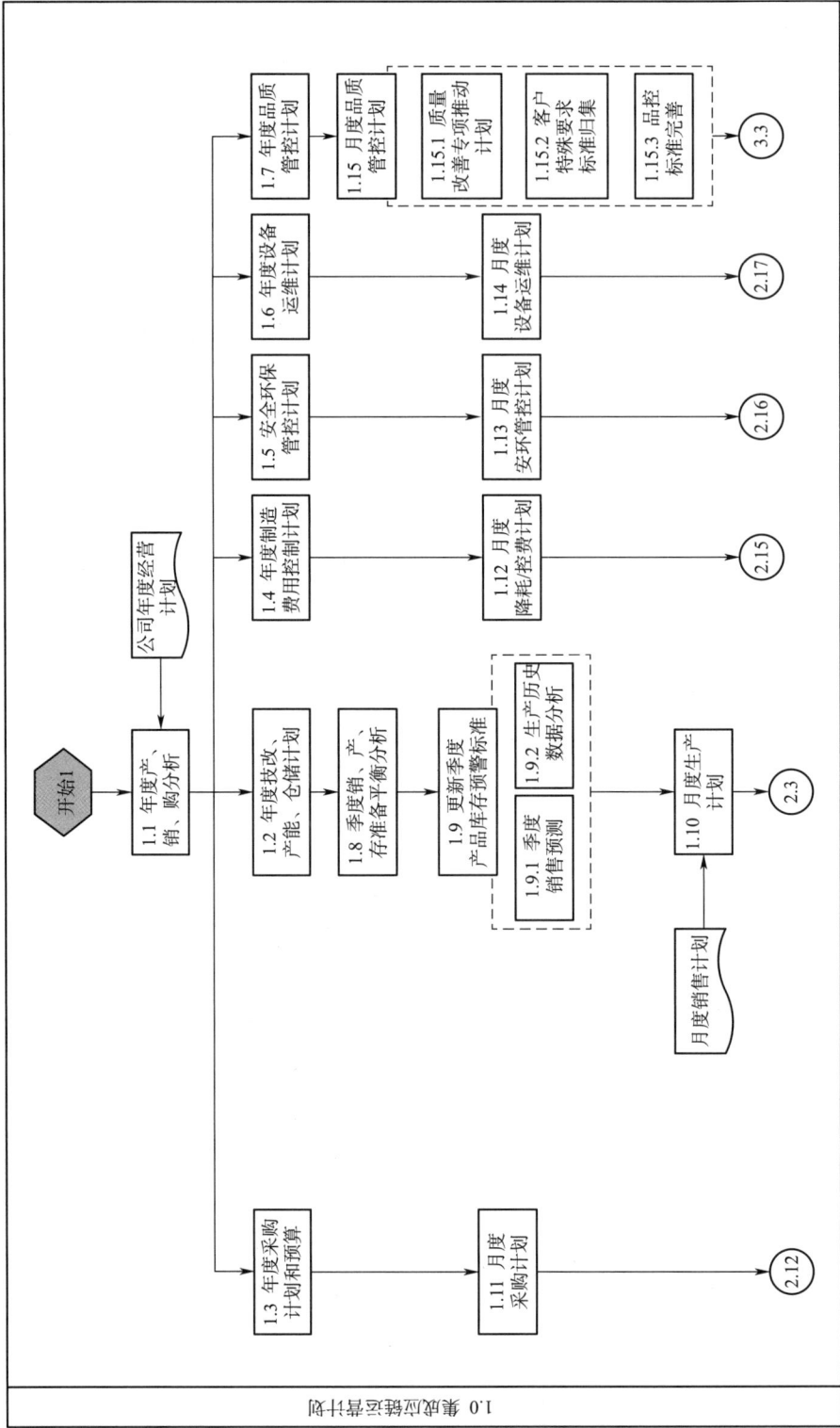

图3-13　浙江高科塑料集成供应链业务逻辑关系图（1）

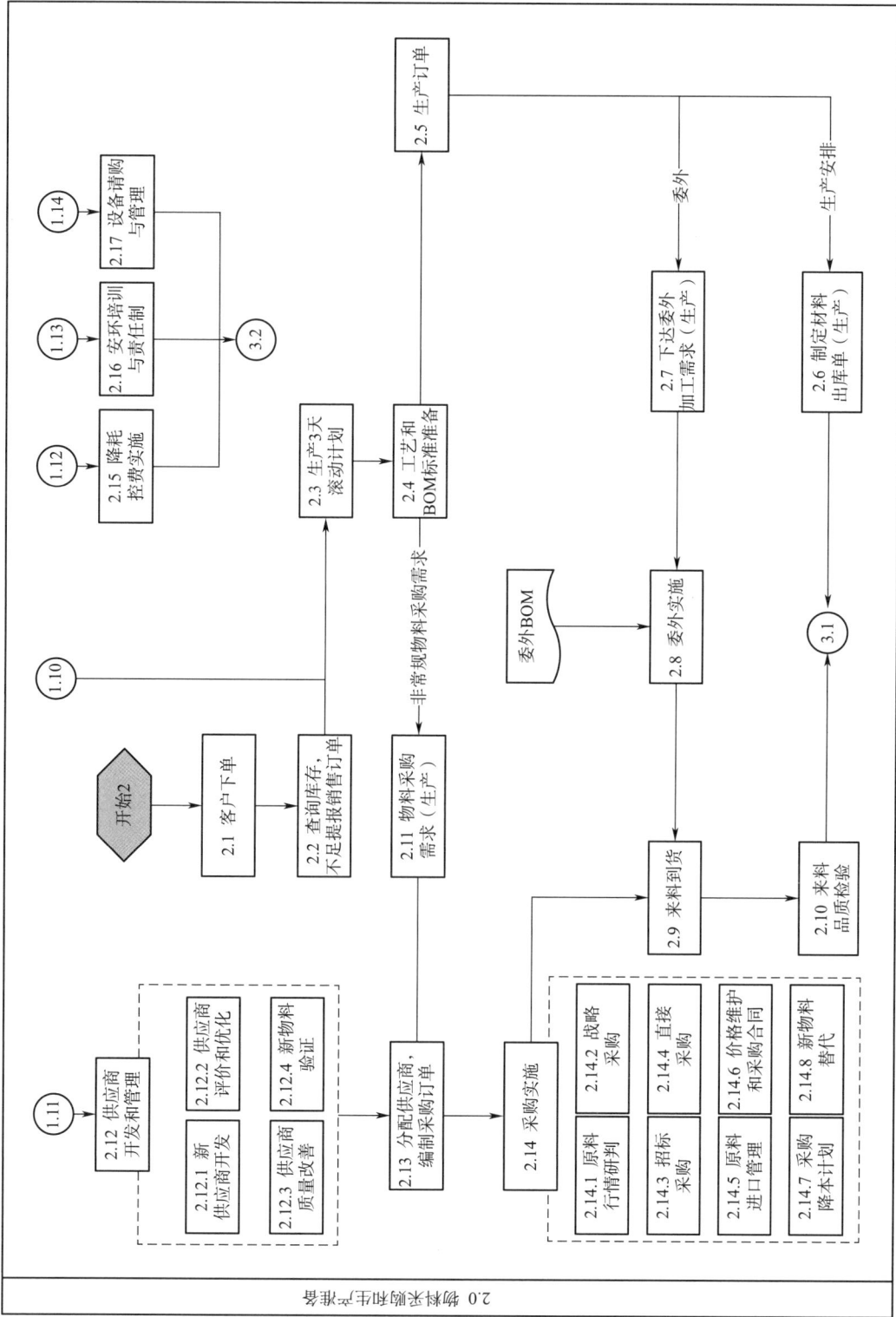

图 3–14　浙江高科塑料集成供应链业务逻辑关系图（2）

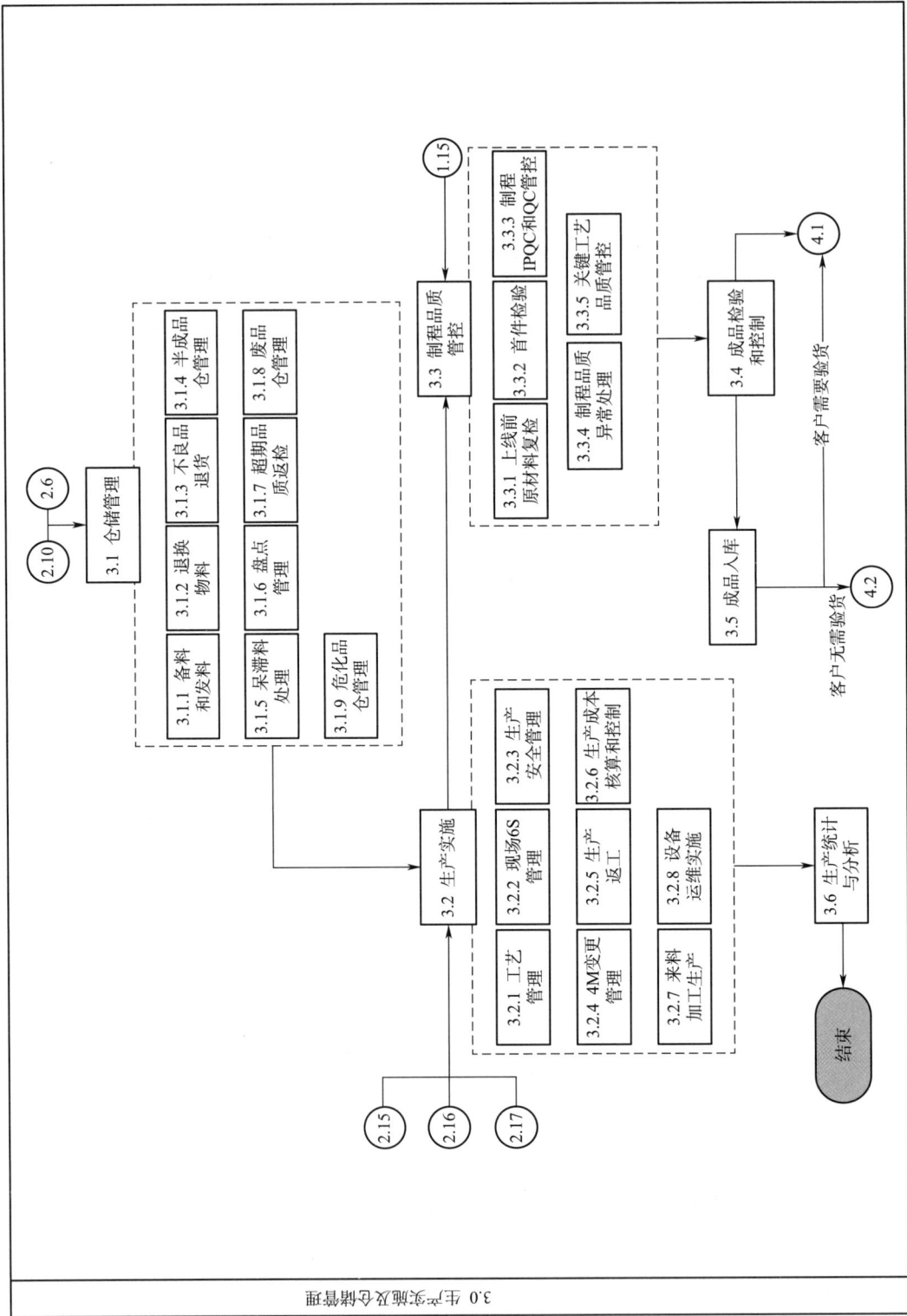

图 3-15 浙江高科塑料集成供应链业务逻辑关系图（3）

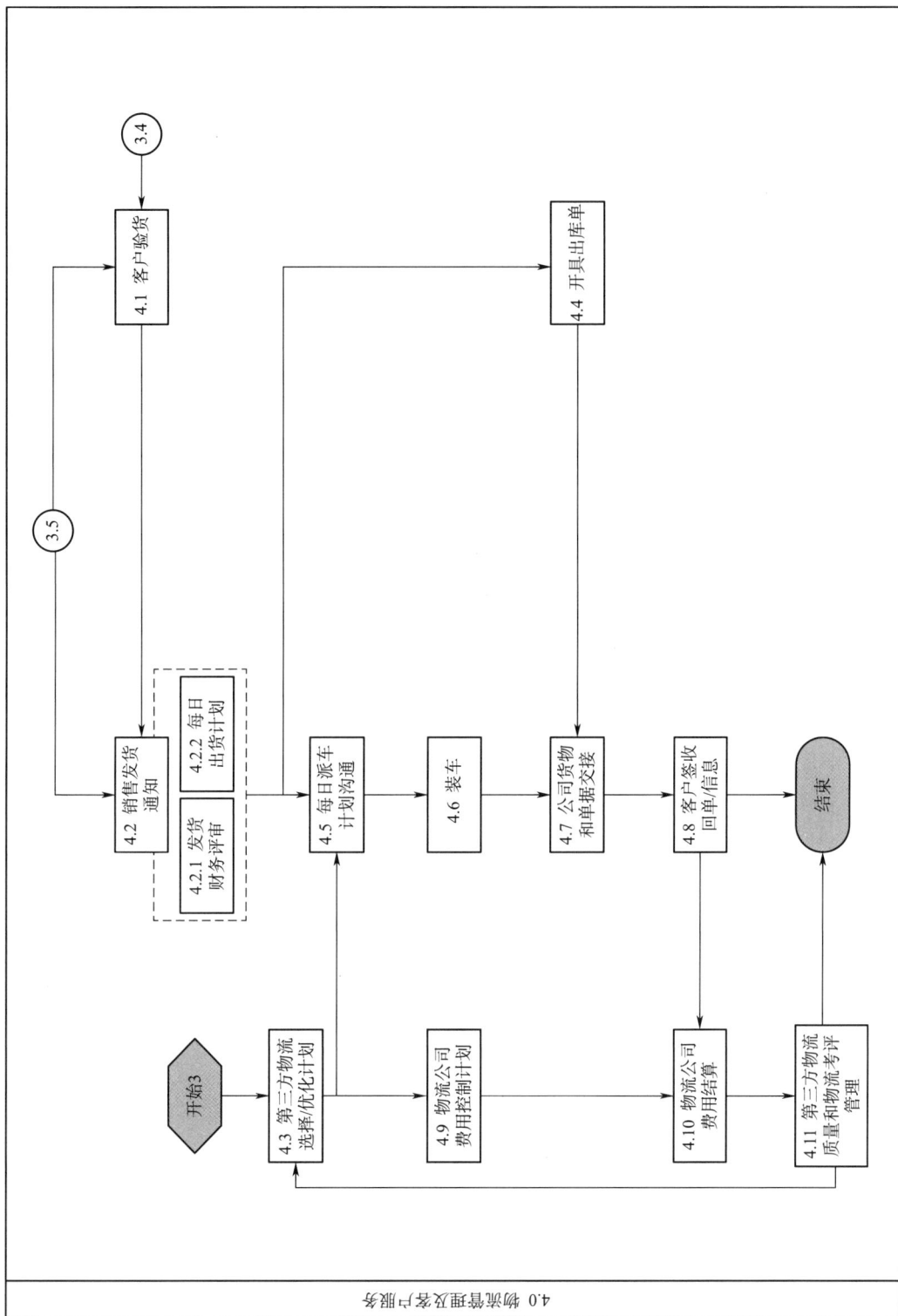

图 3-16　浙江高科塑料集成供应链业务逻辑关系图（4）

【案例 3-12】光彩新材料集成供应链业务逻辑关系图

接【案例 3-4】，如图 3-17 至图 3-19 所示，我们将该企业的集成供应链分为年度供应链运营规划、物料采购生产准备、生产实施、制程工艺管理、仓储及物流管理、设备管理、精益生产等 7 个阶段，共计 81 项核心业务活动。

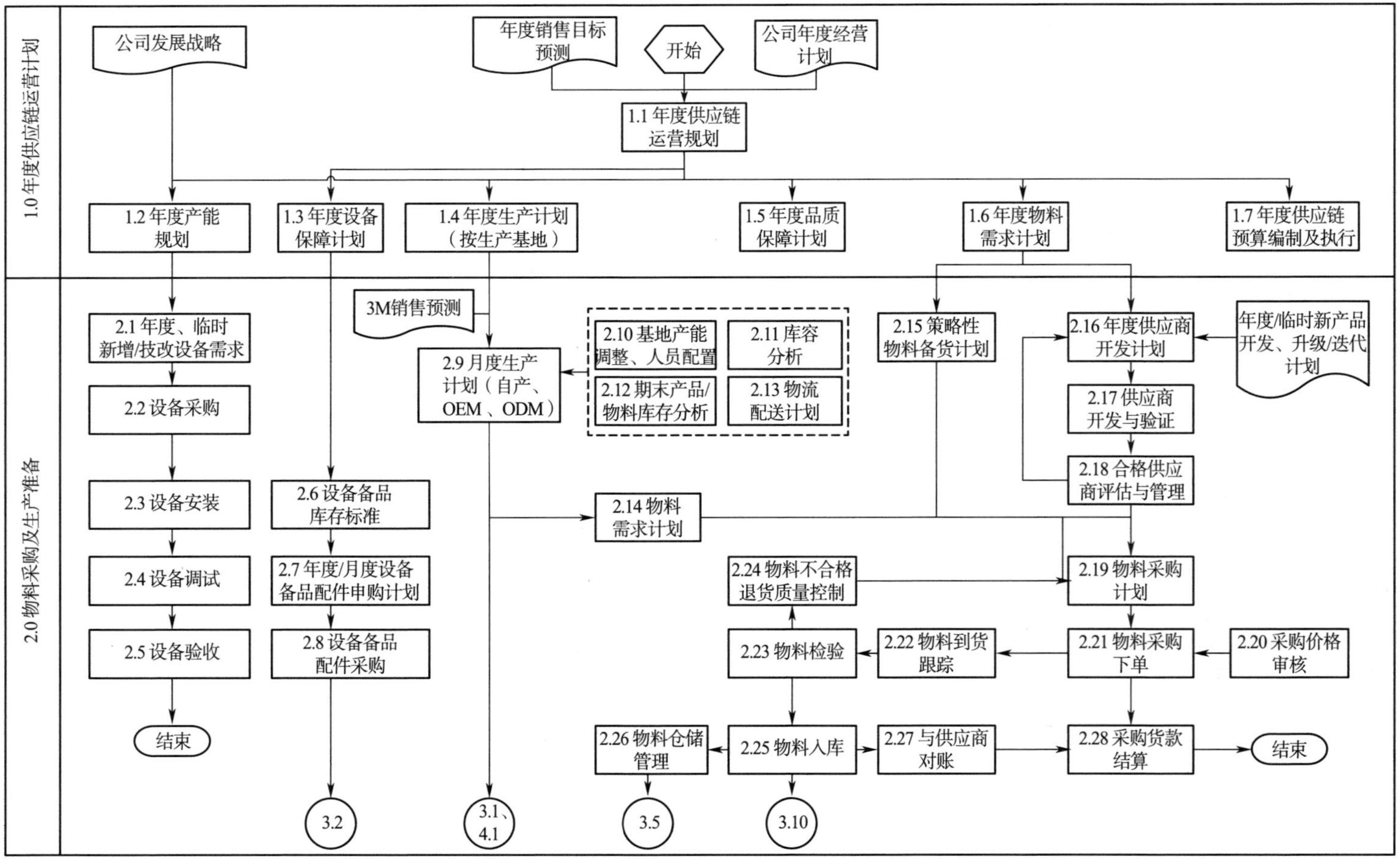

图 3-17　光彩新材料集成供应链业务逻辑关系图（1）

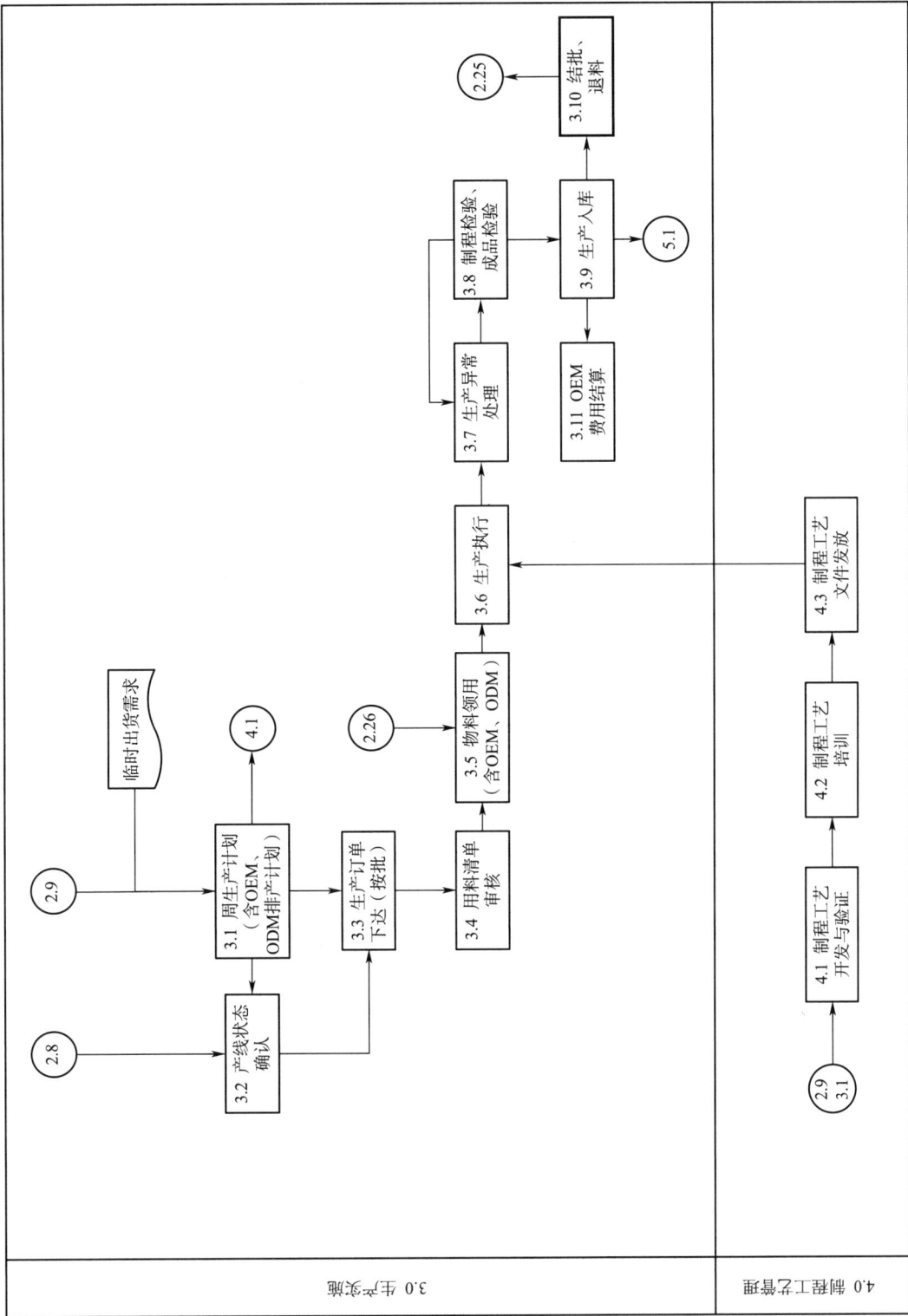

图 3-18　光彩新材料集成供应链业务逻辑关系图（2）

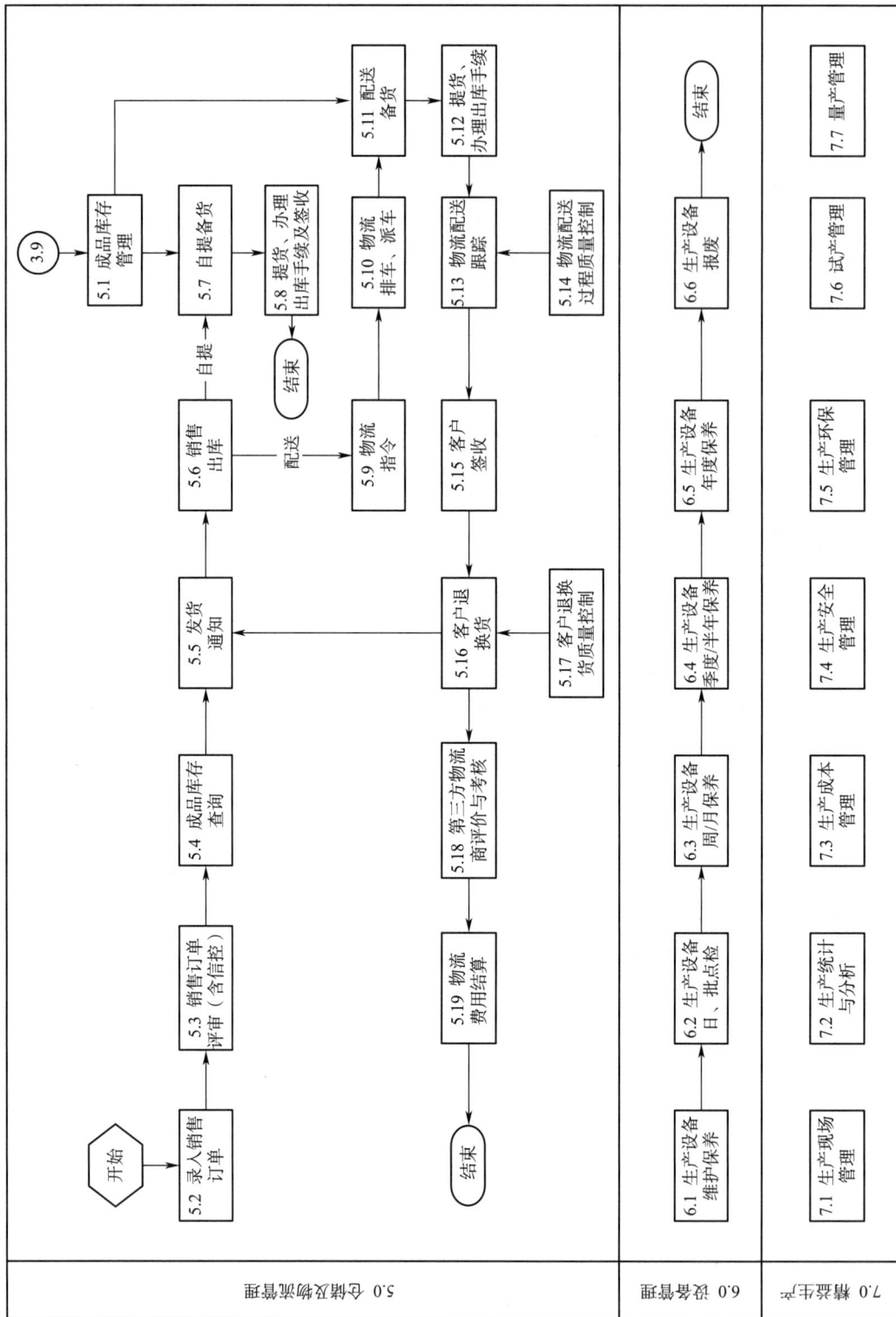

图 3-19 光彩新材料集成供应链业务逻辑关系图（3）

【案例 3-13】华夏色纺集成供应链业务逻辑关系图

接【案例 3-5】，受华夏色纺的委托，我们对该企业集成供应链核心业务进行了全面分析，并在此基础上帮助该企业绘制出了集成供应链业务逻辑关系图，如图 3-20 至图 3-22 所示。

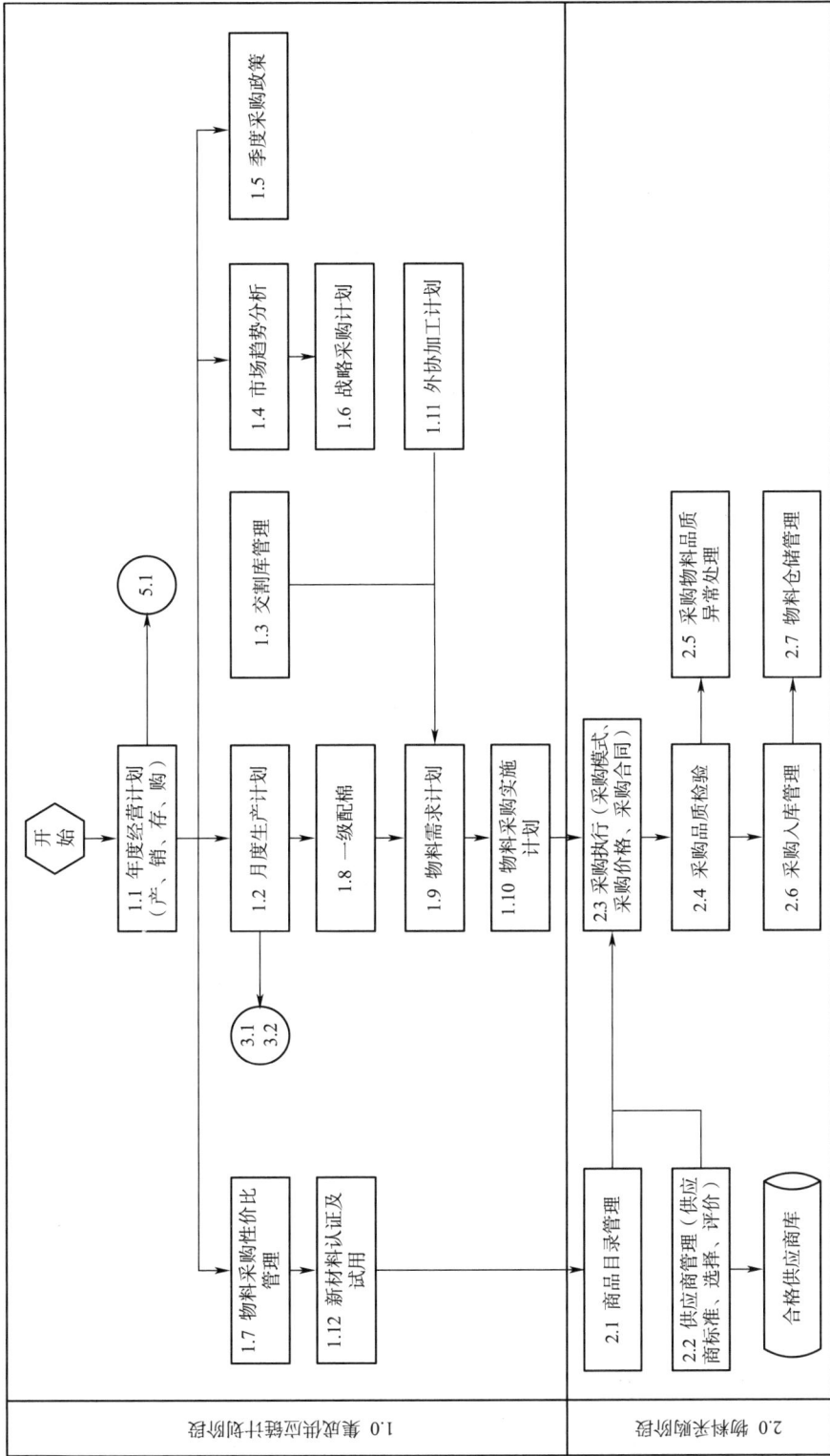

图 3-20　华夏色纺集成供应链业务逻辑关系图（1）

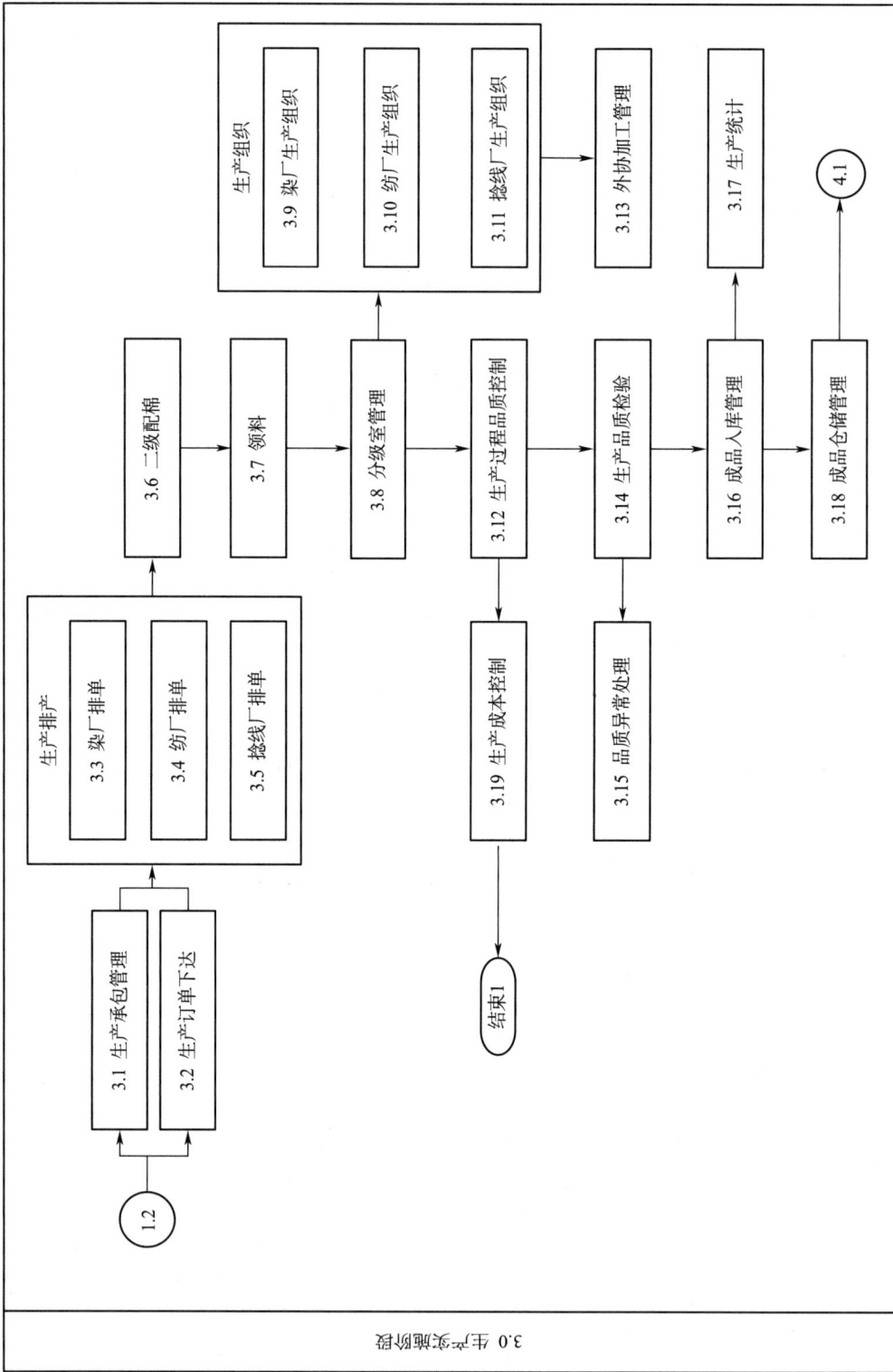

图 3-21 华夏色纺集成供应链业务逻辑关系图（2）

生产组织
- 3.9 染厂生产组织
- 3.10 纺厂生产组织
- 3.11 捻线厂生产组织
- 3.13 外协加工管理
- 3.17 生产统计

4.1

- 3.6 二级配棉
- 3.7 领料
- 3.8 分级室管理
- 3.12 生产过程品质控制
- 3.14 生产品质检验
- 3.16 成品入库管理
- 3.18 成品仓储管理

生产排产
- 3.3 染厂排单
- 3.4 纺厂排单
- 3.5 捻线厂排单

- 3.19 生产成本控制
- 3.15 品质异常处理

- 3.1 生产承包管理
- 3.2 生产订单下达

1.2

结束1

3.0 生产实施阶段

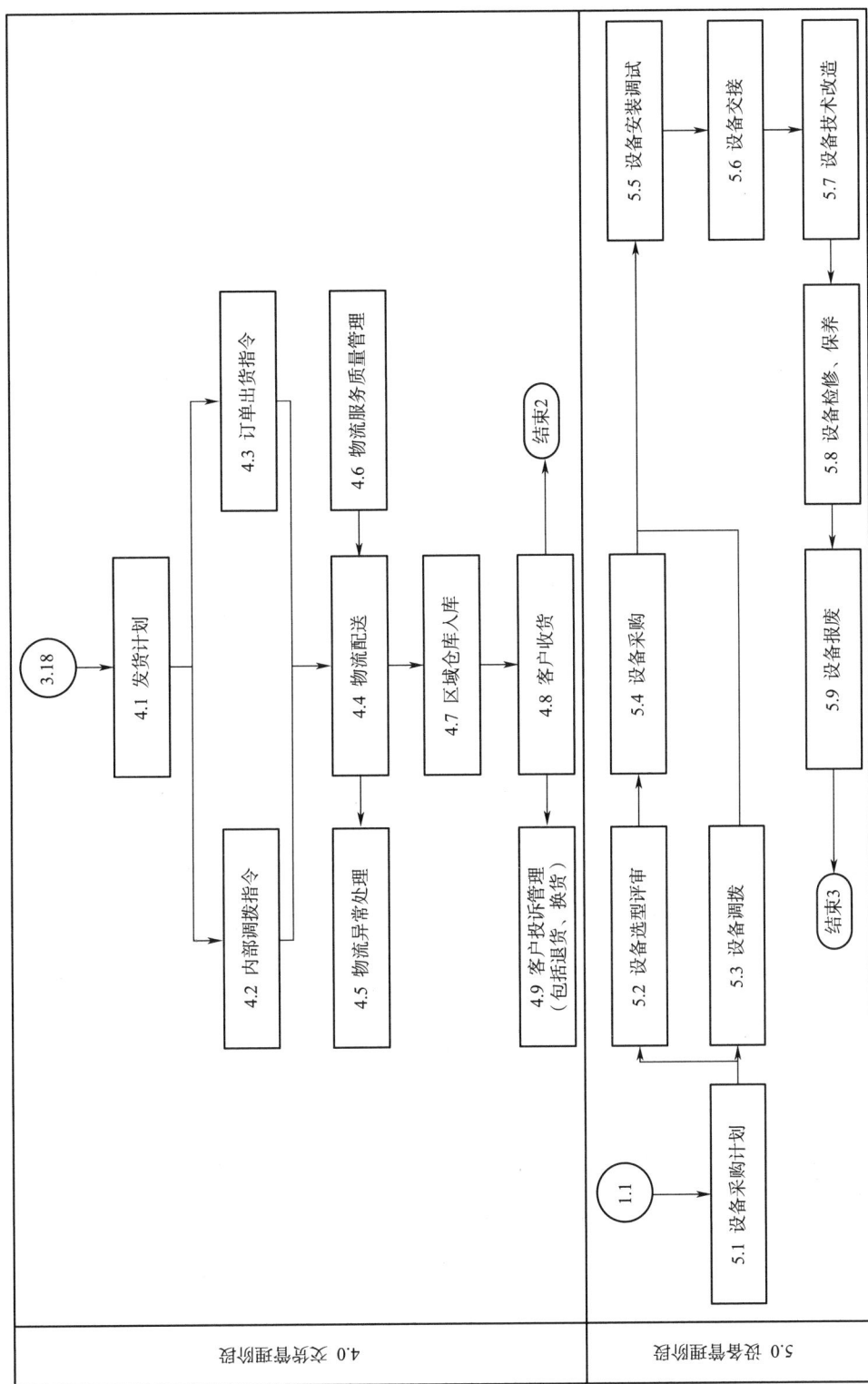

图3-22　华夏色纺集成供应链业务逻辑关系图（3）

【案例3-14】绿源饮料集成供应链业务逻辑关系图

同理，在【案例3-7】的基础上，我们也帮助绿源饮料绘制出了该企业的集成供应链业务逻辑关系图。通过图3-23至图3-25可以看到，绿源饮料作为一家饮料企业，该企业的集成供应链共分为8个阶段，共计86项核心业务活动。

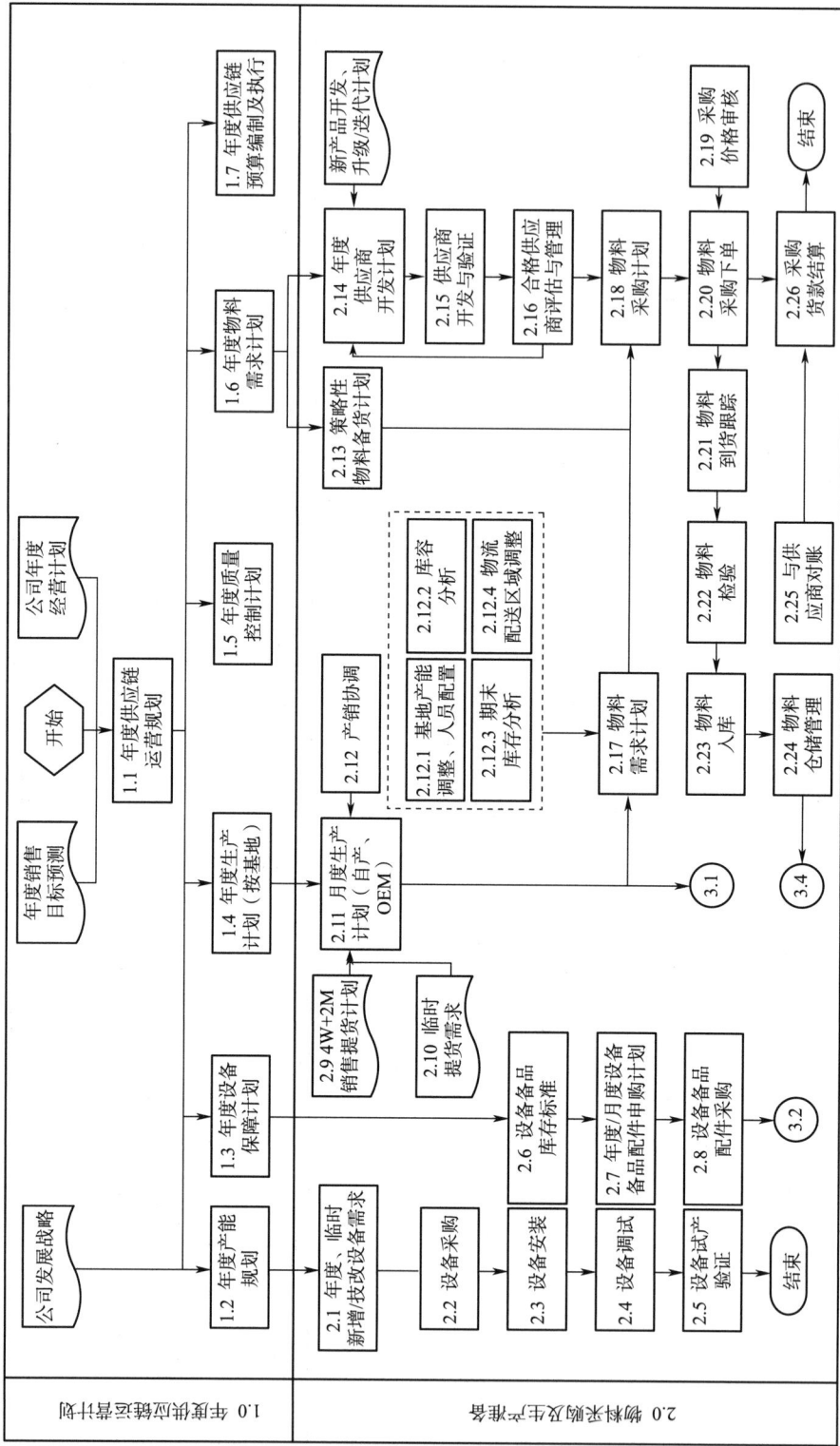

公司发展战略 · 公司年度经营计划 · 年度销售目标预测 · 开始 · 结束

1.0 年度供应链运营规划

- 1.1 年度供应链运营规划
- 1.2 年度产能规划
- 1.3 年度设备保障计划
- 1.4 年度生产计划（按基地）
- 1.5 年度质量控制计划
- 1.6 年度物料需求计划
- 1.7 年度供应链预算编制及执行

2.0 集成供应链业务

- 2.1 年度新增技改设备需求
- 2.2 设备采购
- 2.3 设备安装
- 2.4 设备调试
- 2.5 设备试产验证
- 2.6 设备备品库存标准
- 2.7 年度月度设备备品件申购计划
- 2.8 设备配件采购
- 2.9 4W+2M 销售提货计划
- 2.10 临时提货需求
- 2.11 月度生产计划（自产、OEM）
- 2.12 产销协调
  - 2.12.1 基地产能调整、人员配置
  - 2.12.2 库容分析
  - 2.12.3 期末库存调整
  - 2.12.4 物流配送区域调整
- 2.13 策略性物料备货计划
- 2.14 年度供应商开发计划
- 2.15 供应商开发与验证
- 2.16 合格供应商评估与管理
- 2.17 物料需求计划
- 2.18 物料采购计划
- 2.19 采购价格审核
- 2.20 物料采购下单
- 2.21 物料到货跟踪
- 2.22 物料检验
- 2.23 物料入库
- 2.24 物料仓储管理
- 2.25 与供应商对账
- 2.26 采购货款结算

新产品开发、升级迭代计划

3.1　3.2　3.4

图3-23　绿源饮料集成供应链业务逻辑关系图（1）

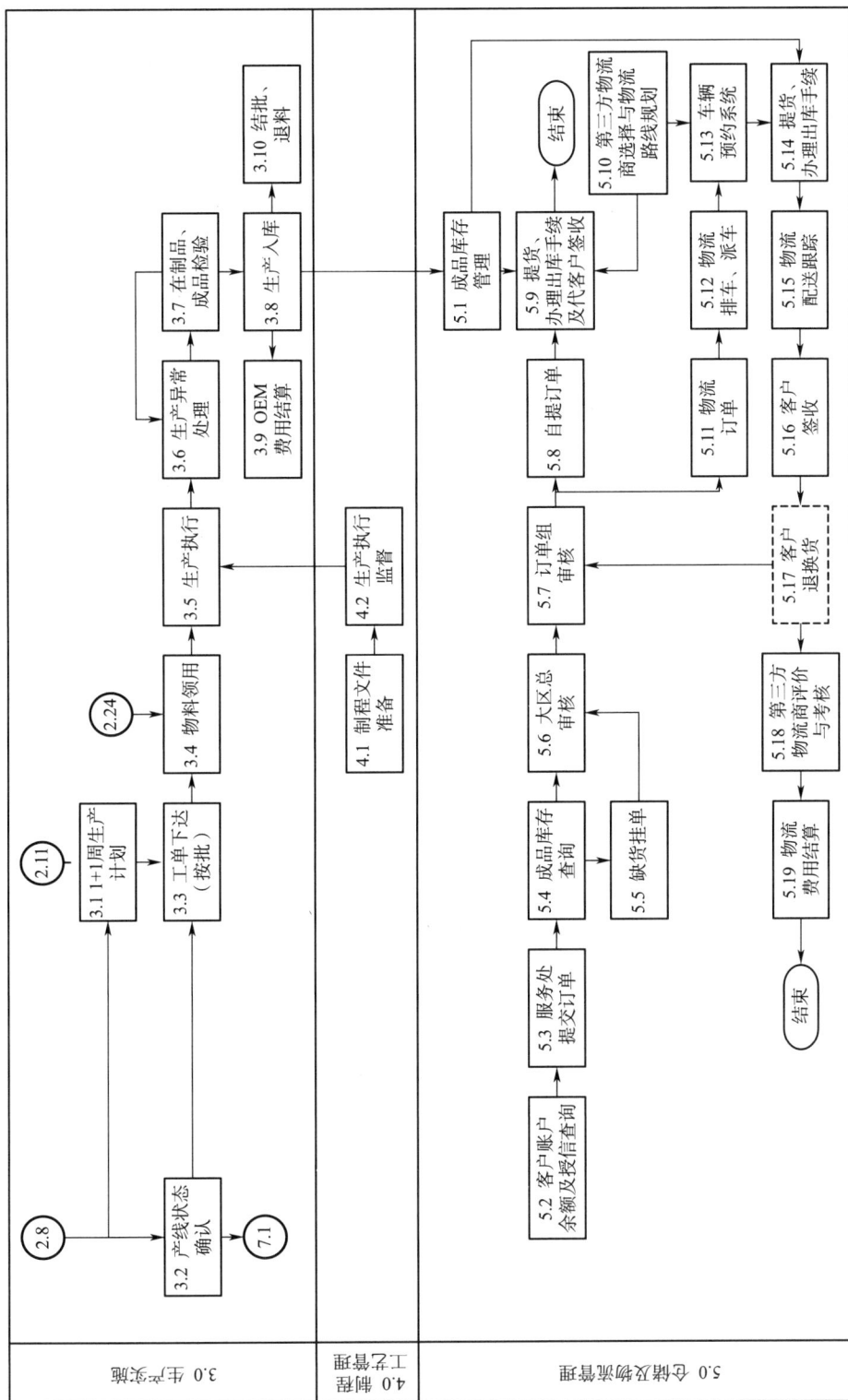

图 3-24 绿源饮料集成供应链业务逻辑关系图（2）

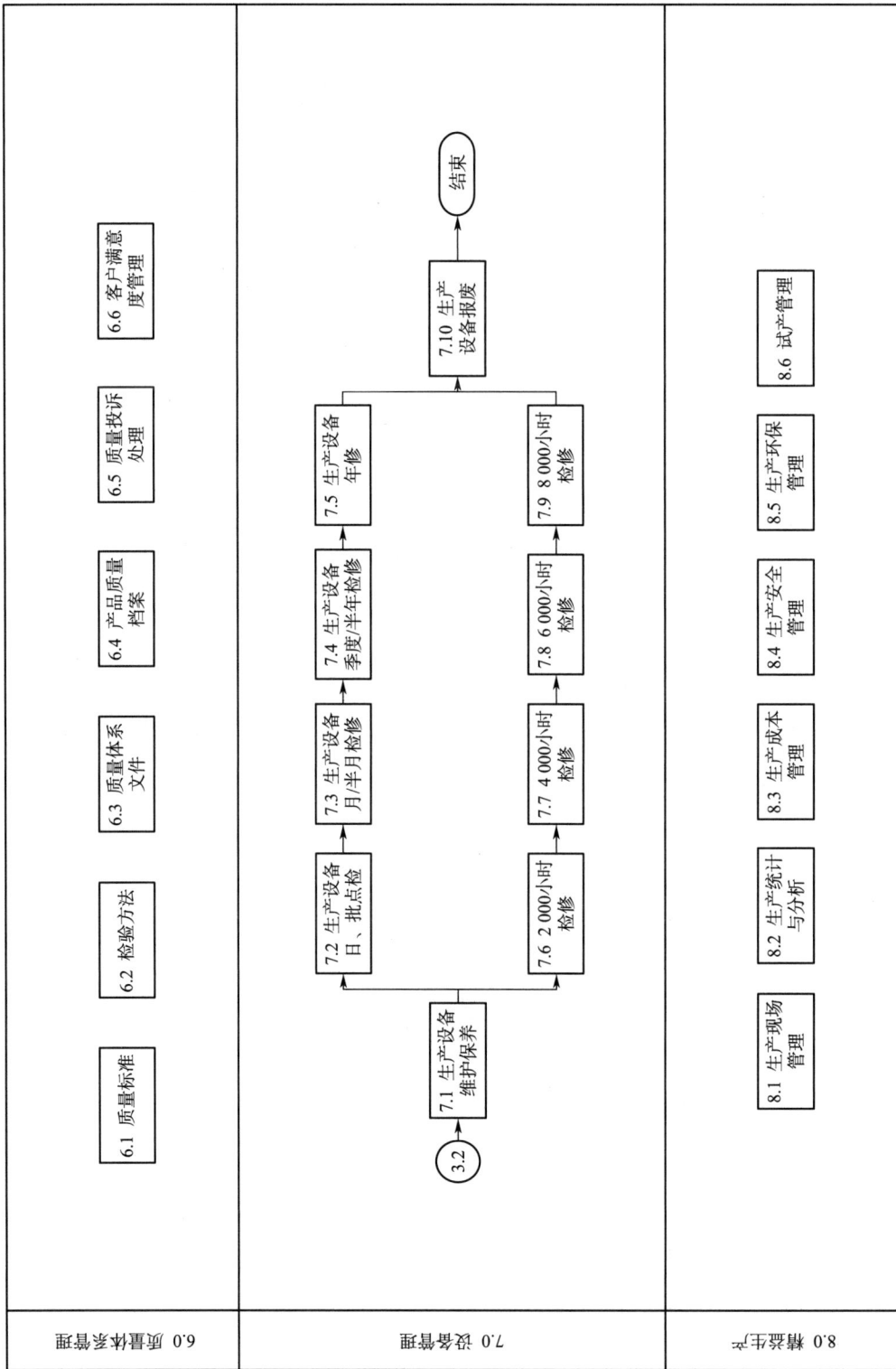

图 3-25　绿源饮料集成供应链业务逻辑关系图（3）

【案例 3-15】上海中恒集成供应链业务逻辑关系图

上海中恒作为一家项目运作型的公司，其供应链业务不同于前文提到的肯德科技、浙江高科塑料、华夏色纺与绿源饮料，图 3-26 为我们帮助上海中恒绘制的集成供应链业务逻辑关系图。

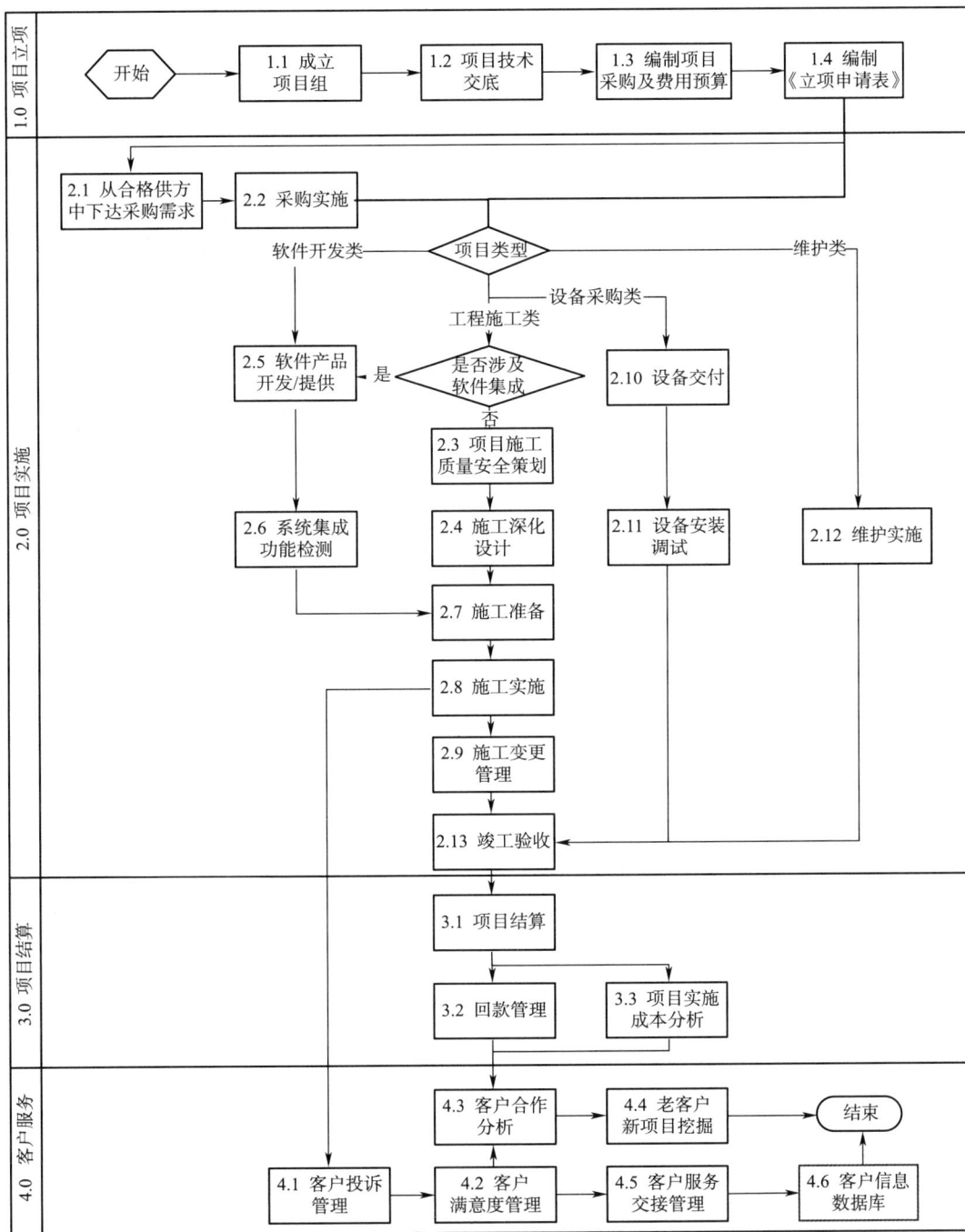

图 3-26　上海中恒集成供应链业务逻辑关系图

三、集成供应链业务流程规划

在对集成供应链核心业务员逻辑分析的基础上，企业就可以进行集成供应链核心业务流程规划了。根据我们的实践，企业在进行集成供应链核心业务流程规划的时候需要注意：

（1）可以是一项业务活动对应一个流程，也可以是多项业务活动对应一个流程。

（2）如存在某个流程过于复杂的情况，可以将其拆分为多个流程，也可以将其作为一个一级流程，从而将这个一级流程中的某个或某几个业务活动作为一个或几个二级流程来支撑它。

（3）流程规划通常会包括流程名称、对应业务活动、流程归口部门（即流程主人）、流程相关部门、流程输入、流程输出、流程增值方式、流程供应商、流程客户、流程核心步骤、流程类型等内容，当然企业也可以根据自己的实际需要对规划内容进行删减。

【案例 3-16】肯德科技集成供应链业务流程规划

按图 3-11、图 3-12，表 3-1 为我们帮助肯德科技规划的供应链业务流程表。

表 3-1　肯德科技集成供应链业务流程规划表

一级流程	二级流程	对应业务活动	流程主人	相关部门	流程输入	流程输出	增值方式
年度供应链规划流程		1.1～1.6	生产部	计划部、采购部、工程部、设备部、品质管理部、仓储物流部、财务管理部	年度经营计划、年度营销规划	年度供应链规划、年度供应链预算	明确年度供应链发展方向
年度供应商开发流程		1.7、2.1～2.3	采购部	工程部、品质管理部、仓储物流部	年度供应商及采购规划	合格供应商名录	降低采购风险，提升采购效率
	合格供应商管理流程	2.3	采购部	工程部、品质管理部、仓储物流部	供应商供货信息（交期、质量、品质问题处理等）	合格供应商考评结果	降低采购风险，提升采购效率
生产计划管理流程		2.4	计划部	采购部、工程部、设备部、生产部、仓储物流部	月度销售计划、销售订单汇总表	月度总装排单计划	提升销售计划达成率
采购管理流程		2.5～2.9	采购部	计划部、仓储物流部	月度总装排单计划	物料采购入库信息	提升采购准确率及交付准时性

续上表

一级流程	二级流程	对应业务活动	流程主人	相关部门	流程输入	流程输出	增值方式
	物料检验流程	2.8	品质管理部	采购部、仓储物流部	供应商送货信息、请检单	物料检验报告	确保物料品质
物料仓储管理流程		2.10	仓储管理部	采购部、品质管理部、财务管理部	物料检验报告、供应商送货信息	物料库存盘点表	确保物料库存信息准确
生产工艺控制流程		2.11～2.13	工程部	生产部、设备部、品质管理部	月度总装排单计划	工艺控制记录	确保工艺有效执行
产线调整及设备保障流程		2.15～2.17	设备部	计划部、工程部、生产部、品质管理部	月度总装排单计划	设备调试记录	提升设备稼动率
生产作业计划管理流程		2.14、3.1～3.6	计划部	生产部、仓储物流部、设备部、工程部、品质管理部	月度总装排单计划	生产作业计划	提升作业计划执行率
制程管理流程		3.7～3.10	生产部	计划部、仓储物流部、设备部、工程部、品质管理部	生产作业计划	成品入库记录	减少制程异常，提升产品生产效率
	制程品质检验流程	3.9	品质管理部	生产部、其他相关部门	半成品、成品请检单	成品检验报告	确保成品合格率
成品仓储管理流程		3.11、3.12	仓储管理部	生产部、品质管理部	成品检验报告、成品入库信息	成品库存盘点表	确保成品库存信息准确
供应链预算管理流程		1.6、1.14、2.18、2.19	生产部	计划部、采购部、工程部、设备部、品质管理部、仓储物流部、财务管理部	年度供应链预算	供应链年度预算分析报告	提升预算执行率

【案例 3-17】浙江高科塑料集成供应链核心业务流程规划

接图 3-13 至图 3-16，表 3-2 是我们帮助浙江高科塑料规划的集成供应链相关业务流程表。

表 3-2　浙江高科塑料集成供应链业务流程规划表

一级流程	对应活动	归口部门	相关部门	流程输入	流程输出
生产计划实施流程	1.10、2.1	生产管理部	客户服务部、技术质量部、本部生产部、基地生产部	月度销售计划、自产产品库存预警、当月库存、营销中心订货单	周生产计划、日生产计划、生产派工单、月/年度数据统计分析
采购管理流程	1.11、2.9、2.13、2.14	采购部	营销中心、生产部、子公司	上月度物料消耗报告、月度销售计划	采购入库单
生产准备与实施流程	2.1、2.4、2.5、2.6、3.2	本部生产部、基地生产部	技术质量部、生产管理部、仓管部	销售订单下达、3天生产滚动计划	成品报检与入库、月年度数据统计分析
销售发货流程	4.2~4.7	客户服务部	财务部、仓管部	销售发货通知	物流单据与费用结算
第三方物流管理流程	4.3、4.9、4.11	客户服务部	企管部、营销中心	第三方物流选择/优化计划	第三方物流质量和物流考评管理
存货盘点流程	3.1.6	财务部	仓管部	盘点计划	盘点表
呆滞料处理流程	3.1.5	仓管部	财务部、相关部门	盘点表	呆滞料处理方案或评估
来料检验控制流程	2.10	技术质量部	采购部、仓管部	来料入库单	来料入库单、来料异常处理单
制程品质管控流程	3.3	技术质量部	本部生产部、基地生产部、采购部	品质文件、关键工艺品质管控标准	制程品质管控报告（IPQC）
成品检验控制流程	3.4	技术质量部	本部生产部、基地生产部、采购部	品质文件	产品检验报告
生产设备运维管理流程	1.14	设备管理部	本部生产部、基地生产部	年度设备检修计划、年度设备保养计划	月度设备状况评估报告、月度设备维护保养记录、月度设备维修记录、月度设备运行记录、设备运维监督记录

【案例 3-18】华夏色纺集成供应链核心业务流程规划

接图 3-20、图 3-21、图 3-22，表 3-3 是我们帮助华夏色纺规划的供应链相关流程表。

表 3-3　华夏色纺集成供应链业务流程规划表

一级流程	二级流程	对应业务活动编号	流程主人	流程相关部门	流程输入	流程输出
P1 生产计划管理流程		1.2、1.11、3.12	经营管理中心	生产大区、生产工厂、品质中心、物流中心	销售预测计划	生产计划下发
	P11 外协加工管理流程	1.11	经营管理中心	采购中心	外协加工计划	外协加工产品入库
P2 物料需求计划管理流程		1.4～1.9、2.7	经营管理中心	采购与物流系统	生产计划/物料市场趋势分析	物料需求计划下达
	P21 原料市场调研流程	1.4	采购中心	公司领导	信息收集	市场调研报告
	P22 性价比管理流程	1.7	经营管理中心	采购中心、品质中心、公司领导	原料市场研究	性价比评审结论
	P23 一级配棉流程	1.8	经营管理中心	研发与生产管理中心、公司领导	销售预测	一级配棉方案
	P24 呆滞料处理流程	2.7	经营管理中心	采购中心、品质中心、财务中心	呆滞料提报	呆滞料完成处理和账务处理
P3 采购管理流程		1.10、2.1～2.6	采购与物流管理部	品质中心、采购中心、财务中心、经营管理中心	物料需求计划	采购物料入库
	P31 供应商选择与引进流程	2.2	采购与物流管理部	采购中心、品质中心、审计中心、财务中心	供应商标准建立	合格供应商进入供应商库
	P32 供应商评价与考核流程	2.2	采购与物流管理部	采购中心、品质中心、审计中心、财务中心	供应商考评申请	考评结果应用
	P33 采购招标执行流程	2.3	采购中心	品质中心、审计中心、财务中心、公司领导	招标采购需求	招标合同签订
	P34 电子盘采购执行流程	2.3	采购中心	品质中心、审计中心、财务中心、公司领导	期货采购申请	物料到货

一级流程	二级流程	对应业务活动编号	流程主人	流程相关部门	流程输入	流程输出
	P35 现货采购执行流程	2.3	采购中心	品质中心、审计中心、财务中心、公司领导	现货采购申请	物料到货
	P36 采购价格管理流程	2.3	采购与物流管理部	财务中心、公司领导	采购价格申请	采购价格审批
	P37 进口报关报检流程	2.3	采购中心	进出口公司	进口申请	通关
P4 原料检验控制流程		2.4、2.5	品质中心	采购中心、物流中心、经营管理中心、生产大区、生产工厂	原料检验申请	原料检验报告
	P41 原料品质异常判定处理流程	2.5	品质中心	品质中心、采购中心	品质检验报告	异常物料处理
P5 生产过程控制流程		3.1～3.12、3.16	研发与生产管理中心	经营管理中心、品质中心、物流中心、生产大区、生产工厂	生产计划 / 客户订单	成品入库
	P51 生产承包管理流程	3.1	研发与生产管理中心	生产大区、生产工厂	生产计划	生产承包方案考评方案
	P52 按单领退料流程	3.7、3.8	生产工厂	研发与生产管理中心	领料申请	领退料台账
	P53 生产异常反馈处理流程	3.6～3.12	研发与生产管理中心	生产大区、生产工厂、品质中心、采购中心	异常反馈申请	处理措施跟进
	P54 成品入库管理流程	3.16	物流中心	生产工厂	入库申请	入库
P6 成品检验控制流程		3.14、3.15	品质中心	经营管理中心、生产大区、生产工厂	成品送检申请	成品检验分析
	P61 成品品质异常判定处理流程	3.15	品质中心	经营管理中心、生产大区、生产工厂	成品不合格报告	不合格品处理
P7 设备生命周期管理流程		5.1～5.9	纱线中心 / 染色中心	生产大区、生产工厂、采购中心	设备需求和管理规划	设备报废和账务处理

续上表

一级流程	二级流程	对应业务活动编号	流程主人	流程相关部门	流程输入	流程输出
	P71 设备选型评审流程	5.2	纱线中心 /染色中心	生产工厂、品质中心	设备采购需求	设备选型确定 /跟踪分析
	P72 设备技术改造项目管理流程	5.7	纱线中心 /染色中心	生产工厂、品质中心	技改项目立项	项目通过验收
	P73 设备调拨流程	5.3 ~ 5.5	财务中心	研发与生产管理中心	调拨申请	设备接收
	P74 设备检修流程	5.8	纱线中心 /染色中心	研发生产系统	设备检修计划	设备检修台账
	P75 设备维修流程	5.8	纱线中心 /染色中心	研发生产系统	设备报修申请	设备维修分析
P8 出货交付流程		4.1 ~ 4.8	经营管理中心	品质中心、物流中心、生产大区	成品入库 /出货计划指令	客户签收
	P81 出口报关商检流程	4.4	物流中心	进出口公司、营销系统	出口申请	通关

【案例 3-19】绿源饮料集成供应链核心业务流程规划

接图 3-23 至图 3-25、表 3-4 是我们帮助绿源饮料规划的供应链业务流程表。

表 3-4　绿源饮料集成供应链业务流程规划表

一级流程	二级流程	对应业务活动	流程主人	相关部门	流程输入	流程输出	增值方式
年度生产计划管理流程		1.2、1.4	计划管理部	销售运营部、设备管理部、生产管理部、采购管理部、人力资源部、营销会计部	年度销售目标	年度生产计划	合理规划，有效协同
月度生产计划管理流程		2.9 ~ 2.11、2.12.1 ~ 2.12.4	计划管理部	销售运营部、品牌部、产品研发部、生产管理部、采购管理部、设备管理部、OEM 工厂	年度生产计划、4W+2M 销售提货计划、临时提货需求、试产需求	月度生产计划	资源合理配置，保障供应
物料需求计划管理流程		2.17	计划管理部	采购管理部、仓储部	月度生产计划	物料需求计划	保障物料供应，防呆滞

一级流程	二级流程	对应业务活动	流程主人	相关部门	流程输入	流程输出	增值方式
年度物料需求及策略性物料备货流程		1.6、2.13	采购管理部	计划管理部、财务管理部、仓储部、供应链中心负责人、总经理	年度生产计划	年度物料需求及策略性物料备货方案	保障供应，成本控制
物料供应商开发流程		2.14、2.15	采购管理部	产品研发部、品牌部、质量管理部、质量检验部、供应链中心负责人、总经理	新品供应商需求、供应商年度评价结果、年度物料需求计划	合格供应商名录	降低采购风险
物料合格供应商管理流程		2.16	采购管理部	质量检验部、质量管理部、仓储部、生产管理部、物料合格供应商	合格供应商名录	采购策略调整	优化供应商结构、规范供应商管理
物料采购管理流程		2.18～2.21、2.23	采购管理部	采购管理部、计划管理部、仓储部、质量检验部	物料采购计划	入库单	保质保量按时供应
	采购价格管理流程	2.19	采购管理部	质量检验部、财务管理部、供应链中心负责人、总经理	年/月度物料需求计划	合同/核价单	保证采购价格合理性
物料采购货款		2.25、2.26	采购管理部	采购管理部、仓储部、财务核算部、资金管理部	采购发票、送货单、入库单、对账单	付款凭证	规范付款管理
物料仓储管理流程		2.24、3.4	仓储部	物流管理部、财务管理部、计划管理部、采购管理部、质量检验部、财务核算部、生产管理部	入库单、检验报告	出库单、盘点报告、报废单	库存准确，发料及时，保证质量
	物料呆滞/报废处理流程	2.24	计划管理部	采购管理部、销售运营部、品牌部、研发管理部、质量检验部、仓储部、财务核算部	物料库存报表	物料呆滞/报废处理结果	防呆滞，降低报废成本
周生产计划管理流程		3.1～3.3	计划管理部	生产管理部、计划管理部、采购部、仓储部、设备管理部、质量检验部	销售进度、月生产计划、临时提货需求	工单	保障供应，提升产能/人员利用率

续上表

一级流程	二级流程	对应业务活动	流程主人	相关部门	流程输入	流程输出	增值方式
制程管理流程		3.5、3.6、3.8、3.10	生产管理部	质量检验部、采购管理部、仓储部、设备管理部	工单	产成品入库单	安全、高效生产
制程工艺管理流程		4.1、4.2	生产管理部	产品研发部、包装研发部、质量管理部、质量检验部、计划管理部、生产管理部、设备管理部	技术标准	量产制程文件	保障制程工艺管理规范性
成品仓储管理流程		5.1	仓储部	仓储部、质量检验部、财务核算部、生产管理部	成品入库单、调拨单	出库单、盘点报告、报废单	库存准确，出货及时，保证质量
	成品呆滞/报废流程	5.1	计划管理部	仓储部、销售运营部、质量检验部、财务核算部	成品库存报表	成品呆滞/报废处理结果	防呆滞，降低报废成本
销售订单出库管理流程		5.8～5.17	物流管理部	服务处、经销商、仓储部、物流承运商	发货指令	送货单签收、验收单	及时、准确、安全送达客户
物流承运商管理流程		5.18	物流管理部	采购管理部、仓储部、财务管理部	年度运输需求及线路规划	合格物流承运商名录	提高配送时效，合理降低物流成本
物流费用结算流程		5.19	物流管理部	财务管理部、物流承运商	送货单签收、验收单、对账单、发票	物流费用付款凭证	按时准确付款
设备生命周期管理流程		1.2、2.1～2.5	设备管理部	产品研发部、品牌部、计划管理部、采购管理部、生产管理部、设备管理部	年度产能规划、项目需求确认表、提案改善表	设备报废处理结果	提高设备综合效率、设备生命周期费用的经济性、规范设备管理
设备保障计划及大修、维护保养流程		1.3、2.6～2.8、7.1～7.10	设备管理部	计划管理部、采购管理部、生产管理部	年度产能规划	年度保障计划及费用预算	满足产能需求

续上表

一级流程	二级流程	对应业务活动	流程主人	相关部门	流程输入	流程输出	增值方式
物料检验流程		2.22	质量检验部	仓储部、采购管理部、生产管理部	请检单	检验报告	保障物料质量、降低报废风险
在制品、成品检验流程		3.7	质量检验部	仓储部、生产管理部	质量控制标准、周生产计划	检验报告、检验记录	保证产品质量
质量投诉调查流程		6.5	运营管理部	质量管理部、质量检验部、内审部、营销中心、基地、采购管理部、仓储部、物流管理部、IT部	客户投诉记录	客户投诉调查报告	持续改善产品质量
生产成本管理流程		8.3	财务核算部	各部门、生产管理部、运营管理部	生产计划、单箱费用预算	月度生产经营分析报告	控制合理成本

【案例3-20】上海中恒集成供应链核心业务流程规划

接图3-26，表3-5是我们帮助上海中恒规划的供应链业务流程规划表。

表3-5　上海中恒集成供应链业务流程规划表

一级流程	二级流程	对应业务活动编号	流程主人
P1 项目立项流程		1.1 ~ 1.5	业务部门
P2 采购管理流程		2.1、2.2	集采组和项目部门
	P2.1 合格供方管理流程	2.1	集采组和项目部门
P3 项目实施过程管控流程		2.3 ~ 2.12	项目部门
	P3.1 软件设计类项目实施流程	2.5 ~ 2.9、2.12	项目部门
	P3.2 集成工程类项目实施流程	2.5 ~ 2.9、2.12	项目部门
	P3.3 施工类项目实施流程	2.3 ~ 2.9、2.13	项目部门
	P3.4 设备采购类项目实施流程	2.9 ~ 2.12	项目部门
	P3.5 维护类项目实施流程	2.11、2.12	项目部门

续上表

一级流程	二级流程	对应业务活动编号	流程主人
	P3.6 项目实施过程变更控制流程	2.9	项目部门
P4 项目回款管理流程		3.1 ～ 3.3	项目部门
	P4.1 项目结算管理流程	3.1	项目部门
P5 客户投诉管理流程		4.1	项目部门
P6 客户满意度管理流程		4.2	项目部门
P7 客户合作评价分析流程		4.3 ～ 4.4	项目部门

第四章
集成供应链业务流程问题分析

扁鹊见蔡桓公，从疾在腠理、病在肌肤、病在肠胃到病在骨髓，最终"桓侯体痛，使人索扁鹊，已逃秦矣。桓侯遂死"。

正如扁鹊一样，中医讲究"望闻问切"，业务流程现状分析也不例外，企业可以利用不同的手段和方法对集成供应链业务流程存在的问题进行全面诊断，进而提出优化的方向和重点。

一、集成供应链业务流程问题分析方法

业务流程问题分析的方法有很多，比如流程绩效分析、流程作业现场调查、文档查阅、问卷调查、研讨会、测时、现场模拟、实际参与、流程节点时间分析、标杆对比分析、作业时间分析、作业成本分析、作业质量分析等，下面我们将结合集成供应链业务流程特点一一为读者进行阐述。

1. 望诊：集成供应链业务流程现状分析

中医云："视其外应，以知其内脏，则知所病矣。"对于集成供应链业务流程现状分析，流程绩效分析就是一种非常理想的"望诊"方法。

流程绩效分析首先需要识别与流程相关的绩效指标，然后通过绩效数据的分析，发现流程存在的问题。

根据前文介绍，我们知道每个流程都有其特定的增值方式，也就对应特定的流程绩效衡量指标，通过流程绩效的好坏就可以直观地判断集成供应链流程现状。对于集成供应链流程的绩效衡量通常会从订单准时交付、客户开箱不良率、订单成本控制、客户服务满意度等维度进行。

【案例 4-1】光彩新材料集成供应链核心业务流程绩效分析

接【案例 3-4】，表 4-1 是我们对光彩新材料集成供应链核心业务流程绩效分析的结果。

表 4-1 光彩新材料集成供应链核心业务流程绩效分析表

集成供应链核心业务流程	流程绩效指标	流程绩效数据	相关部门
生产计划管理流程	生产计划达成率	92.7%	销售商务部、资材部、采购部、生产部
物料需求计划管理流程	物料需求计划达成率	97.7%	资材部、采购部、仓储部
物料采购管理流程	物料齐套率	96%	采购部、资材部
物料检验及入库流程	原料品质一次交检合格率	98.5%	采购部、工艺部、质检部
生产过程控制流程	订单准时交付率	90%	生产部、工艺部、采购部
生产成本管理流程	生产成本控制目标达成率	102%	资材部、采购部、工程部、生产部、质检部
成品品质管理流程	成品不良率	2.1%	工程部、生产部、质检部
仓储及物流管理流程	物流计划达成率	99%	资材部、仓储部、销售商务部

从表中得知，光彩新材料集成供应链相关流程绩效表现一般，首先我们来看客户关心的三大指标：订单准时交付率（90%）、成品不良率（2.1%）、生产成本控制目标达成率（102%）均与客户要求的95%、1.5%、100%存在一定的差距。其次，反映供应链过程控制能力的相关指标也都存在很大的问题，如生产计划达成率（92.7%）、物料需求计划达成率（97.7%）、物料齐套率（96%）、原料品质一次交检合格率（98.5%）、物流计划达成率（99%），以上数据客观反映出了该企业集成供应链流程存在的问题。

【案例 4-2】东莞某电子企业集成供应链核心业务流程现状分析

东莞某电子企业集成供应链系统的核心业务包括计划、采购、制造、物流、质量、工艺等共 6 部分，具体如图 4-1 所示。

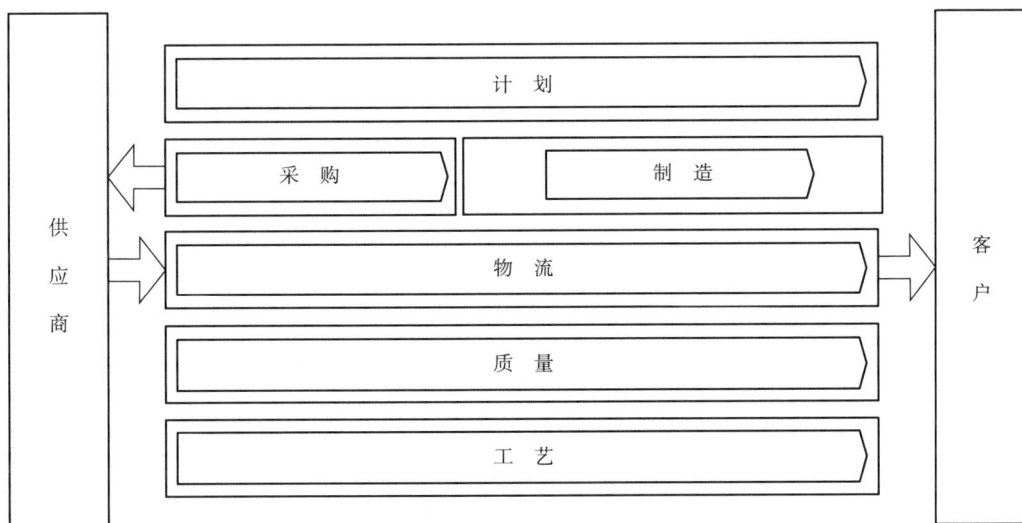

图 4-1 东莞某电子企业集成供应链业务逻辑（第 1 层）

为了能够更加清晰地看到该企业集成供应链业务逻辑，我们将其供应链业务逻辑关系图再细化展开，如图4-2所示。

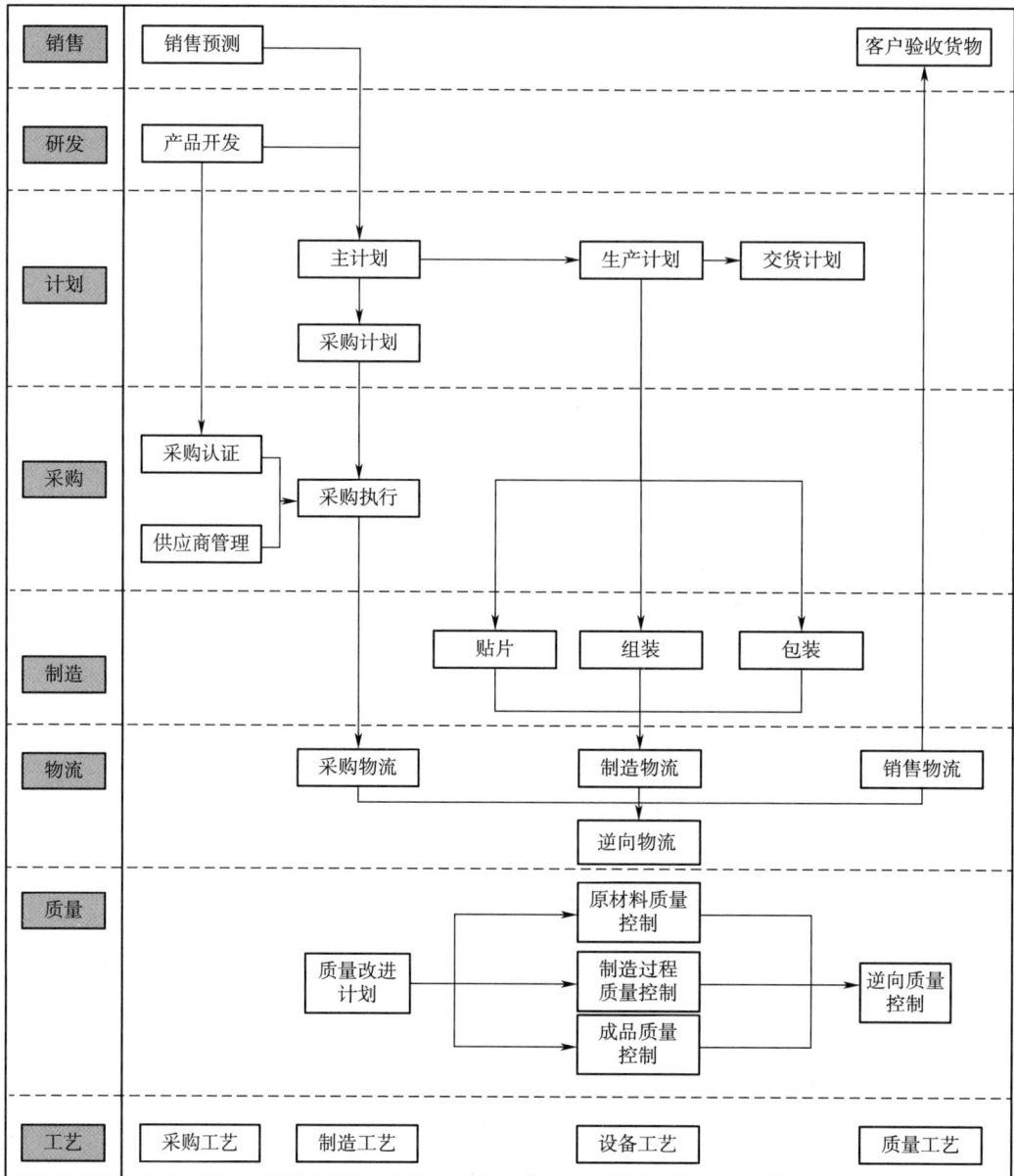

图4-2 东莞某电子企业集成供应链业务逻辑（第2层）

根据前文提到的核心业务流程规划方法，我们为该企业规划的集成供应链核心业务流程清单如下：

计划流程包括：主计划管理流程、物料需求及采购计划管理流程、生产作业计划管理流程、交货计划管理流程。

采购流程包括：供应商管理流程、合格供应商管理、采购认证流程、采购执行流程。

制造流程包括：贴片生产流程、组装生产流程、包装生产流程。

物流流程包括：采购物流管理流程、制造物流管理流程、销售物流管理流程、物料逆向物流管理流程、成品逆向物流管理流程。

质量流程包括：质量改进计划管理流程、原材料质量控制流程、制造过程质量控制流程、成品质量控制流程、原料逆向质量控制流程、成品逆向质量控制流程。

工艺流程包括：采购工艺工程管理流程、制造工艺工程管理流程、设备工艺工程管理流程、质量工艺工程管理流程。

在帮助该企业进行集成供应链核心业务流程优化时，我们对相关流程绩效进行了分析：

（1）生产作业计划达成率分析，见表4-2。

表4-2　东莞某电子企业生产作业计划达成率分析表

年度	1月	2月	3月	4月	5月	6月	7月	8月	9月	10月	11月	12月
2020	92%	80%	75%	79%	62%	83%	91%	79%	94%	55%	88%	71%
2021	90%	81%	81%	90%	81%	80%	81%	89%	91%	87%	93%	88%

数据分析：生产作业计划达成率在2021年较2020年有明显提升，但与行业水平（95%～98%）还存在很大的差距，这说明该企业生产计划管理流程还有很大提升和优化的空间。

（2）采购物料齐套率分析，见表4-3。

表4-3　东莞某电子企业采购物料齐套率分析表

年度	1月	2月	3月	4月	5月	6月	7月	8月	9月	10月	11月	12月
2020	82%	92%	94%	87%	86%	90%	92%	90%	94%	88%	90%	81%
2021	90%	83%	91%	90%	91%	92%	91%	89%	91%	97%	93%	96%

数据分析：物料齐套率在2020年全年平均为88.9%，2021年全年平均为91.1%，2021年较2020年有一定的提升，从数据增长趋势来看，2021年进步明显。与采购物料齐套率相关的流程有采购计划管理流程、采购执行流程，该企业想要进一步提升物料齐套率就必须通过这两个流程的优化来实现。

（3）来料品质合格率分析，见表4-4。

表4-4　东莞某电子企业来料品质合格率分析表

年度	1月	2月	3月	4月	5月	6月	7月	8月	9月	10月	11月	12月
2020	89%	98%	97%	91%	95%	89%	93%	93%	92%	90%	88%	90%
2021	92%	86%	88%	96%	96%	95%	97%	96%	95%	90%	88%	87%

数据分析：2020年来料品质合格率下滑非常严重，2021年下滑趋势较2020年稍好，来料品质合格率指标波动很大，这说明公司对来料品质的可控性很差，同时也反映出该企业

与来料品质合格率相关的采购认证流程、供应商管理流程、采购执行流程、物料质量控制流程、物料逆向质量控制流程都存在优化的必要。

（4）售后返修率分析，见表4-5。

表4-5 东莞某电子企业售后返修率分析表

年度	1月	2月	3月	4月	5月	6月	7月	8月	9月	10月	11月	12月
2020	12%	14%	18%	13%	20%	19%	12%	10%	18%	16%	17%	21%
2021	12%	10%	12%	11%	4%	7%	8%	9%	6%	4%	2%	3%

数据分析：2020年售后返修率平均为15.8%，2021年售后返修率平均为7.3%，售后返修率下降明显，这说明该企业贴片生产流程、组装生产流程、包装生产流程、成品质量控制流程等都有存在问题的可能性。

通过以上分析，我们不难得出，该公司在计划管理、采购管理及采购物料质量方面均存在很多的问题，可以将计划、采购、生产、质量管控等相关流程作为重点优化的对象。

2. 闻诊：集成供应链业务流程成熟度分析

"闻诊"在中医里面是指通过听声音和嗅气味两个方面，以分辨病情的虚实寒热。我们也可以通过文档调查、研讨会、流程成熟度分析等方法，对流程进行"闻诊"。

（1）文档查阅法。在对流程开展调研的同时，我们应该收集与流程运作有关的制度、表单、文件、方案等文档，这些材料是支撑流程运行的基础。通过分析上述材料所记录的数据、规定、事件，我们可以推断流程实际运作的有效性。同时，文档本身制订得是否合理、是否充分满足了流程环节监控与管理需求、所需数据是否记录全面等问题，也会对流程有影响。

（2）业务流程研讨会。召集与业务流程相关的部门和人员，大家共同对实际运作中存在的问题进行描述、分析，有助于避免个人偏见造成的片面认识和理解，信息收集将更加真实和全面，同时也有助于提高各部门对流程系统运作的认识，增强相互协作和配合。

（3）业务流程管理成熟度分析。业务流程管理成熟度（Business Process Management Maturity，简称BPMM）分析是通过对流程管理活动、流程中的角色认知与履行、流程文化、IT对流程管理的支持、流程团队成员的流程管理技能、各级管理者对流程管理的看法及参与程度等多个维度进行评价，从而评估企业的流程管理能力。

美国生产力与质量中心（APQC）把业务流程管理成熟度分为5级，分别是经验级、职能级、规范级、绩效级和标杆级，见表4-6。

表4-6 APQC流程管理成熟度分级

成熟度级别	级 别 定 义
标杆级	改进已经成为全体员工的习惯，最佳的综合改进过程，证实达到了最好的结果
绩效级	分析、确认上下游工作的需求，并对过程进行不断改进，保证结果良好且保持改进趋势

成熟度级别	级 别 定 义
规范级	管理系统基于过程方法的应用,管理体系有相对完整的规划性,但仍处于系统改进的初级阶段,可获得符合目标的数据和所存在的改进趋势方面的信息
职能级	能对管理运作过程遇到的问题做出反应,但处于就事论事阶段,只是基于问题或纠正的反应式系统方法,改进的结果很少以数据或总结形式反映解决的方法和过程
经验级	企业管理没有采用系统方法的证据,没有结果或结果不好,处于非预期结果阶段,充满突发性错误,危机四伏,管理人员"忙"而"盲"

另外,知名的咨询机构埃森哲把流程管理成熟度也分为 5 级,分别为非正式的、基础的、形成中的、被管理的、优秀的,处于不同级别的流程具有其明显的特征,见表 4-7。

表 4-7 埃森哲流程管理成熟度分级

成熟度阶段	流程管理特征
优秀的	(1)流程思想普及于整个组织 (2)流程拥有者为客户代言人 (3)有良好的评估与回报
被管理的	(1)流程是主要动机 (2)组织以流程为中心,但职能管理依然存在 (3)流程拥有者为资深领导 (4)利用评估架构
形成中的	(1)流程开始具有影响 (2)流程拥有者有更大权限 (3)公司以混合模式运作 (4)功能与流程都存在评估
基础的	(1)流程已被定义 (2)流程拥有者作为项目主管主导流程相关工作 (3)功能拥有者仍是主要领导 (4)面向任务与功能的评估
非正式的	(1)流程及其拥有者未做明确定义 (2)随机的评估,不与结果相联系

【案例 4-3】不同企业集成供应链业务流程成熟度分析对比

为了便于比较,我们对【案例 3-2】至【案例 3-9】对应的 8 家企业集成供应链业务流程成熟度进行对比分析,分析前先列出参考的成熟度模型,见表 4-8。

表 4-8 集成供应链业务流程成熟度模型

序号	问 题	是	否
1	公司有明确的销售预测岗位,熟悉产品、客户、市场以及公司生产情况		
2	销售预测人员、营销人员、产品研发人员及有关专家组成的专家组会对产品销售预测的准确性进行研判		

续上表

序号	问　题	是	否
3	销售部门每月将销售实绩反馈给公司相关部门，并按销售分区考核销售计划的完成情况		
4	具有支持产销计划的管理模板，用来评估需求、供应、生产、库存以及拖欠订单		
5	模拟运行物料需求计划，通过结果来判断计划相关因素（如批量、安全库存、提前期等）以及库存水平是否合理		
6	维护生产计划有明确的责任岗位，如生产计划员、计划主管、生产计划经理等		
7	生产计划员熟悉产品生产过程、生产计划和控制过程以及市场需求		
8	生产计划员参与产销计划的编制过程并提供必要的信息		
9	对于生产计划的调整，公司已有明确的操作规范和流程		
10	对紧急订单，具有相应的紧急处理措施和流程		
11	公司有严密的供应商评价、管理机制		
12	与主要供应商已建立长期合同，这些供应商能承担80％的采购供应量		
13	供应商的供货期数据至少每季度根据实际情况修正一次		
14	经常开展与主要供应商的关系建设，以预防严重缺料情况的发生		
15	供应商档案齐全，更新及时		
16	明确物料计划员和采购员各自的责任，包括在哪些阶段他们应该介入某些问题的解决中		
17	在无法按期供应时，供应商会提前或第一时间通知采购员		
18	对于未确定供应商的采购单，至少95％应给予足够的采购周期		
19	供应商提交报价之后，采购部门的处理速度能够满足业务需要		
20	库存周转天数、呆滞料占用资金金额比较合理		
21	工艺路线维护准确，包含工序顺序、编号等，无遗漏或多余工序		
22	工艺路线的规范执行率为95％～100％		
23	具有明确的车间作业计划责任岗位		
24	针对订单的生产指令下达时可以确保物料的可供性100％		
25	对于物料临时替换的情况，可以进行及时处理		
26	已经建立各生产单位的作业列表，包括任务单号、加工数量、加工工序号、开始时间、完成时间和订单需求时间		
27	生产调度人员可以保证作业计划的准时完成		

续上表

序号	问 题	是	否
28	对于紧急情况，可以及时调整车间任务单以及工序的起讫日期，并与计划人员建立反馈		
29	车间生产过程的成本控制能够及时反映并归集		
30	作业计划及时完成率可以达到95%～100%		
31	管理人员了解产品的直接人工费、材料费以及分摊费在产品成本中所占的百分率		
32	公司工时定额确定科学、合理，能够有效使用工时报告来计算产品成本		
33	能跟踪成本核算的有关差异，具有相关报告		
34	成本核算系统能支持产品的成本核算、报价、投资、制造、采购决策		
35	公司已经制定相应措施来减少报废损耗及返工		
36	通过设计标准化来减少零件的种类		
37	用全面质量控制来分析产品设计更改，以减少更改次数和降低成本		
38	不再是单一部门独立推行质控活动，而是操作者已经认识到：质量是每一个操作人的责任		
39	公司上下为减少浪费献计献策，建立了相应的奖励措施		
40	在员工的日常工作中，处处能够体现成本节约意识		
备注	（1）以上40道问题中，1～10对应的是计划管理，11～20对应的是采购管理，21～30对应生产管理，31～40对应成本管理 （2）在评价时，根据每个问题描述的情景，结合企业的实际情况进行回答（"是"或者"否"）就可以了，企业在统计得分时，"是"得1分，"否"得0分 （3）根据参与评价人的个人得分求算术平均值，即可得到集成供应链业务流程成熟度得分 （4）最终得分按照5分制折算		

基于以上模型，表4-9为不同企业的集成供应链业务流程成熟度现状对比：

表4-9　不同企业集成供应链业务流程成熟度分析对比

企业名称	成熟度得分	经验级（0～1）	职能级（1～2）	规范级（2～3）	绩效级（3～4）	标杆级（4～5）
肯德科技	3.48				√	
浙江高科塑料	4.23					√
光彩新材料	2.17			√		
华夏色纺	4.64					√
华南汽配	3.86				√	
绿源饮料	4.65					√

企业 名称	成熟度 得分	经验级 （0～1）	职能级 （1～2）	规范级 （2～3）	绩效级 （3～4）	标杆级 （4～5）
上海中恒	3.25				√	
深圳众恒国际	3.82				√	

从表 4-9 可以看出，以上 8 家企业除了光彩新材料之外，其他企业的供应链业务流程成熟度还是比较高的。

3. 问诊：集成供应链业务流程满意度分析

"问诊"是中医中常见的一种方法。《素问·三部九候论》中讲道：必审问其所始病，与今之所方病，而后各切循其脉。对流程问题的分析，可以通过访谈、问题收集与反馈等多种方式进行。

（1）访谈。访谈是进行流程调研最为常见的方法。通过与流程运作各个环节相关人员进行面对面的沟通和交流，能够了解到实际流程运行的真实情况和存在的问题，从中查找出造成问题的真实原因，便于将来对流程改进对症下药。

（2）问卷调查。为了增强流程调研过程中的相关数据和信息收集的全面性，企业可以适度开展问卷调查。开展问卷调查有助于提高员工对流程改进的参与程度，并能较全面地体现公司各个运作部门对企业整体流程运作效率的看法。但是问卷调查也有一定局限性，主要表现为相关问题比较固化，不能给人以开放性的思考，因此需要结合其他方法一同使用。

【案例 4-4】光彩新材料集成供应链业务流程管理现状调查问卷

1. 您是否认同贵公司"现有的管理流程和业务流程以及制度体系能有效支持组织高效运作"这种说法？（　　　）

    A. 完全不认同这种说法　　　B. 不太认同这种说法　　　C. 中立

    D. 基本认同这种说法　　　E. 完全认同这种说法

2. 下列关于流程说法，哪些较符合您的观点？（　　　）（限选三项）

    A. 好的业绩结果源自好的流程再造

    B. 流程再造应该关注整体最优，而不是局部最优

    C. 好的流程应该为客户创造价值，并且有明确的产出

    D. 流程只是将做事程序例行化

    E. 流程化容易固化思想，不利于灵活和创新

    F. 流程建设应该追求全面、系统、精细化

3. 您认为贵公司在计划管理环节的主要问题是：（　　　）（限选三项）

    A. 计划部门职能缺失　　　B. 计划部门人员素质太低　C. 销售预测不准

    D. 销售订单评审不足　　　E. 计划变更频繁　　　F. 物料需求计划不准确

    G. 生产作业计划不准确　　　H. 紧急插单过于频繁

4. 您认为贵公司在生产管理环节的主要问题是：(　　　)（限选三项）

　　A. 缺少流程或程序规范　　　　B. 工艺流程有待优化　　　C. 生产成本控制不到位

　　D. 生产计划协调不力　　　　　E. 订单经常不能准时完成　F. 生产设备陈旧

　　G. 生产设备维护不够　　　　　H. 生产管理人员不足

5. 您认为贵公司在采购环节中的主要问题是：(　　　)（限选三项）

　　A. 采购及时性差　　　　　　　B. 采购管理缺乏计划性

　　C. 采购管理部门对市场信息不了解

　　D. 采购成本高　　　　　　　　E. 缺少流程规范　　　　　　F. 流程有待优化

6. 您认为贵公司在品质管理环节中的主要问题是：(　　　)（限选两项）

　　A. 品质管理体系缺失　　　　　B. 品质控制计划缺失

　　C. 品质问题处理机制不健全　　D. 品质检测手段落后

　　E. 品质人员素质较低　　　　　F. 品质异常处理不及时

7. 如果集成供应链流程得不到有效执行，您认为最主要的原因是什么？(　　　)（限选两项）

　　A. 缺乏奖惩机制　　　　　　　B. 缺乏良好的宣贯和沟通

　　C. 管理者没有以身作则　　　　D. 缺乏流程检查，不能持续强化

　　E. 流程组织没有得到有效运行

8. 您认为公司供应链各部门在协同方面存在的问题：(　　　)（限选两项）

　　A. 虽然大家都有解决问题的意识，但是缺乏协作机制

　　B. 组织过于复杂，流程比较烦琐

　　C. 流程设计时没有充分考虑跨部门协作

　　D. 资源配置不足，有心无力

　　E. 职责不清，出现推诿扯皮

　　F. 部门本位意识严重

　　G. IT 支撑不足

9. 您认为公司目前集成供应链业务流程再造机制存在的最主要问题是：(　　　)（限选 2 项）

　　A. 缺乏正式的流程组织　　　B. 流程再造团队专业能力需要提升

　　C. 缺乏有效的激励　　　　　D. 没有构建持续的强化机制　　　E. 责权利不匹配

10. 您对公司集成供应链业务流程再造还有哪些建议？

4. 切诊：集成供应链业务流程绩效分析

"切诊"是指医者用手指按病人腕后挠动脉搏动处，借以体察脉象变化，辨别脏腑功能盛衰、气血津精虚滞的一种方法。对应到流程管理中，我们可以通过测时、现场模拟、实际参与等多种手段对流程存在的问题进行系统分析。

（1）测时法。测时法就是通过对流程过程中每个步骤实际耗时进行测量与记录，然后分析用时最长的环节及浪费时间最多的环节，从而发现影响流程效率的环节及原因。

【案例 4-5】华夏色纺采购管理流程利用测试法分析的结果

为了帮助华夏色纺发现流程问题，表 4-10 是我们对该企业采购管理流程效率分析的结果。

表 4-10　华夏色纺采购管理流程效率分析表

流 程 步 骤	持续时间（分）	传递或等待时间（天）
（1）填写采购单	6	—
（2）送采购部经理签字	—	0.5
（3）采购部经理签字	3	—
（4）送采购单到财务部	—	1
（5）财务部审核登记	3	—
（6）送回采购部	—	0.5
（7）采购部核查采购物品清单	3	—
（8）发出订货信息	—	1
（9）供应商备货	—	1
（10）货物运输	180	—
（11）送检验中心化验	5	—
（12）卸货入库	120	—
时间合计	320	4

增值时间 ÷ 非增值时间 = 320 分 ÷（4 时 × 8 时 / 天 × 60 分 / 时）= 320 分 ÷ 1 920 分 = 16.7%

通过上表可以看出，导致采购周期较长的主要环节分别为步骤 2（送采购部经理签字）、步骤 4（送采购单到财务部）、步骤 6（采购单送回采购部）、步骤 8（发出订货信息）、步骤 9（供应商备货）等几个步骤，要想对该流程进行优化、提升其运作效率，企业必须从以上几个环节着手进行压缩。

（2）标杆法。标杆法是企业开展流程管理的理论基础之一。选择标杆的作用在于可以根据标杆企业的做法选择衡量企业流程的绩效指标，并根据标杆企业的经营成果确定本企业的目标，同时还可以借鉴标杆企业在解决企业相应问题时候的思路和工作办法，探索新的处理问题的方法。

（3）流程作业现场调查。流程作业现场调查主要是用来对运作类流程进行诊断的一种方法。通过观察实际作业活动，记录活动耗费时间、对作业现场环境进行查看、询问相关作业操作人员等手段，对流程运作的基础进行了解。

（4）现有解决方案的跟踪与研究。通过对现有解决方案的跟踪和研究，我们可以更为深刻地理解现有流程运作中存在的问题，验证解决方案的有效性和执行程度，挖掘流程运作中实际存在的干扰因素和问题，更为有效地对流程进行分析和研究。

二、抽丝剥茧：挖掘流程真正存在的问题

前面我们系统地介绍了集成供应链业务流程现状分析的种种方法，企业在进行流程问题分析的过程中必须因地制宜，同时也不要被流程的种种假象所迷惑。为了能够让读者更加准确地了解流程现状分析的过程，下面简单介绍一下在流程现状分析过程中需要重点关注的几个切入点：

（1）如何识别并分析流程问题区域。一个流程在运行的过程中经常会出现这样那样的问题，这些问题可能会非常严重，直接影响流程的效率和"增值"，也有可能问题的存在对流程本身没有很大的影响，所以企业在进行流程现状分析的时候，第一个需要考虑的问题就是先把流程存在的问题找出来，然后根据问题的严重程度进行区分。

（2）如何识别并评估流程中的关键活动。在一个流程中，我们经常会把所有的活动分为关键活动、非关键活动；增值活动、非增值活动等，那么企业在进行流程现状分析的时候，首先需要关注关键活动、增值活动的状态。

（3）如何分析流程中的角色与活动匹配问题。在企业流程现状分析的过程中，还需要重点思考各个角色在流程过程中的定位与职责履行状况，如果发现某个或某几个流程定位有误或出现偏差的情况，企业应该进行纠正。

【案例 4-6】肯德科技产品成本分析

我们都知道，企业内部很多流程都与产品成本控制相关，比如新产品研发流程、生产工艺管理流程、采购管理流程、生产制造流程、产品检验流程等，因为这些流程会分别涉及研发成本、工艺成本、原材料成本、生产成本及检验成本。在很多企业，管理者会想当然地认为，企业的产品成本绝大部分是在生产环节发生的，所以企业把产品成本控制的核心放在生产成本的控制方面。

这个表面上看似非常合理的做法，其实是一个完全错误的认识，图 4-3 是我们对肯德科技产品成本分析的结果。

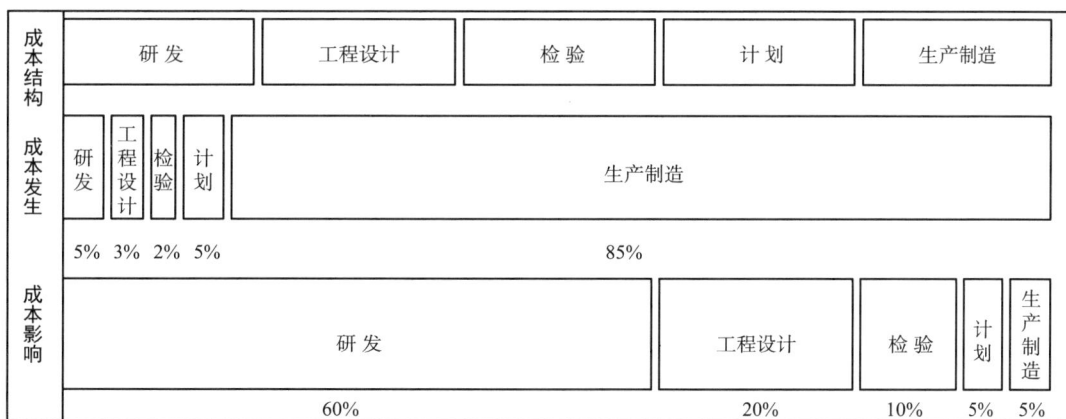

成本结构	研发			工程设计	检验		计划	生产制造
成本发生	研发	工程设计	检验	计划	生产制造			
	5%	3%	2%	5%	85%			
成本影响	研发				工程设计	检验	计划	生产制造
	60%				20%	10%	5%	5%

图 4-3　肯德科技产品成本问题分析

如图 4-3 所示，虽然 85% 的产品成本发生在生产制造环节，但生产制造环节对产品成本的影响只有 5%；虽然只有 5% 的成本发生在研发环节，但研发环节对产品成本的影响度却高达 60%；另外只有 3% 的成本发生在工程设计环节，但工程设计环节对成本的影响则高达 20%。由此可见，企业要想降低产品成本，首先应该从研发下手，再依次是工程设计、品质检验、计划安排，而不是将重点放在生产制造环节。

同理，我们对该企业的产品品质相关的流程也进行了分析，最终得出的结论是：产品品质最终是从生产制造环节表现出来的，但影响产品品质的环节却有很多，诸如研发、工艺、原材料、生产制造、检验过程、仓储物流等，而且对产品品质影响度从大到小排列依次为：研发、原材料、工艺、生产制造、检验、仓储物流。由此也可以得出结论，要想提升产品品质，首先应该从研发端开始，因为研发端确定需要的原料，其次是生产制造，然后才是原材料及工程设计、品质检验，最后是仓储物流，仅从制造端进行改进和提升很多时候是徒劳的，品质问题分析如图 4-4 所示。

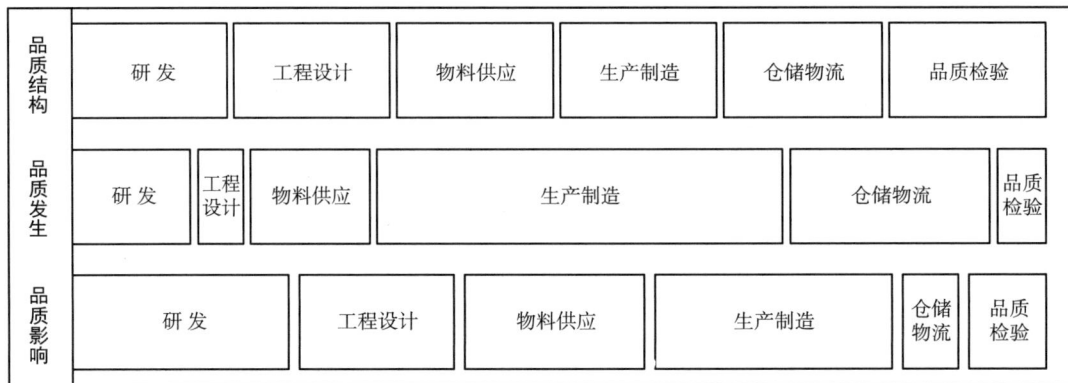

图 4-4　肯德科技产品品质问题分析（示意）

三、集成供应链业务流程问题分析实践

如何快速有效地发现流程存在的问题？通过多年的实践总结，我们认为对于流程问题的分析可以从以下几个方面思考：流程责任分析、流程效率分析、风险控制分析、知识传承分析、有效授权分析、流程绩效分析、经营提升分析。总之，只要把握以上内容，企业便可轻松地发现流程存在的问题，为下一步进行流程优化提供依据。

1. 流程责任分析

最常见的流程问题就是流程相关责任人之间的责任界定不清，虽然在进行流程描述时企业会尽可能地厘清流程角色之间的职责，但在实际工作中，往往会在流程交接点上出现模糊地带，甚至"真空"之处，如对流程交付物的理解不一致、工作交付标准不一致、时间节点把握不一致、流程意识不同步等现象，最终导致流程角色之间责任不清，协同困难，因此流程问题分析的第一步就是要厘清流程相关责任人之间的工作职责。

2. 流程效率分析

根据前文对流程的定义我们知道，不管是业务流程、管理流程，还是辅助流程，都有其特定的增值方式，不同的流程其增值方式会不同，有些流程是为了时间更短（如订单交付流程），有些流程是为了成本更低（如成本管理流程、采购价格管理流程），有些流程是为了质量更好（如研发品质管理流程、原材料品质管理流程、成品品质管理流程），有些流程是为了客户更满意（如客诉受理流程、客户满意度管理流程），有些流程是为了风险更低（如销售订单评审流程、供应商开发与评价流程、采购价格管理流程、财务分析流程）。总之，每个流程都期望每循环一次都比前次更好，其实这就是流程效率的体现。

因此，流程问题分析的第二步就是要分析流程在效率提升方面是否还存在空间，因为企业进行流程管理的终极目的就是要提升运营效率。特别是在互联网时代，天下已经没有新鲜事，你能做出来的东西，别人很快也能做出来，那么企业唯一能够取胜的关键就是效率。

3. 风险控制分析

企业经营过程中，随时都会面临授权不当、成本上升、质量隐患、安全隐患、环保隐患、客户投诉、决策失误、宏观政策调整、对手不正当竞争、关键岗位员工流失、核心客户流失、核心供应商背叛……一系列潜在的经营风险。一个合理、健全的流程一定要做到对流程涉及的相关风险进行预警和控制，我们试想一下，如果没有对企业经营过程的流程进行规范，企业的任何风险控制都要靠人去实现，而人又存在能力差异、流动性、忠诚度、工作疏忽等诸多方面的限制。因此，企业进行流程问题分析的另外一个关键点在于识别风险点并检讨与这些风险点相关的流程是否存在问题。

4. 知识传承分析

戴维·海姆在《重新定义流程管理》[①] 一书中提到，组织孤岛和知识鸿沟是创新的两大障碍。组织孤岛的形成源于传统职能式组织模式，职能式组织模式更多地强调组织内部的分工，如前文提到的，传统组织分工强调横向到边、纵向到底，而忽略了部门之间、岗位之间的协同问题，最终造成厚厚的部门墙；知识鸿沟是由于部门之间、上下级之间的信息流被阻断而形成的，戴维·海姆用"打电话游戏"（即由一个人将口信悄悄地传给另外一个人，直到本队的最后一个人并让他说出最终听到的内容）告诉我们，在企业中存在大量类似的现象，由于信息传递过程中的失真，最终使重要细节往往无法传达给真正需要它的人。

存在组织孤岛的企业往往是低效的，同样，缺乏知识传承的企业是很可怕的，因为企业管理成熟度以及经营能力的提升一定是要通过不断积累和传承企业在过往经营过程中的知识沉淀，在很多企业，知识只是存放在员工个人电脑中，甚至存放在员工大脑中，而且是零散的。没有经过流程链接的知识体系，不能为企业提升经营和管理能力带来任何帮助，所以企业在进行流程问题分析的时候，也可以从这个维度进行着手。

---

① 海姆.重新定义流程管理：打造客户至上的创新流程 [M].楚建伟，译.北京：中国人民大学出版社，2017：7.

5. 有效授权分析

在绝大多数中国企业中都存在这样一个现象：企业高层非常想放权给总监，甚至经理，但下属总是不敢，甚至不愿意接受。为什么呢？因为在大多数企业，企业老板有着"神"一般的权威，老板"一支笔"在很多企业都是非常常见的现象，那么在这种情况下，如果缺乏流程体系的合理分工和对权限的划分，事实上老板的所谓授权也就只能是空谈了。

另外，缺乏有效授权的企业其运营效率会大打折扣，同时也会存在潜在的决策风险。因此在对流程问题进行分析的时候，也有必要同步对流程权限设置是否有效进行分析。

6. 流程绩效分析

流程绩效分析是最有效、最直接的流程问题分析手段，如【案例 4-1】、【案例 4-2】、【案例 4-3】、【案例 4-6】，企业可以通过对流程对应绩效表现分析，发现流程中存在的问题。

很多企业在推行绩效管理的时候，最头疼的一件事情就是绩效数据很难收集，最终导致绩效管理只能停留在纸面上。其实企业做绩效管理的另外一个目的，就是要通过流程客观记录每个环节的相关数据流和信息流。

7. 经营提升分析

在企业中，流程的增值可能体现在效率提升、成本降低、销售增加、利润增长、质量提高，也可能体现在客户满意、员工满意，总之，这与每个流程的目的（绩效目标）有关。虽然流程个体增值方式存在差异，但企业总体流程目的只有一个——提升经营业绩。

综上所述，企业还可以按照以下思路进行流程问题分析，见表 4-11。

（1）流程的问题区域在哪里？

（2）该流程的关键活动有哪些？存在什么问题？

（3）在本流程中各部门的角色定位和职责履行是否到位，是否存在错位的现象？

（4）问题的具体表现是什么？

（5）如果问题得不到改善，可能会导致的结果是什么？

（6）流程应该从哪些维度进行优化？

表 4-11　流程问题分析表

序号	存在的问题	对应流程步骤	具体表现	可能导致的结果	优化思路

另外，企业还可以用以下方式对流程问题进行深入分析，见表 4-12。

表 4–12 企业流程问题分析表

流程核心步骤	是否关键活动		是否增值活动		可能存在的问题						
	是	否	是	否	责任界定	流程效率	风险控制	知识传承	有效授权	绩效管理	经营提升

【案例 4-7】肯德科技合格供应商管理流程、物料检验流程现状分析及优化

我们对肯德科技合格供应商管理流程、物料检验流程进行了现状分析及优化，具体见图 4-5 至图 4-9、表 4-13 至表 4-14 所示。

1. 肯德科技合格供应商管理流程现状分析及优化

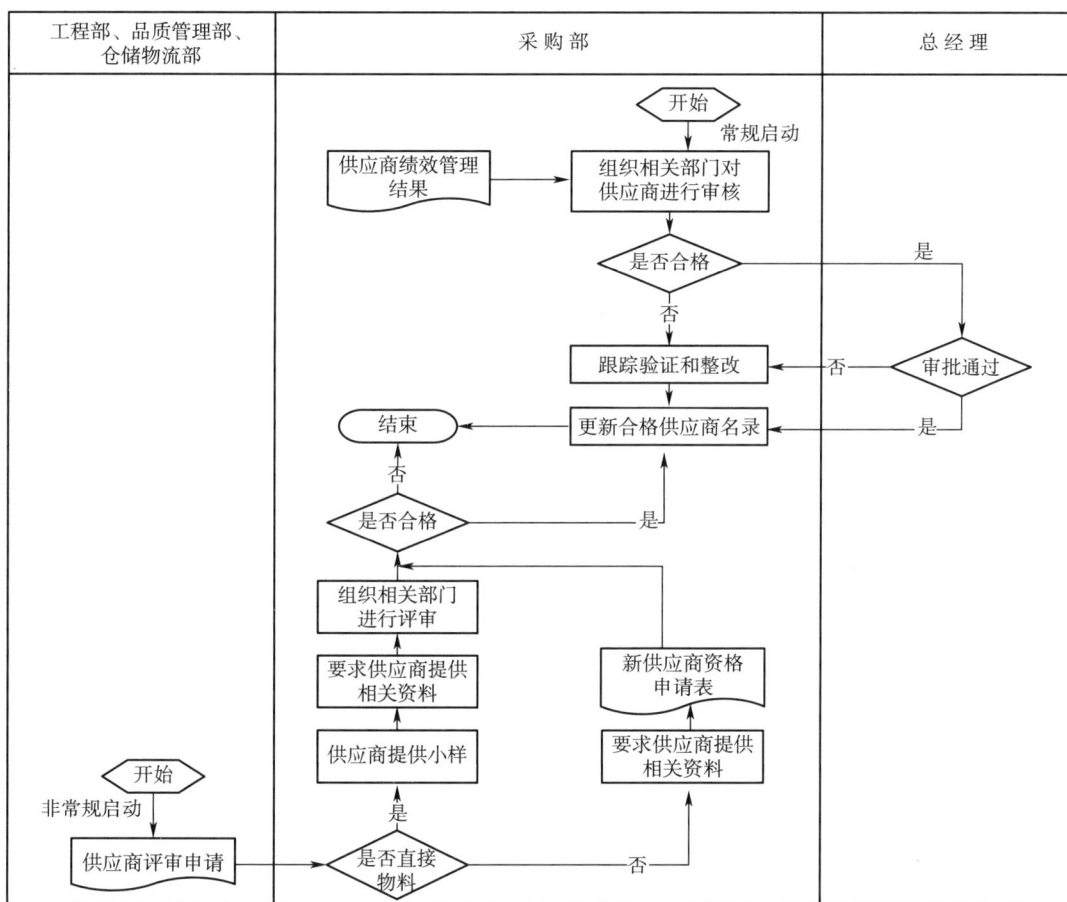

图 4-5 肯德科技合格供应商管理流程（现状）

品质管理部、工程部等	采 购 部	制造中心副总经理

开始 —常规启动→ 建立供应商评估体系 → 整理当年供应商名录 → 编制年度供应商评估计划 ←否— 审批 —是→ 组织各部门开展供应商评估

开始 —非常规启动→ 提供供应商评审需求

开始 —非常规启动→ 新开发供应商/每月评估C等供应商

编制单项评估计划 ←否— 审批

根据评估标准，制定评价细则并下发 ←是—

根据过往记录和评价细则进行评价

根据过往记录和评价细则进行评价

汇总评估结果，确定供应商等级

淘汰 ←否— 是否合格 ←否—

是→ 编制合格供应商名录 → 审批

合格供应商管理流程 ← 分发合格供应商名录 ←是—

结束

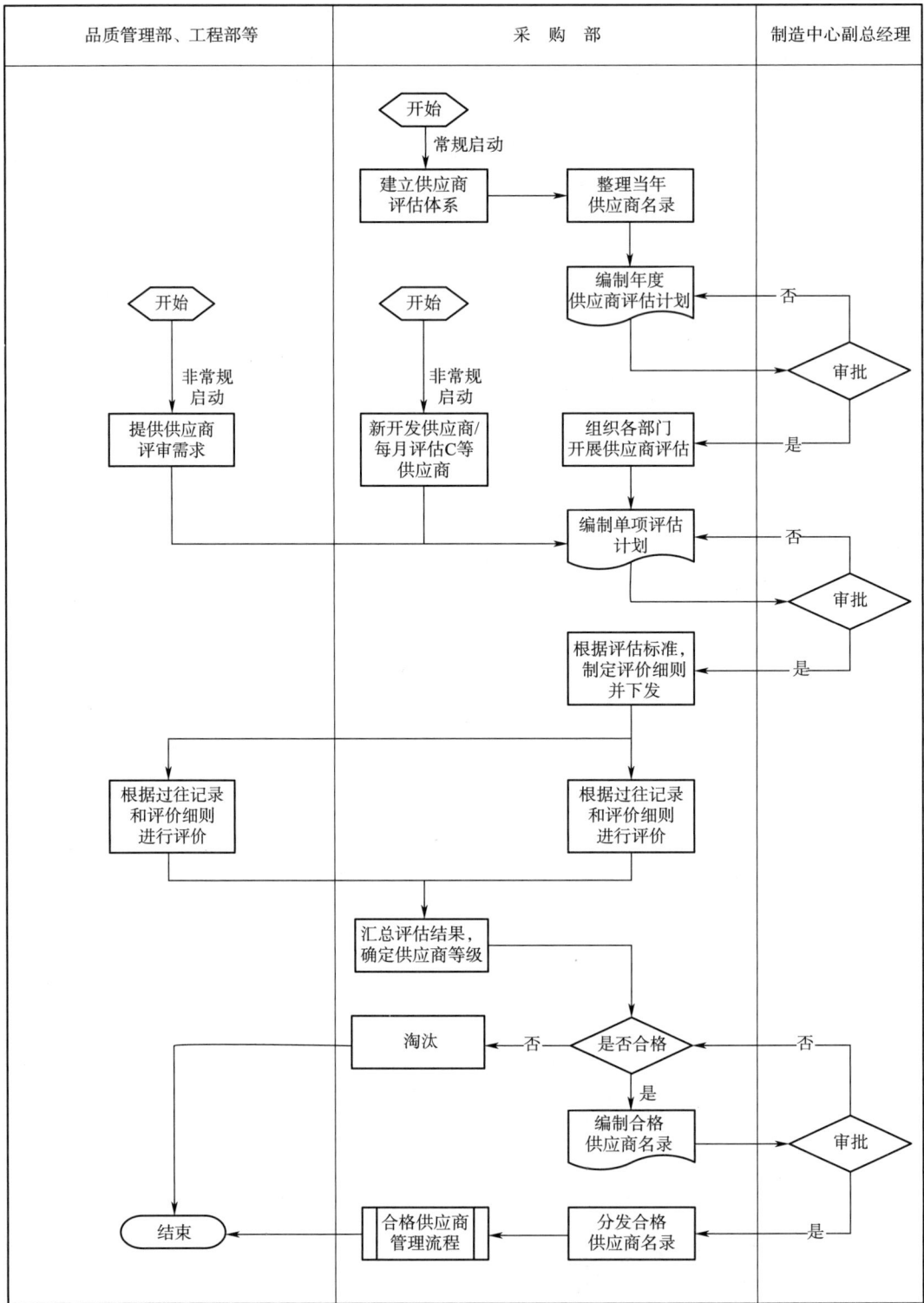

图 4-6 肯德科技供应商评估流程（优化）

采　购　部	品质管理部、工程部等	制造中心副总经理

供应商评估流程

开始

↓ 常规启动

合格供应商名录

签订合作协议

建立合格供应商档案

采购管理流程

建立每月评估标准 ← 否

审批

组织各部门对供应商进行月度评估 ← 按月提供相关信息

是

汇总信息，并编制供应商月度评价报告 ← 否

确认 ← 否

是

审批

提出预防改进措施 ← 是 是否是C等 评估结果反馈给相应供应商 ← 是

否

供应商评估流程

更新供应商评估数据库

结束

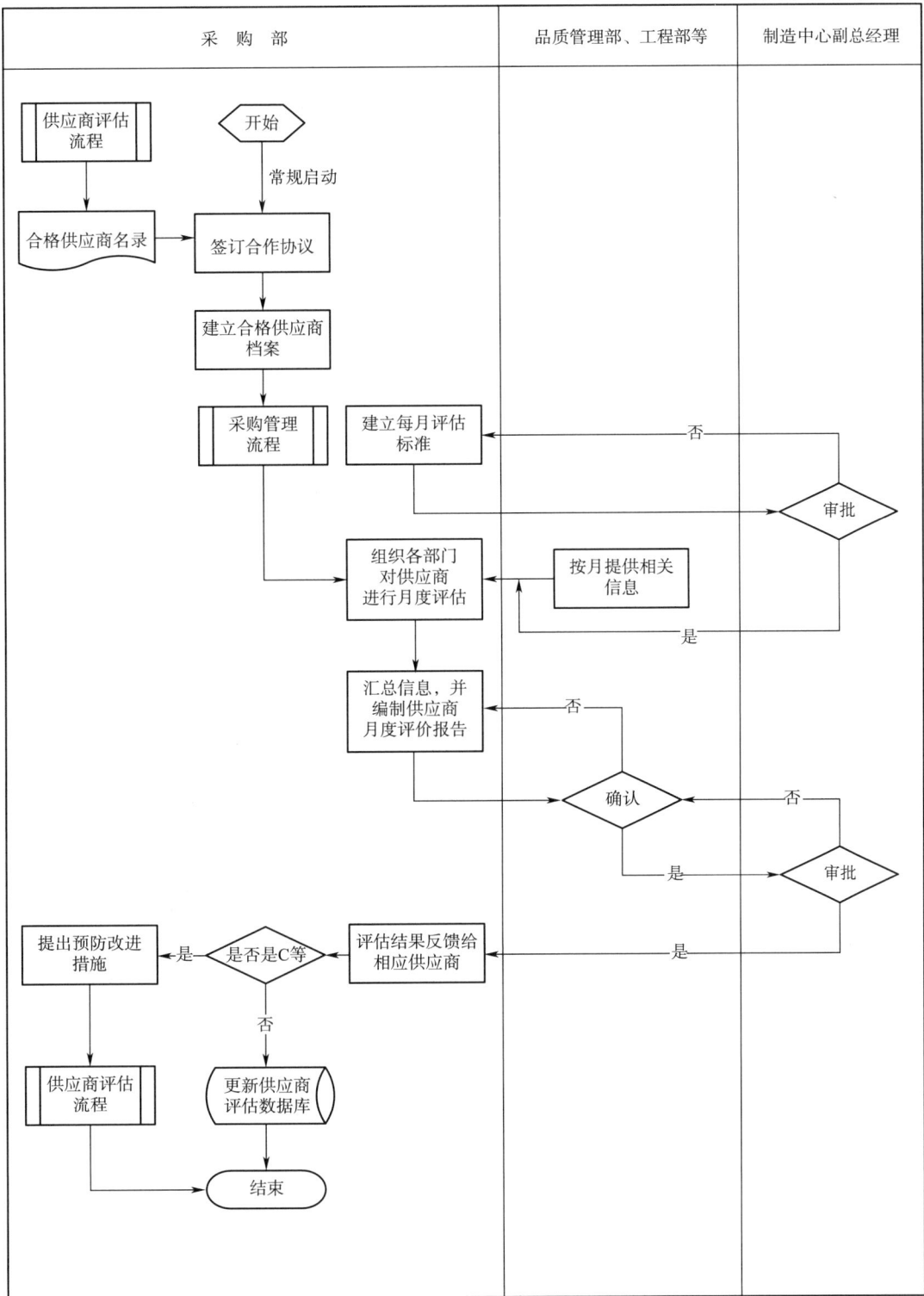

图 4-7　肯德科技合格供应商管理流程（优化）

2.肯德科技物料检验流程现状分析及优化

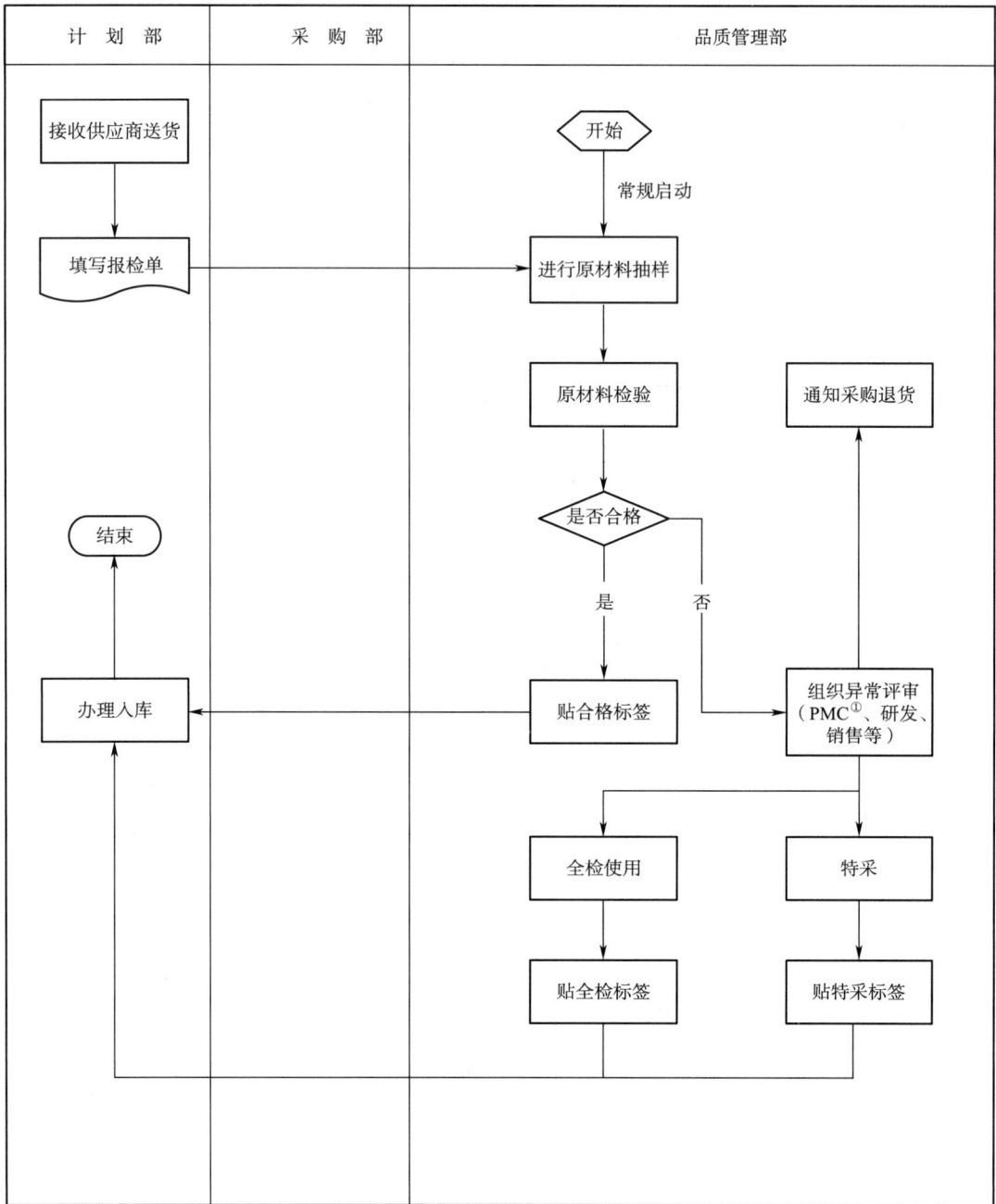

图 4-8　肯德科技物料检验流程（现状）

---

① PMC：生产及物料控制，英文全称 Production Material Control。

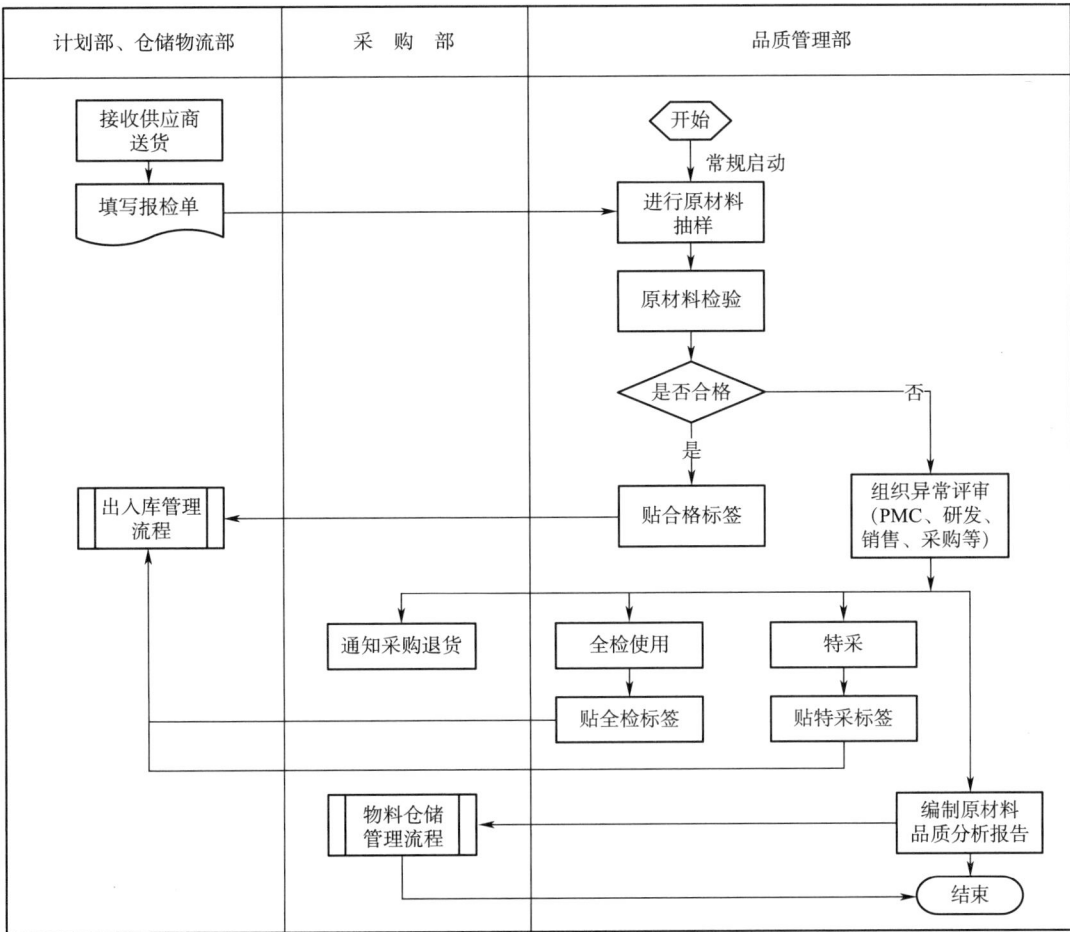

图 4-9　肯德科技物料检验流程（优化）

表 4-13　肯德科技合格供应商管理流程问题分析

序号	存在的问题	具体表现	可能导致的结果	优化思路
1	对 C 级供应商监控不严	（1）没有将供应商评估结果正式的告知供应商 （2）C 级供应商未经过改善后重新进入合格供应商名录	C 级供应商的品质现状没能有效改善	完善供应商评价及分级机制，针对不同级别的供应商采取不同的采购策略
2	供应商评价标准细化不够	（1）现场评估标准包括：管理体系（品质管理、异常处理、采购、文件控制）、过程控制（IPQC[①]、IQC[②]、设备仪器管理、仓库管理、生产计划及控制）、设计开发/成品出货/客户服务（审计开发、出货检查）、	（1）供应商评价结果量化不够 （2）部分主要供应商甚至 1 年都没有评价过 1 次	（1）评价标准需要优化，评价项目设置需要筛选 （2）评价标准尽可能做到量化，可操作

---

① IPQC：制程品质控制，英文全称 In-Process Quality Control。

② IQC：来料质量控制，英文全称 Incoming Quality Control。

序号	存在的问题	具体表现	可能导致的结果	优化思路
2		职业健康/环境保护/社会责任（安全、人员培训、环保、社会责任） （2）每月评估包括：质量、交期、服务、有害物质管理		
3	年度评估组织工作需要完善	（1）目前每年集中在5～6月、11～12月进行评估，评估计划执行率不高 （2）评估结果与下一年度采购策略没有很好的挂钩	（1）采购策略实施受限 （2）采购谈判被动	（1）制订年度评估计划，并保证按计划实施 （2）年度评估结果的应用需要与采购策略挂钩
4	每月评估细化不够	（1）没有针对不同供应商区别评估 （2）评估结果没有及时反馈给供应商	对供应商改善帮助不大	（1）完善月度供应商评价表 （2）建立每月供应商评价结果反馈机制
5	没有进行规范的供应商等级动态维护	（1）只对降为C等的供应商每月通知 （2）其他等级的变动没有进行通知	供应商不清楚自己的供货信息及客户对自己的评价结果，导致供货商无法通过内部改善提升弱项	每月通知供应商评估结果

表 4-14　肯德科技物料检验流程问题分析

序号	存在的问题	具体表现	可能导致的结果	优化思路
1	报检批次多	计划部多次报检	检验频率大，检验成本高	（1）计划部需要综合评估来料的批量 （2）计划部需做订单预期的分析
2	特别放行的物料数量过大	由于检验周期过长，导致检验结果未确定原物料就投入使用	（1）可能导致品质批量性异常 （2）异常原因不容易分析	计划部计划物料时需预留检验周期
3	采购没有参与来料异常的判定	目前由品质管理部以及计划部判定，知会采购	判定时缺乏采购建议	（1）完善不合格物料处理的管理规范 （2）组织相关人员召开来料异常处理会议
4	来料异常处理会议管理不规范	目前由各部门签署意见，然后品质管理部综合判定	缺乏整体的评估	建立来料异常处理会议管理规范
5	供应商品质改进不到位	供应商品质异常改善不彻底	来料品质异常重复出现	（1）规范供应商的分级管理机制 （2）建立关键供应商的协同改进机制
6	免检产品缺乏管理规范	免检产品没有具体的管理规定，以及产品质量标准	可能出现后期品质风险	制订免检产品的管理规定

第五章
集成供应链业务流程再造方法与衡量

发现问题，成功一半。如第四章所言，完成集成供应链业务流程现状分析之后，企业不仅清楚了目前的状况，还找到了集成供应链流程存在的问题以及需要改善的方向，这为下一步进行集成供应链业务流程再造方法与衡量指明了方向。

一、集成供应链业务流程再造的常用方法

集成供应链业务流程再造的常用方法有很多，模板化、信息化、智能化、剔除非增值环节、优化流程顺序、优化供应链组织、供应链业务流程外包等都是非常有效的方法，如图 5-1 所示。

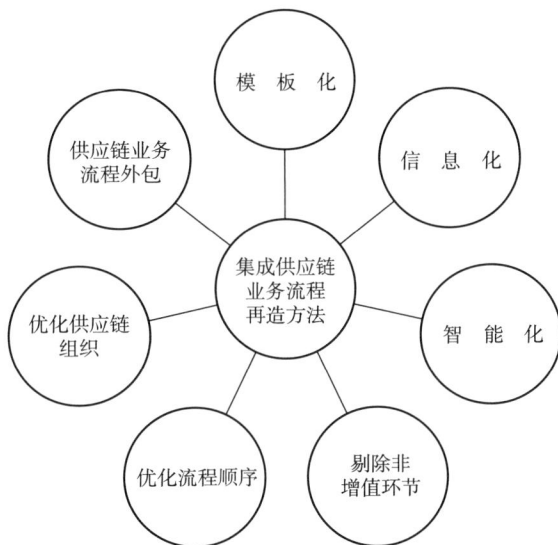

图 5-1　集成供应链业务流程再造方法

1. 模板化

任正非曾经说过：规范化管理的要领是工作模板化。什么叫作规范化？就是我们把所有的标准工作做成模板，就按模板来做。一个新员工只要能看懂模板，就会按模板来做。而

这个模板是前人摸索几十年才总结和提炼出来的，新员工不必再去摸索。各流程管理部门、合理化管理部门，要善于引导各类已经优化的、已经证实行之有效的工作模板化。对于一些重复运行的流程，工作一定要模板化。一项工作达到同样绩效，少用工，又少用时间，这才说明管理进步了。

是的，企业在产品制造过程中会用到很多报告、表单、文件，如生产计划、品质标准、工艺文件、原料及成品检验报告等，模板化就是先将这些文件做成统一的格式，员工在工作的过程中就会减少很多在规划文件格式方面浪费的时间。

我们在帮助【案例 3-1】提到的肯德科技进行集成供应链业务流程再造时，一共规划了14 个核心业务流程，同时形成了 35 份标准报告模板、52 份标准文件、68 张标准表单。

2. 信息化

不仅仅在集成供应链领域，在集成研发、整合营销、集成财经、人力资源等各个领域，信息化已经成为流程优化必不可少的方法。特别是在数据采集、传输、分析等方面，信息化不仅可以节省人力，降低差错，还可以大大提升效率。我们熟悉的 SCM、MRP、MRP Ⅱ、MES、ERP 等系统都可以帮助企业快速提升集成供应链流程运营效率。

【案例 5-1】福特汽车公司采购流程优化案例分享

福特汽车公司（以下简称福特）生产汽车所用的零部件有大约三分之二是从外部购入的，其主要工作流程为：

采购部门向供应商发出采购订单，并将订单副本送给公司会计部门；供应商发货，福特验收部门进行验货合格后进入库房，并开具收货凭证；同时，供应商将发票送给公司会计部门。具体流程如图 5-2 所示。

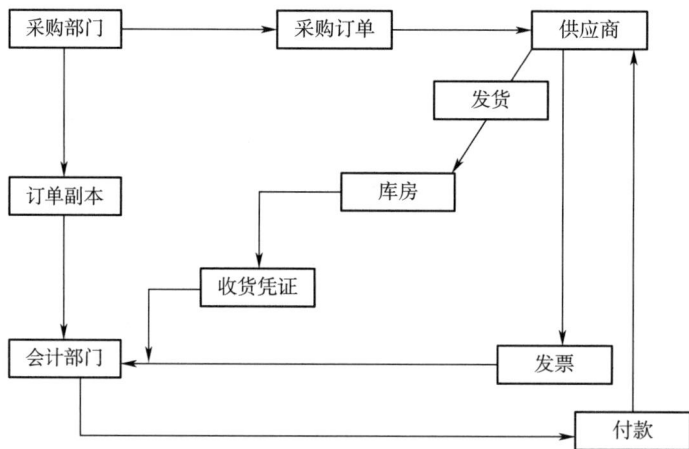

图 5-2　福特采购流程（优化前）

在进行流程再造之前，只有当"订单副本"、"收货凭证"、"发票"三者一致时，会计部门才能准以付款。福特北美货款支付处共有 500 多名员工，部门内部大量时间花费在处理三者的不吻合之上，从而造成人员、资金和时间的浪费。

管理机构最初认为，通过理顺操作程序和装备新的计算机系统，这个部门的员工可以减少到 400 人左右。然而，福特随即发现在他们拥有 22% 股份的马自达公司，仅仅只有 5 个人在做同样的工作——即使考虑到两家公司的规模和业务量的差别，这一差距也是巨大的。经过对其标杆单位的研究分析，福特决定重新进行业务流程再造。优化后的流程如图 5-3 所示。

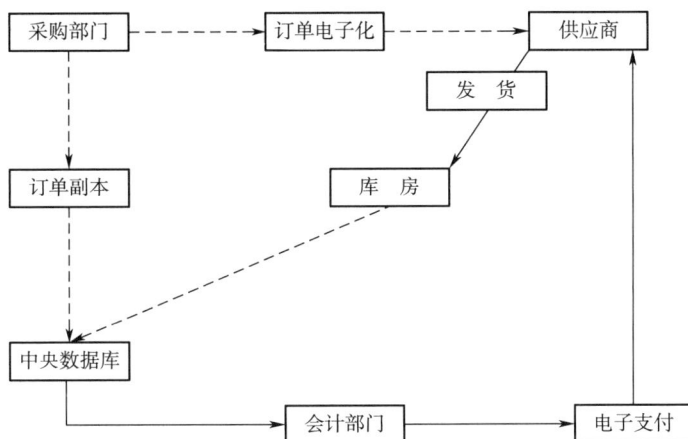

图 5-3　福特采购流程（优化后）

经过优化后的流程变为：

采购部门发出订单，同时将订单内容输入联机中央数据库。供应商发货，验收部门核查来货是否与数据库的内容相吻合。如果吻合就入库收货，并由中央数据库通知会计部门，由计算机进行自动按时付款。

在原先的流程中会计部门需要核对 14 项数据，经过流程再造后，不需再核对发票，仅仅需要核对 3 项数据，大大减轻了劳动强度，部门人员的数量也减少了 70%，远远超过了公司预计的 20% 的目标。

3. 智能化

集成供应链业务流程的智能化水平是伴随着企业生产设备的自动化程度在迅速提升，特别是我们看到的一些国内知名企业，通过设备自动化水平改造，集成供应链业务流程的智能化水平也越来越高。

4. 剔除非增值环节

剔除非增值环节就是减少相关活动的数量，提高活动的质量。在我们将多余的活动进行清除后，对剩下的活动还应进行简化。

寻找过于复杂的活动可以从以下三个方面着手：

（1）简化表格。在许多企业中常常可以发现会有表格填写不正确的情况出现，我们应对其背后的原因进行分析，而不是简单地责备填错表的人员。通过重新设计表格来获得明显的改善，避免日常工作中要寻找相关填表人，让其就某些模糊事项提供解释或说明。

（2）简化语言。对客户和组织内部成员的沟通都应清晰易懂。语言要简单明了，尤其要注意以下两项：一是少用术语、行话和缩写。除非对工作任务很关键，否则不要使用新的术语和行话，先确保彼此清楚这些词语的定义；二是尽量少地使用首字母组合词。除非它是多次重复使用，并被广泛理解和认同的，否则不要使用文件中没有定义的缩写词。

（3）简化程序。许多程序往往过分复杂，难以理解。在某些情况下，可以很明显地判断出员工无法做到总是能够按照正常的程序进行作业活动。

5. 优化流程顺序

优化流程顺序也是比较常见的流程再造方法之一，具体的操作有两种：其一，变串为并；其二，调整先后顺序。

（1）变串为并。对于许多串行工作，我们可以考虑将其进行并行处理，以提高流程运行效率，减少流程节点活动的干扰。一般而言，在企业内部存在着两种形式的并行：一种是各独立单位从事相同的工作，这时我们要将它们视为一体，统筹处理，分散执行；还有一种是各独立单位从事不同的工作，而这些工作最终必须组合在一起。

（2）调整先后顺序。通过观察流程运行的各个环节，对不合时宜的作业活动进行顺序的调整，以求获得流程上的改善和突破。

6. 优化供应链组织

企业传统的集成供应链组织都是按照职能进行分工的，涉及计划部、采购部、生产部、仓储物流部、设备部、工艺部、品质部等多个部门，这些部门站在各自职能履行的角度对产品生产制造过程负责，正如"铁路警察，各管一段"，但具体哪个部门真正对客户的核心诉求负责呢？其实大家谁也说不清楚，似乎每个部门都负责，又似乎每个部门都不负责！如何解决这一问题，我们的实践经验是要对集成供应链组织体系进行彻底改造，关于这一点，读者可查看本书第六章相关内容。

7. 供应链业务流程外包

业务流程外包既是社会分工的结果，也是现代企业供应链发展的必然结果，因为对于任何一家企业而言，很难将产、供、销、人、财、物等经营要素都做到最好，况且对于很多企业而言，某些经营要素可能天生就是短板，业务流程外包就是在这样的大背景下应运而生了。

当然，集成供应链业务流程外包也是一种趋势，我们熟悉的苹果公司把制造外包给富士康，华为公司把制造外包给比亚迪，这些都是最好的案例。关于集成供应链业务流程外包常见的有采购流程外包、制造流程外包、仓储流程外包、物流流程外包等。根据企业自身战略定位及核心能力，适度选择集成供应链相关业务流程外包早已经成为企业进行集成供应链业务流程再造常用的方法之一。

【案例5-2】深圳万恒电子集成供应链业务流程优化

深圳万恒电子是一家生产电视机背光光源的电子企业，2021年曾经在1个月内连续接到2起客户因未按期交付而取消订单的事件，导致企业利润损失超过1 000万元，为了解决这一问题，万恒电子决定请信睿咨询导入集成供应链业务流程再造项目。

该企业对客户的交期承诺是9天，但通过信睿咨询顾问前期的调研及数据分析发现，在过去6个月，客户订单9天准时交付的比率并不高，具体内容见表5-1。

表5-1 深圳万恒电子客户订单9天准时交付率统计

实际交货周期	9天	10～11天	12～13天	14～15天	16～17天	18天以上	合计
交货批数	12	7	13	20	7	1	60
订单占比	20%	11%	21%	34%	12%	2%	100%

通过表5-1可以发现，虽然该企业承诺客户订单交付周期为9天，但真正能够在9天之内交付的订单占比仅为20%，80%的订单交付周期都是超过9天的，甚至还有个别的达到18天以上。

为了解决这一问题，信睿咨询的顾问先对该企业客户订单交付的核心业务活动及耗时状况进行了分析，如图5-4所示。

核心业务活动	接单、转单、订单评审	物料请购	物料交付到厂	来料检验及入库、出库	生产实施	成品检验及入库	出库、物流及客户收货
标准耗时	0.5天	0.5天	4天	0.5天	2天	0.5天	1天
现状耗时	0.5~2天	0.5~1天	4~8天	0.5天	2~6天	0.5天	1~4天
评价指标	订单评审及时率	物料请购及时率	物料采购周期	物料检验及时率	生产计划达成率	成品检验及时率	物流周期
责任部门	销售商务部	采购部	采购部	质量部	生产部	质量部	仓储物流部

图5-4 深圳万恒电子客户订单交付核心业务活动及耗时分析

可以看到该企业对客户订单准时交付的管理中采用的是典型的职能管理模式，表面上每个部门都有相应的评价指标及目标，而且质量部的绩效表现还不错，但由于销售商务部、采购部、生产部及仓储物流部的绩效表现不佳，导致客户订单交付周期无限延长，最终造成前文提到的客户退货。

为了解决以上问题，我们对该企业关于订单准时交付的相关流程进行了优化，包括订单评审流程、供应商开发流程、合格供应商管理流程、采购计划管理流程、采购管理流程、物料检验流程、制程管理流程、成品检验流程、物流管理流程等。同时，我们改变了过去按部门职能评价的绩效评价模式，让以上部门共同为客户订单9天准时交付率指标负责。

此项目经过3个月的优化和推进，最终实现了客户订单9天准时交付率从20%到90%的显著提升，项目达到了预期目标。

【案例 5-3】华南汽配公司集成供应链业务流程优化

曾受华南汽配公司的委托，我们对该公司的集成供应链业务流程进行了全面的优化。当时的情况是，这家公司从接到订单、组织采购、生产到第一批交货需要将近60天的时间，我们的目标是将整个加工周期缩短20%。

为了达成这一目标，首先对该公司从接到订单、采购、生产、交付整个环节的所有工作进行列举，一共列举了826个具体的动作；然后把这826个动作按照流程优化的一些方法进行分解，并且找到每个动作的先后顺序和承接关系，同时对非增值的动作进行压缩和合并；另外我们也对该公司的供应链系统的组织结构和生产线分布进行了调整和优化。

最终的结果是：将原来的826个动作缩减到540个，原来供应链系统的部门从12个减少到8个，整个产品的交期从60天缩短到45天，交货周期缩短了15天。

我们粗略为这家公司算一笔账：

（1）从12个部门减少为8个部门，共减少部门经理4人、部门专员10人。当时该公司的部门经理年薪为25万元，部门专员的工资平均10万元，这一项就为该公司节约200万元。

（2）公司的交货周期缩短15天，资金周转从原来的6.08次/年（365天/60天）提升为8.11次/年（365天/45天）。该公司年产值4.5亿元，原来需要周转资金7401万元（4.5亿元/6.08次），而调整后周转资金为5548万元（4.5亿元/8.11次），每年减少周转资金1853万元。假设年资金使用成本为10%，则这一项为公司创造185.3万元的效益。

当然，这只是我们粗略的计算，很明显（1）中节约的200万元可以理解为公司通过降低成本增加的效益，而（2）中的185.3万元则是通过提升流程效率为公司创造的效益。

在对华南汽配公司集成供应链业务流程进行优化的过程中，我们先后用到了剔除非增值环节、优化流程顺序、优化供应链组织等方法。

二、集成供应链业务流程再造衡量

如前文所言，集成供应链业务流程优化与再造有很多成熟的方法，但企业在进行集成供应链业务流程优化与再造的时候如何才能做到最优呢？其实是没有标准答案的。那什么样的流程才是好流程呢？根据多年的实践，我们认为企业可以从以下 6 点衡量流程优化与再造效果，如图 5-5 所示。

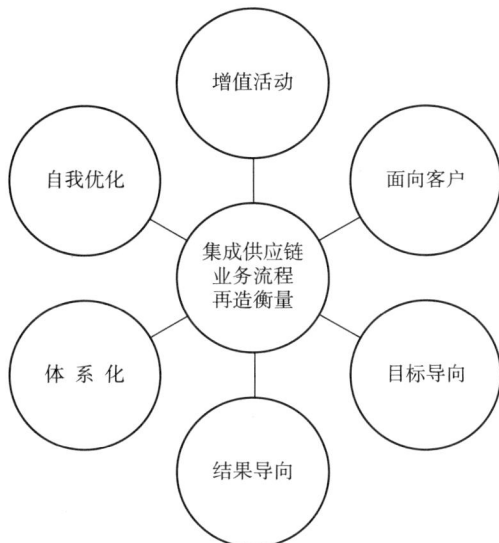

图 5-5　集成供应链业务流程再造衡量

1. 增值活动

企业流程管理的核心目的是"增值"，当然每个流程、每项活动的"增值"方式可能有所不同，但在流程优化与再造的时候，始终要把握这样一个原则，那就是考虑清楚"该活动有增值价值吗？"如果没有，就一定要想办法将该活动剔除掉，最终保证流程中的每项活动都是"增值"的。

2. 面向客户

我们在谈到流程的六大构成要素时提到，客户就是流程输出结果的最终消费者，企业进行流程优化与再造的时候，要保证面向客户并且做到让客户满意。

不同流程的客户是有差异的，可能是企业外部的客户（代理商、经销商、终端客户），也可能是企业内部的客户。总之，企业进行业务流程优化与再造时必须紧紧围绕客户诉求，将那些与客户诉求无关或者弱相关的业务活动尽可能减掉。

3. 目标导向

我们在谈到战略、流程和组织的关系时曾经讲过，战略决定企业做正确的事，组织决定企业正确地做事，而流程则可以帮助企业高效、低成本、低风险地做事。流程的存在一定是为了企业战略的实现，如果企业流程优化离开了战略的引导和战略目标的实现，那将是毫无意义的。

另外,回到流程管理的基本原则,我们强调流程管理必须坚持"目标导向、结果导向"的原则。任何一个流程,其增值方式不同,所衡量增值方式的指标以及所要达到的目标也是不同的。

4. 结果导向

好的流程一定有明确的结果导向,同时也会体现在流程绩效上,因此衡量一个流程是否是好流程的关键就是看这个流程最终的结果是否达到甚至超越了流程客户的核心诉求。通常所说的"结果不会说谎"这句话用于衡量流程结果是再恰当不过了,只要结果不理想,表面上再好的流程也都是镜中花、水中月。

5. 体系化

企业的流程按类型分为业务流程、管理流程、辅助流程,按层级分为集团级流程、公司级流程、部门级流程、岗位级流程。另外,每个流程又包括流程图、流程步骤说明、流程相关制度、流程相关文件、流程相关表单、流程相关绩效指标、流程相关权限划分、流程风控体系等。一套好的流程体系一定是全价值链打通、全层级优化、全员参与、全天候执行的,同时也能确保流程在执行过程中风险可控。因此,流程体系化的衡量就是要设计出来价值链及业务蓝图上下游相关的流程、制度、表单、权限及流程指标并确保每个环节都能得到有效执行。

6. 自我优化

世界上唯一不变的就是变化。竞争环境的变化是永恒的,客户需求也是随时变化的,流程管理就是要帮助企业在周边环境发生变化时使企业内部运营能尽快赶上并能适应这种变化。环境的变化势必带来运营模式的不断调整和变化,而运营模式的变化必然要反映到流程上。所以,企业流程管理一定是动态的,而且流程管理成熟的企业也一定有健全的流程自我优化机能,企业的流程优化一定不是什么"跟风运动",而是需要有一整套完整的配套体系保证流程持续改进,永不过时。

【案例 5-4】肯德科技供应商评估流程

接【案例 4-7】,图 5-6、表 5-2 至表 5-8 是我们为肯德科技优化之后的供应商评估流程及流程配套设计。

1. 肯德科技供应商评估流程图

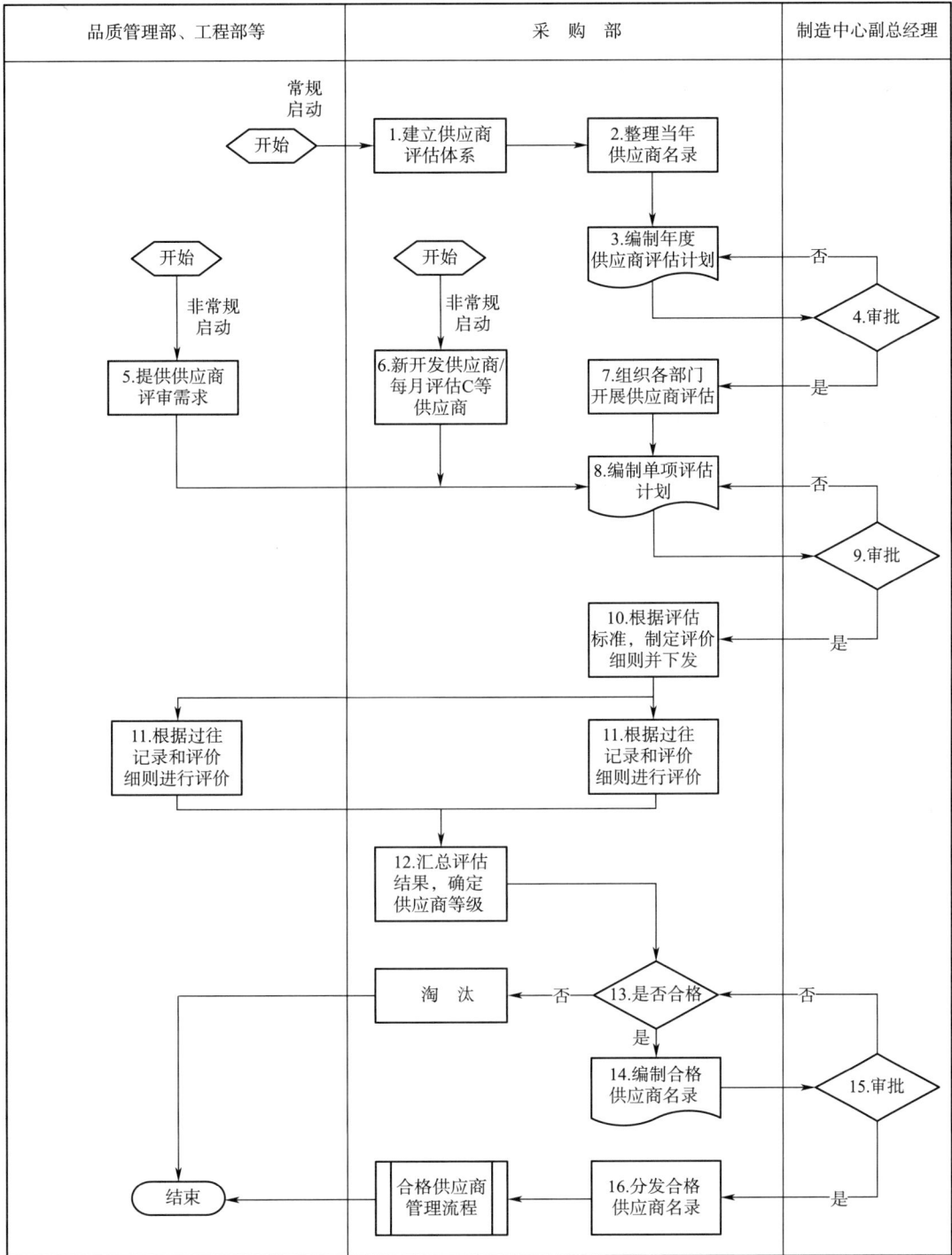

图 5-6 肯德科技供应商评估流程图

2.肯德科技供应商评估流程核心步骤说明及风险点控制

表 5-2　肯德科技供应商评估流程核心步骤说明及风险点控制

流程核心步骤	核心步骤说明	流程风险点	相关制度 / 文件	相关表单
1. 建立供应商体系	建立供应商评估体系，评估体系包括： （1）供应商评价模型及评估表 （2）供应商等级划分及标准	评估模型不合理	供应商评估模型、供应商年度评估等级标准	供应商评估表（A 类物料供应商专用）、供应商评估表（B、C 类物料供应商专用）
2. 整理当年供应商名录	整理当年供应商目录，供应商目录包括： （1）当年与公司发生供应关系的供应商 （2）拟新开发的供应商		年度供应商目录	
3. 编制年度供应商评估计划	编制年度供应商评估计划		年度供应商评估计划	
4. 审批	制造中心副总经理对采购部提报的"年度供应商评估计划"进行审批			
5. 提出供应商评估需求	相关部门提出供应商评估需求			
6. 新开发供应商 / 每月评估 C 等供应商	采购根据新开发的供应商或月度评估评为 C 等的供应商提出评估需求			
7. 组织各部门开展供应商评估	采购组织各部门开展供应商评估工作	评估工作流于形式		
8. 编制单项评估计划	编制单项供应商评估计划，计划包括供应商名称、评估内容、参与部门、评估时间、费用预算等			
9. 审批	下列情况的单项评估计划需要高管审批： （1）A 类物料供应商 （2）重要的 B 类物料供应商	审批把关不严		
10. 根据评估标准，制定细则并下发	采购根据评估标准及供应商实际情况，编制评估表及评估细则			
11. 根据过往记录和评价细则进行评价	采购及相关部门根据评估表进行评估			
12. 汇总评估结果，确定供应商等级	根据评估结果，确定每个供应商的等级，供应商等级分为 4 级，分别为 AA 级、A 级、B 级和 C 级		供应商等级设置标准	

流程核心步骤	核心步骤说明	流程风险点	相关制度 / 文件	相关表单
13. 是否合格	采购部根据评估结果结合"供应商等级设置标准"进行盘点供应商是否合格，如不合格直接淘汰，如合格则进入"合格供应商名录"			
14. 编制合格供应商名录	采购根据评价结果编制"合格供应商名录"	合格供应商名录更新不及时	合格供应商名录	合格供应商一览表
15. 审批	制造中心副总经理对采购部提交的"合格供应商名录"进行审批			
16. 分发合格供应商名录	分发"合格供应商名录"，并存档			

3. 肯德科技供应商评估流程相关制度与表单

表 5-3　供应商评估模型

一级纬度	权重		二级纬度	评估部门	分权重	
	A 类物料供应商	B/C 类物料供应商			A 类物料供应商	B/C 类物料供应商
1. 总体情况	15	20	1.1 企业知名度	采购	2	—
			1.2 供货能力	采购	3	5
			1.3 市场接受程度	采购	2	3
			1.4 地理位置	采购	2	4
			1.5 供货价格	采购	6	8
2. 质量管理体系	15	15	2.1 品质管理	品管	5	5
			2.2 异常处理	品管	5	5
			2.3 采购	采购	2	2
			2.4 文件控制	品管	3	3
3. 过程控制、成品出货	15	20	3.1 IPQC	品管	3	5
			3.2 IQC	品管	2	2
			3.3 设备仪器	品管	3	3
			3.4 仓库管理	采购	2	2
			3.5 生产计划及控制	采购	2	4
			3.6 出货检查	品管	3	5
4. 设计开发及客户服务	20	15	4.1 设计开发	品管	8	2
			4.2 样品提供的及时性	品管	4	8
			4.3 客户服务	采购	8	5

续上表

一级纬度	权重		二级纬度	评估部门	分权重	
	A 类物料供应商	B/C 类物料供应商			A 类物料供应商	B/C 类物料供应商
5. 职业健康、环境保护及社会责任	10	10	5.1 安全	品管	2	2
			5.2 人员培训	品管	2	3
			5.3 环保	品管	4	3
			5.4 社会责任	品管	2	2
6. 长期合作	25	20	6.1 合同期限	采购	5	2
			6.2 付款方式	采购	6	7
			6.3 以往合作配合	采购	3	3
			6.4 业务比重	采购	3	2
			6.5 授信状况评价	采购	8	6
7. 月度评估（仅限于已合作的供应商）	20	20	7.1 月度评估结果	采购	12	12
			7.2 月度评估预防措施整改	采购	8	8
			7.3 特殊事项	采购	0	0

表 5-4 供应商评估表（A 类物料供应商专用）

供应商名称		负 责 人	
地 址		联系方式	
供货名称		供货种类	
供货周期		原有供应商等级	
1. 总体情况（15 分）			
评价维度	评价细则		评价结果
1.1 企业知名度（2 分）	（1）相关领域的国际知名企业（2 分） （2）相关领域的国际知名企业在中国的合资企业（1.5 分） （3）相关领域的国内知名企业（1 分） （4）相关领域的国内一般企业（0.5 分）		
1.2 供货能力（3 分）	（1）具备全系列产品供货能力，且非常稳定（3 分） （2）具备部分产品的供货能力，比较稳定（2 分） （3）具备少量产品供货能力，不太稳定（1 分）		
1.3 市场接受程度（2 分）	（1）相关产品有向国内行业中的知名企业供货，范围广泛，有较大影响（2 分） （2）相关产品仅向国内行业中的一般企业供货，影响非常有限（1 分）		
1.4 地理位置（2 分）	（1）国内省内（2 分） （2）国内外省（1.5 分） （3）国外生产国内代理（1 分） （4）国外直接供货（0.5 分）		

续上表

1.总体情况（15分）		
评价维度	评价细则	评价结果
1.5 供货价格（6分）	（1）低于目前采购价格（6分） （2）与目前采购价格持平（3分） （3）高于目前采购价格（0分）	
2.质量管理体系（15分）		
评价维度	评价细则	评价结果
2.1 品质管理（5分）	（1）是否获得 ISO 9000 质量认证 A. 有（3分）　　　　B. 没有（0分） （2）是否提供有效的质量体系内外审核纪录 A. 有（2分）　　　　B. 没有（0分）	
2.2 异常处理（5分）	（1）质量异常处理有明确的文件规定，并严格按文件规定执行（5分） （2）质量异常处理有相关文件规定，但不完善，或未按文件规定处理（3分） （3）无文件规定，或无任何异常处理机制（0分）	
2.3 采购（2分）	（1）是否有合格供应商清单？供应商是否有等级评分 A. 有（1分）　　　　B. 没有（0分） （2）是否有对供应商进行评审，并保留相关记录 A. 是（1分）　　　　B. 否（0分）	
2.4 文件控制（3分）	（1）是否有受控的文件控制程序 A. 是（1分）　　　　B. 否（0分） （2）文件是否在能够马上取出并进行灵活使用的状态下进行保管的 A. 是（0.5分）　　　B. 否（0分） （3）对于文件、图纸的修改，是否保持文控与现场的版本、内容一致 A. 是（1分）　　　　B. 否（0分） （4）与质量管理有关的基准文件及图纸、说明的制定、修改、废弃以及公布的顺序是否明确 A. 是（0.5分）　　　B. 否（0分）	
3.过程控制、成品出货（15分）		
评价维度	评价细则	评价结果
3.1 IPQC（3分）	（1）制程中有无作业指导书和设备操作规程 A. 有（0.5分）　　　B. 没有（0分） （2）批量生产前有无对产品进行首件检验确认 A. 有（1分）　　　　B. 没有（0分） （3）生产过程使用何种品质控制工具？是否有巡检的记录和检验标准 A. 是（0.5分）　　　B. 否（0分） （4）对于制程中的不合格品，是否有效的隔离、标识和处理？并对其进行原因分析和改善 A. 是（0.5分）　　　B. 否（0分） （5）是否定期召开检讨质量的会议，并对会议结果进行跟踪 A. 是（0.5分）　　　B. 否（0分）	

续上表

3. 过程控制、成品出货（15分）		
评价维度	评价细则	评价结果
3.2 IQC（2分）	（1）IQC 有无规格书、样品或工艺标准等进行各个项目的检验 A. 是（0.5分）　　　B. 否（0分） （2）检验是否有接收标准，检验结果是否形成记录，并对物料的结果状态进行有效标识 A. 是（0.5分）　　　B. 否（0分） （3）是否有 IQC 来料品质目标，并定期检讨，对未达成的目标是否有改善计划 A. 是（0.5分）　　　B. 否（0分） （4）物料检验不合格是否通知供应商改善，并对改善结果跟进确认 A. 是（0.5分）　　　B. 否（0分）	
3.3 设备仪器（3分）	（1）是否进行设备维护保养，有无相关记录，各类模具是否分类标识 A. 是（2分）　　　B. 否（0分） （2）检验仪器是否经过校准，并有相关的标签标识、记录等 A. 是（1分）　　　B. 否（0分）	
3.4 仓库管理（2分）	（1）是否进行先进先出，有无执行的证据？当长期库存发生时，是否重新对库存品质及价格进行评估 A. 是（0.5分）　　　B. 否（0分） （2）各类物料是否明确标识，账物一致 A. 是（0.5分）　　　B. 否（0分） （3）材料的保管方法是滞明确？是否能够防止混入、变质、破损、长期库存等情况的发生 A. 是（0.5分）　　　B. 否（0分） （4）是否有安全区域来储存材料？仓库的温度、湿度是否控制在符合材料特性的范围内 A. 是（0.5分）　　　B. 否（0分）	
3.5 生产计划及控制（2分）	（1）是否有建立生产及物料计划控制程序 A. 是（0.5分）　　　B. 否（0分） （2）是否有对计划不能达成、生产出现异常的应对方法 A. 是（0.5分）　　　B. 否（0分） （3）对于采购物料是否有交期达成的统计与分析 A. 是（0.5分）　　　B. 否（0分） （4）是否有对生产计划完成状况的统计与分析 A. 是（0.5分）　　　B. 否（0分）	
3.6 出货检查（3分）	（1）是否有产品的出厂检验标准 A. 是（1分）　　　B. 否（0分） （2）是否由 OQC[①]/FQC[②] 对出货产品进行检查并记录 A. 是（1分）　　　B. 否（0分）	

---

① OQC：出货质量控制，英文全称 Outgoing Quality Control。

② FQC：最终质量检验，英文全称 Final Quality Control。

续上表

3. 过程控制、成品出货（15分）		
评价维度	评价细则	评价结果
3.6 出货检查（3分）	（3）是否有客户要求的规格书或者样品？客户订单、图纸及相关资料要求如何至公司内部，客户要求或产品信息变更如何确认，有无相关记录或者样板 　A. 是（0.5分）　　　　B. 否（0分） （4）出货检查不合格，是否有处理规定及记录 　A. 是（0.5分）　　　　B. 否（0分）	

4. 设计开发及客户服务（20分）		
评价维度	评价细则	评价结果
4.1 设计开发（8分）	（1）新产品的设计开发管理，是否有相关的记录 　A. 是（2分）　　　　B. 否（0分） （2）新产品是否经过小试、中试，并形成记录 　A. 是（2分）　　　　B. 否（0分） （3）产品变更是否有记录通知，变更是否有客户确认 　A. 是（2分）　　　　B. 否（0分） （4）新产品如何进行相关的测试，确保其符合性 　A. 是（2分）　　　　B. 否（0分）	
4.2 样品提供的及时性（4分）	（1）样品提供非常及时，甚至能超出预期提前送达（4分） （2）样品提供能按照规定时间及时提供（3分） （3）样品提供推迟3天（2分） （4）样品提供推迟1周甚至更长（1分）	
4.3 客户服务（8分）	（1）客户的各种要求是否经过评审 　A. 是（2分）　　　　B. 否（0分） （2）是否建立客户投诉的处理程序 　A. 是（1分）　　　　B. 否（0分） （3）收到客户的投诉回复周期是否满足客户要求，是否有书面的回复及跟进记录 　A. 是（2分）　　　　B. 否（0分） （4）客户投诉是否及时在公司内部进行沟通、纠正 　A. 是（1分）　　　　B. 否（0分） （5）客户的投诉或退货是否有原因分析及相关的改善、验证 　A. 是（1分）　　　　B. 否（0分） （6）是否进行客户满意度调查，频率如何 　A. 是（1分）　　　　B. 否（0分）	

5. 职业健康、环境保护及社会责任（10分）		
评价维度	评价细则	评价结果
5.1 安全（2分）	（1）现场是否有相关的消防器材，是否有相关安全管理规定等 　A. 是（1分）　　　　B. 否（0分） （2）化学品类是否有相关管控措施 　A. 是（1分）　　　　B. 否（0分）	

续上表

5. 职业健康、环境保护及社会责任（10分）		
评价维度	评价细则	评价结果
5.2 人员培训（2分）	（1）人员是否有进行培训上岗，并有相关记录 A. 是（1分）　　　　　　B. 否（0分） （2）如何评估培训的有效性，有无进行考核 A. 是（1分）　　　　　　B. 否（0分）	
5.3 环保（4分）	（1）是否根据不同的客户、国家及地区的要求识别和收集了所有的有害物质的要求，并及时更新 A. 是（0.5分）　　　　　B. 否（0分） （2）产品是否有相关的第三方认证 A. 是（1分）　　　　　　B. 否（0分） （3）是否对材料、产品进行有害元素的检测、控制 A. 是（1分）　　　　　　B. 否（0分） （4）是否有非环保产品和环保物料的区分管理措施 A. 是（0.5分）　　　　　B. 否（0分） （5）是否与供应商签署了禁止使用有害物质的合同及质量保证书？是否能遵守保证书 A. 是（0.5分）　　　　　B. 否（0分） （6）对污水、噪音、废气的排放是否有限定值？有无进行监控 A. 是（0.5分）　　　　　B. 否（0分）	
5.4 社会责任（2分）	（1）是否与所有的员工都签订了有效的劳动合同 A. 是（0.5分）　　　　　B. 否（0分） （2）是否雇用童工？有无强制性的加班 A. 是（0.5分）　　　　　B. 否（0分） （3）每周的工作时间多长，工资标准是否达到了当地劳动部门规定的最低工资待遇标准 A. 是（0.5分）　　　　　B. 否（0分） （4）是否提供安全健康的工作环境，对事故伤害的防护、健康安全教育是否到位 A. 是（0.5分）　　　　　B. 否（0分）	
6. 长期合作（25分）		
评价维度	评价细则	评价结果
6.1 合同期限（5分）	供应商与公司是否有签订长期合同 （1）有（一年以上）（5分） （2）有（一年）（3分） （3）没有（0分）	
6.2 付款方式（6分）	（1）月结120天及以上（6分） （2）月结90天（5分） （3）月结60天（3分） （4）月结30天（1分）	
6.3 以往合作配合（3分）	（1）以往合作非常愉快，且愿意继续与我方进行长期合作（3分） （2）以往合作比较愉快，对与我方继续合作态度不明朗（2分） （3）以往合作一般，没有明显与我方继续合作的意愿（1分） （4）以往合作较差，不愿意与我方继续合作（0分）	

6. 长期合作（25分）		
评价维度	评价细则	评价结果
6.4 业务比重（3分）	（1）我方采购物料在其销售中所占比重很高（40%以上）（3分） （2）我方采购物料在其销售中所占比重较高（20%～40%）（2分） （3）我方采购物料在其销售中占有一定比例（10%～20%）（1分） （4）我方采购物料在其销售中占有比例很少（10%以内）（0分）	
6.5 授信状况评价（8分）	（1）供货方愿意给予我方长期大额优惠信用额度（8分） （2）供货方愿意给予我方有限的信用额度（4分） （3）供货方不愿意给予我方信用额度（0分）	
7. 月度评估（仅限于已合作的供应商）（20分）		
评价维度	评价细则	评价结果
7.1 月度评估结果（12分）	（1）月度评估等级为A，每次得12分 （2）月度评估等级为B，每次得6分 （3）月度评估等级为C，每次得0分	
7.2 月度评估预防措施整改（8分）	月度评估预防措施未按要求回复和整改，每次扣2分	
7.3 特殊事项（0分）		

表 5-5　供应商评价等级

评价等级	AA 级	A 级	B 级	C 级
已合作供应商	≥ 95 分	≥ 85 分且 < 95 分	≥ 70 分且 < 85 分	< 70 分
新开发供应商	—	≥ 80 分	≥ 60 分且 < 80 分	< 60 分

备注：

（1）已合作供应商评价维度包括总体情况、质量管理体系、过程控制／成品出货、设计开发及客户服务、职业健康／环境保护及社会责任、长期合作、月度评估共 7 部分，满分为 120 分。

（2）新开发供应商评价维度包括总体情况、质量管理体系、过程控制／成品出货、设计开发及客户服务、职业健康／环境保护及社会责任、长期合作共 6 部分，满分为 100 分。

（3）已合作供应商等级分为四等，即 AA 级、A 级、B 级、C 级。

（4）新开发供应商等级分为三等，即 A 级、B 级、C 级。

（5）新开发供应商只有在与公司合作一年以上，才有资格评估为 AA 级。

表 5-6　合格供应商一览表

序号	基本信息				供应品名	供应种类	评价等级		异常纪录
	供应商名称	负责人	联系电话	传真			目前等级	历史等级	

4. 肯德科技供应商评估流程绩效指标

表 5-7 供应商评估流程绩效指标

序号	流程绩效指标	相关部门
1	合格供应商评价模型的合理性	采购部、工艺部、计划部、生产部
2	供应商评估计划达成率	采购部、工艺部、计划部、生产部

5. 肯德科技供应商评估流程权限分配

表 5-8 供应商评估流程权限分配表

序号	分权事项	提案	审核			批准	知会
			初审	审核	会审		
1	年度供应商评估计划	采购部				制造中心副总经理	生产部、计划部、工艺部
2	供应商评估模型	采购部			生产部、计划部、工艺部、财务部	制造中心副总经理	
3	供应商评估结果	采购部			生产部、计划部、工艺部、财务部	制造中心副总经理	
4	合格供应商名录	采购部				制造中心副总经理	生产部、计划部、工艺部、财务部

第六章
集成供应链业务流程配套体系设计

　　集成供应链业务流程图设计工作是流程管理中的一个环节，在将新的业务流程图设计出来后，我们还需要根据新流程运行的需要，进行相关配套体系的设计，搭建流程的基础运行平台。

　　根据我们多年的实践，基于集成供应链业务流程的配套体系包括：集成供应链组织变革、集成供应链制度与表单体系设计、集成供应链分权体系设计、集成供应链内控体系设计、集成供应链绩效体系设计等。

一、基于集成供应链业务流程的组织变革

　　俗话说：战略决定流程，流程决定组织。是的，企业发展战略确定后，选择怎样的集成供应链流程体系将直接决定企业产品制造到交付的效率和质量。为了达到最大化满足客户价值主张这一核心目的，企业需要从组织的角度彻底摒弃传统职能式的集成供应链组织模式，进而转为以客户需求及价值主张为唯一目的的流程导向型集成供应链组织模式。

　　如图 6-1 所示，传统的职能式集成供应链组织模式各部门间各司其职，如：销售部负责客户订单开发；销售商务部负责销售订单交付跟踪；计划部负责客户订单交付计划、生产计划、物料需求计划的编制；采购部根据客户订单交付计划、物料库存以及不同物料采购周期负责采购下单并跟踪采购订单交付状况；生产部负责按照计划部提供的生产计划组织生产；

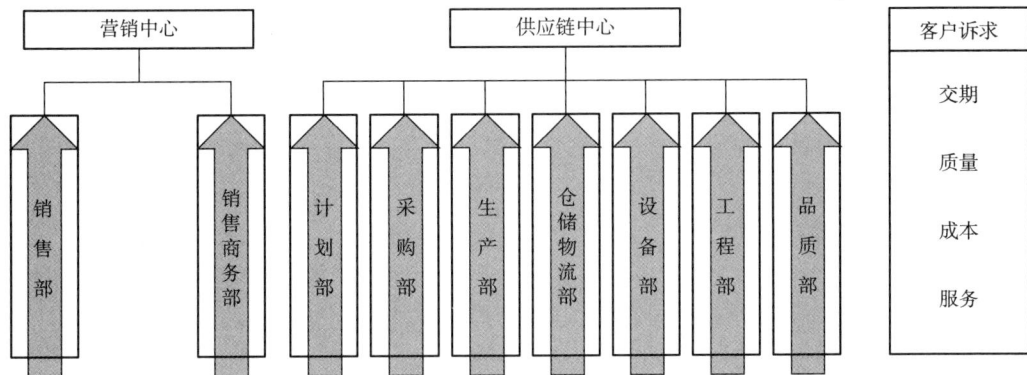

图 6-1　职能式集成供应链组织模式

仓储物流部根据成品入库状况及客户订单交付计划负责安排物流送货等。在这种组织模式之下，各个部门只负责自己职责范围之内的事情，而很少有部门对最终客户的诉求（交期、质量、成本和服务）负责。

如图 6-2 所示，流程导向型集成供应链组织模式就很好地解决了这一问题，这种组织模式强调所有与客户订单交付相关的部门共同对客户的诉求（交期、质量、成本和服务）负责，用集成供应链业务流程横向拉通，对各部门的评价不再是传统供应链组织中对各自职能履行的评价，而是通过对客户诉求的评价倒推各部门的绩效。

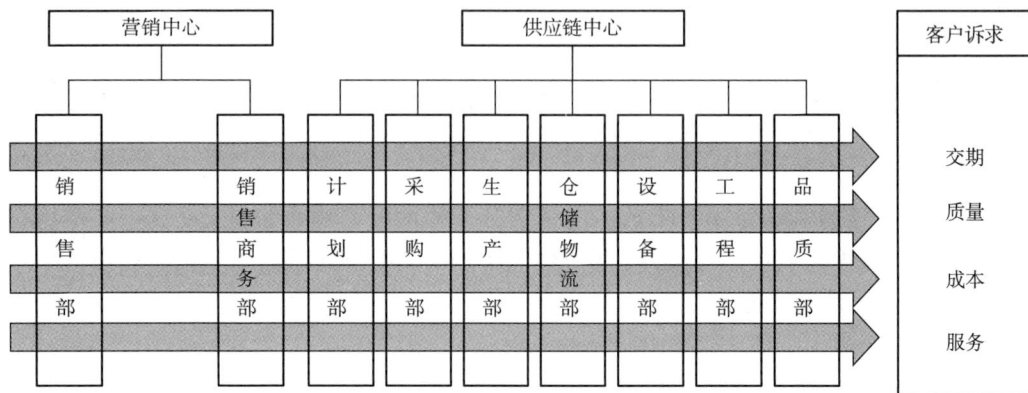

图 6-2　流程导向型集成供应链组织模式

以上这种集成供应链组织模式的转变，是基于集成供应链业务流程高效运营的基础上设计出来的，也是集成供应链业务流程的组织变革的核心。

二、基于集成供应链业务流程的制度与表单体系

制度和表单作为流程有效实施的保障，是流程配套的重要组成部分，基于集成供应链业务流程的制度和表单体系设计就是要对每一个流程涉及的制度、表单进行规范。

1. 业务流程配套制度设计

一般来讲，如果企业建立了完善的流程体系，制度则成了流程的配套，公司设计制度的目的是解释流程中非常重要的环节和说明原则性的东西。

既然这样，我们该如何设计满足流程需要的制度体系呢？企业编写制度的原则和基本内容又包含哪些呢？

（1）制度属性：包括版本号、制度编号、制度名称等。

（2）制度目的：用来说明制度描述的主要内容、制度适用于哪些管理环节。

（3）制度适用原则：用来说明制度制定及公司在制度规定领域的基本管理要求和原则。

（4）制度正文：用来描述制度相关规定和说明。

（5）制度附加说明：用来说明制度的归口部门、解释与修正部门、制度执行时间等。

2. 业务流程配套表单设计

表单是为了帮助企业流程的顺利运作，因为流程告诉员工某件事情该如何做，制度是对流程重要环节的说明和解释，而表单则是员工在具体执行流程实际操作。一般来讲，一张完整的管理表单应该包括：

（1）表单属性：包括归口部门、编号、版本号、表单名称等。

（2）表单输入：用来说明表单填写人的基本信息和核心意图。

（3）表单输出：用来说明表单审核人的基本意见。

（4）填表说明：用来说明表单的填写要求和填写规范。对于有些比较简单的表格，填表说明可以忽略，或者放在表格当中，也可以单独说明。

关于基于集成供应链业务流程的制度及表单体系设计相关内容读者可以查阅本书第八章、第九章相关内容。

三、基于集成供应链业务流程的分权体系

华为的任正非说过，华为倡导"授权中层"，那么如何进行授权呢？哪些权力需要下放、哪些权力需要集中、每个职位有哪些权力，同一问题，权力究竟如何划分？是一级审批、二级审批，还是多级审批？关于这些问题，在企业进行流程配套设计的时候需要一并考虑。

为了提升流程效率，同时有效控制流程风险，我们将流程授权原则归结为：

（1）对流程环节授权而非对整个流程授权。这是业务流程授权的第一原则，流程是一系列、连续的、有规律的活动，这就意味着每个流程中都会有若干个环节和步骤，业务流程授权时需要针对流程涉及权限分配的具体环节和步骤进行授权。

（2）对流程角色授权而非对人授权。很多企业在进行流程授权的时候，往往误认为是对具体某个人的授权，殊不知正确的流程授权仅仅是对流程角色（流程责任人）进行授权，对人的授权是指具体的某个人，而流程角色（流程责任人）可能是很多人构成的。

（3）就近授权，让听得到炮声的人去决策。流程授权一定要让最贴近业务实际的流程角色（流程责任人）进行决策，因为越接近业务实际就越有发言权，也更能准确、有效地进行决策。

（4）采用两级授权，最多不要超过三级。最有效的流程授权是两级授权，即对某项流程决策事项通过审核、批准进行授权，授权如果超过三级，甚至达到四级、五级的话，一定会影响流程效率。

（5）责权对等。授权可以改变流程相关者有责无权的状态，有利于调动流程责任人的积极性，但在实践中要防止有权无责或者权责失当的现象。有权无责，用权时就容易出现随心所欲、缺乏责任心的情况；权大责小，用权时就会疏忽大意，责任心也不会很强；权小责大，流程责任人无法承担权力运用的责任。因此，授予多大的权利，就要有多大的责任，要求多大的责任就应该授予多大的权力，权力和责任要对等。

（6）授权不等于撒手不管，离开监督的授权必然滋生腐败。流程授权的同时要加强授权管控，企业可以通过流程审计、流程绩效分析等手段对于滥用权限、越权、不作为等行为检讨，发现问题，及时优化。

关于基于集成供应链业务流程的分权体系设计相关内容，读者可以查阅本书第八章、第九章相关内容。

四、基于集成供应链业务流程的内控体系

企业在进行业务流程再造时的一个重要的目的在于风险控制，特别在供应链需求、计划、采购、制造、仓储、客户服务、工艺、设备等方面都会存在风险。因此，在流程配套设计时企业必须预先识别相关风险点，并建立风险识别与防范措施，只有这样才能保证业务流程有效运行。

关于基于集成供应链业务流程的内控体系设计相关内容，读者可以查阅本书第八章、第九章相关内容。

五、基于集成供应链业务流程的绩效体系

在将流程设计完成后，我们还应分析相关流程客户的需求，并建立明确的绩效指标，以此作为衡量流程运作好坏的标准。在流程绩效设计过程中，我们应明确相关问题：包括由谁来负责流程运作？承担流程运作中的哪些职能？用什么指标进行衡量？具体的需求标准是怎样的？怎么去评价它？由谁来进行评价？

【案例 6-1】肯德科技集成供应链业务流程绩效体系

接【案例 3-1】，以下是我们对肯德科技继承供应链业务流程绩效体系优化全过程。通过表 6-1 可以看到，在肯德科技有客户诉求相关的部门多达 11 个，评价指标多达 28 项（见表 6-2），但没有一个部门对客户的最终诉求负责。

表 6-1　肯德科技集成供应链绩效体系（原方案）

市场部	销售部	销售商务部	研发部	计划仓储部	制造部	采购部	工程部	品质管理部	售后服务部	财务管理部	客户诉求
	√	√	√	√	√	√		√			订单准时
			√	√	√	√	√	√	√		产品质量
√	√									√	产品价格
	√		√	√			√	√	√		客户服务

表 6-2　肯德科技集成供应链各部门评价指标（原方案）

市场部	销售部	销售商务部	研发部	计划仓储部	制造部	采购部	工程部	品质管理部	售后服务部	财务管理部	客户诉求
	订单交付计划达成率	订单交付周期	面向订单研发计划达成率	物流及时率	生产计划达成率	采购计划达成率		检测及时率			订单准时
			研发质量合格率	物流开箱不良率	成品合格率	物料交检合格率	工艺执行率		售后检修合格率		产品质量
市场推广费用预算控制	销售费用预算控制		研发费用预算控制	物流费用下降率	单台制造费用	采购成本下降率		品质检验成本	单台售后维修费用	公司预算控制	产品价格
	客户满意度（销售）		客户满意度（研发）	客户满意度（物流）			客户满意度（工程）	客户满意度（品质）	客户满意度（服务）		客户服务

为了解决这一问题，我们通过对肯德科技集成供应链业务流程进行全面再造，并在此基础上帮助肯德科技建立了基于集成供应链业务流程的绩效体系，首先我们需甄别与客户诉求相关的职能部门，然后基于客户诉求设计相应的评价指标，再根据各个职能部门对客户诉求影响度设定权重，见表 6-3。

表 6-3　肯德科技基于集成供应链业务流程的绩效指标及权重分配

客户诉求	对应绩效指标	市场部	销售部	销售商务部	研发部	计划仓储部	制造部	采购部	工程部	品质管理部	售后服务部	财务管理部
订单准时	订单准时交付率		10%	15%	10%	30%	20%	10%		5%		
产品质量	客户开箱不良率				20%	10%	30%	20%	5%	15%		
产品价格	费用预算达成率	10%	15%		20%	5%	10%	10%		5%	5%	20%
客户服务	客户满意度		20%		10%	5%				5%	25%	35%

第七章
集成供应链业务流程信息化

业务流程信息化是业务流程再造五步法的最后一个步骤，随着信息化在企业管理过程中扮演的角色越来越重要，业务流程再造完成后，为了确保业务流程固化与落实，企业有必要科学规划业务流程信息化需求，并导入相应信息系统以提升企业集成供应链业务流程管理能力。

集成供应链业务流程信息化的系统有很多，最常见的有 MRP、MRP Ⅱ、OMS（Order Management System，订单处理系统）、MES、APS（Advanced Planning and Scheduling System，计划排产系统）、QMS（Quality Management System，质量管理系统）、WMS（Warehouse Management System，仓库管理系统）、SCM、ERP、OA（Office Automatic，办公自动化）等。

一、业务流程信息化规划

可以这么说，ERP 是企业信息化建设的最高境界，而从 MRP 开始，再到 MRP Ⅱ、DRP（Distribution Resource Planning，分销资源计划）、CRM、SCM、PLM、OA，最后才是 ERP。具体示意如图 7-1 所示。

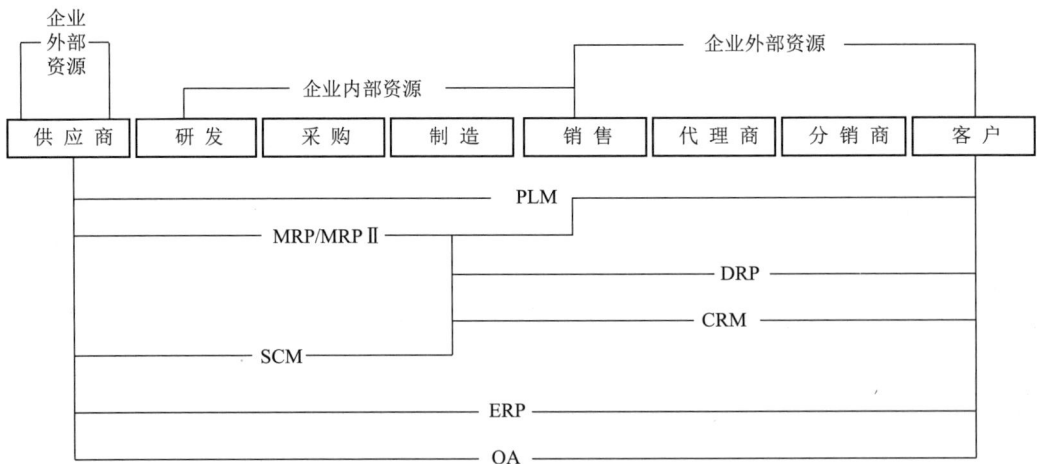

图 7-1　企业信息系统生态图（示意）

业务流程信息化规划是指根据企业发展战略及业务需要，在对企业业务流程全面优化与再造的基础上，结合行业信息化实践经验及企业实际、信息技术发展趋势等，提出符合企业实际需求的信息化建设目标及实施计划。

业务流程信息化规划核心工作包括企业业务蓝图绘制、企业业务逻辑关系分析、流程信息化需求识别、信息系统架构设计、信息系统选型、信息系统实施策略规划、信息系统实施预算、信息系统实施人员准备等。总之，企业业务流程信息化规划必须立足企业实际，支撑企业业务高效运营与发展战略实现。

业务信息化规划一般分为现状调研与需求分析、愿景制定与架构设计、项目规划与实施计划三大步骤：

（1）现状调研与需求分析阶段：旨在调查、分析企业业务战略、目标、需求和信息技术应用情况，通过对企业业务及信息化现状进行分析，并根据行业最佳实践和技术发展趋势，总结行业业务与信息化发展规律，为愿景制定与架构设计阶段提供基础和依据。

（2）愿景制定和架构设计阶段：旨在根据企业业务及信息化现状，结合行业最佳实践和技术发展趋势，对企业信息系统建设进行规划，指明企业在应用和管理信息技术方面的发展方向，指导信息技术结构和功能的设计，确定应该实施的技术解决方案和相关建议，回答企业未来应该如何应用信息技术的问题，使企业对信息化建设未来蓝图有一个较确切的认识和理解。

（3）项目规划和实施计划阶段：旨在通过比较信息化现状与信息化愿景，分析主要差距、找出改进机会、设定总体目标、明确实施计划、提出变革策略、进行风险分析、确定面临的挑战，项目组以此为基础确定整体的项目体系，提出建议实施的信息技术项目，设计信息系统项目工作包，制订项目的实施计划，设计主要的系统功能架构，进行投资估算，分析项目实施的效果、存在的风险以及建议采取的保障措施，明确主要数据及其信息流动关系，并提出项目进度安排及优先次序，为企业实现信息化建设蓝图提出明确的任务和完成方法。

【案例 7-1】浙江高科塑料信息化建设总体规划

从图 7-2 中可以看到，该企业信息系统分为四个层面，分别为分析系统、业务系统、自动化系统及支持平台，其中分析系统中的商业智能（BI）是完全基于业务系统（SCM、OMS、APS、MES、WMS、HRM、PLM、QMS、OA 以及 ERP），商业智能（BI）可以实时反映经营数据，同时也为企业决策层决策提供支持。另外，该企业的信息系统几乎涵盖了企业核心业务的各个方面，而自动化系统中的数据采集系统、自控系统、设备控制系统又为业务系统的正常运营提供了基础数据抓取和传递的功能。

分析系统	企业门户（Portal）						
	商业智能（BI）						
业务系统	供应链管理（SCM）	订单管理系统（OMS）					客户关系管理（CRM）
	供应商开发	计划排产（APS）		制造执行（MES）		仓储管理（WMS）	客户开发
	供应商管理	核心ERP系统					客户管理
	供应商门户						客户门户
	招标管理						报价管理
	采购合同管理	应付管理	资产管理	费用管理	预算管理	总账管理	销售合同管理
	人力资源系统（HRM）	组织管理	人事管理	薪酬管理	培训管理	招聘管理	绩效管理
	办公自动化系统（OA）						
		研发设计系统（PLM）			专业质量管理系统（QMS）		
自动化系统	数据采集系统、自控系统、设备控制系统						
支持平台	基础网络　网络安全　数据中心　系统管理　系统集成　服务器　操作系统　网络硬件						

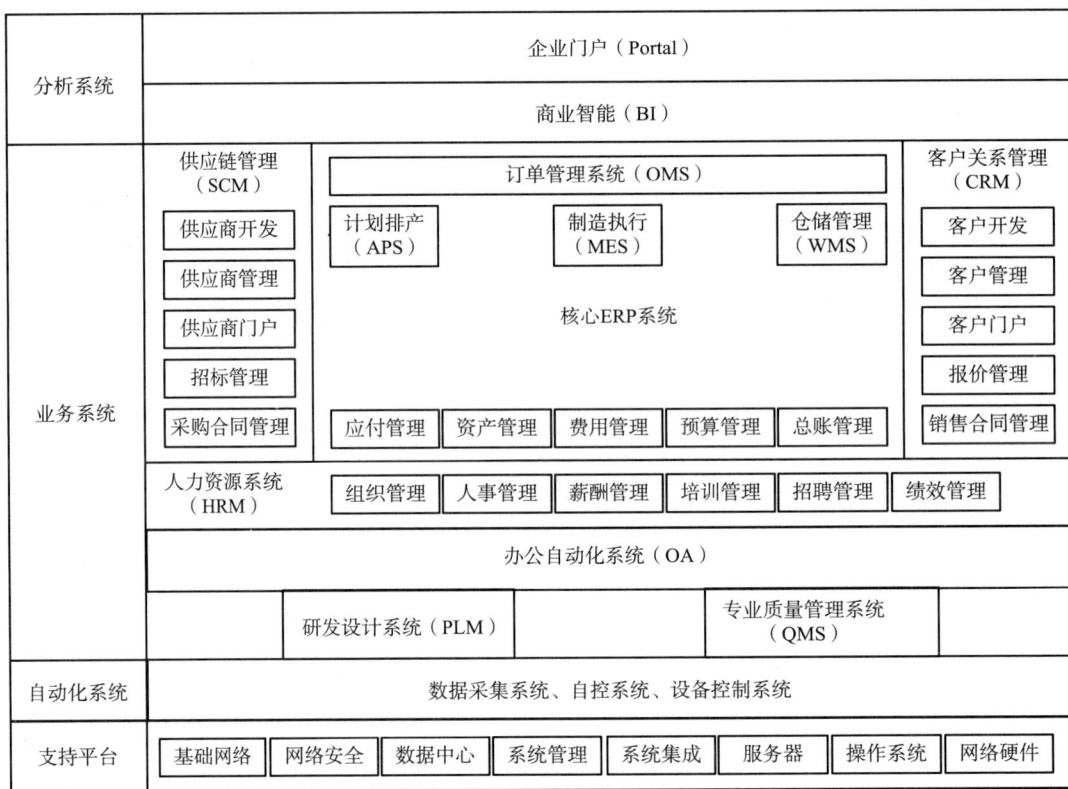

图 7-2　浙江高科塑料信息化建设总体规划（示意）

二、供应链信息系统与集成供应链业务流程信息化

与其他领域信息系统的快速发展一样，供应链领域的专业信息系统发展也是日新月异，这些信息系统的快速发展为企业实现集成供应链业务流程信息化提供了极大的帮助。

1. 供应链信息系统核心功能介绍

（1）SCM 核心功能。SCM 即供应链管理，是一种集成的管理思想和方法，它执行供应链中从供应商到最终用户的物流的计划和控制等职能。从单一的企业角度来看，是指企业通过改善上、下游供应链关系，整合和优化供应链中的信息流、物流、资金流，以获得企业的竞争优势。

根据 ERP 原理，SCM 是围绕核心企业，主要通过信息手段，对供应的各个环节中的各种物料、资金、信息等资源进行计划、调度、调配、控制与利用，形成用户、零售商、分销商、制造商、采购供应商的全部供应过程的功能整体。

供应链管理是相关联企业之间业务过程的链接管理。买卖双方处在供应链的两端，SCM 可以连接所有的领域，如供应商、消费者、仓库、批发商、零售商、发行人之间的物流管理、信息交换、服务和货物交换、制造商的货物制造等。SCM 要求所有处于供应链中的企业都能够以实时的模式协同工作，最大限度地降低存货。SCM 使得企业采用准时生产方式（JIT）成为可能，帮助企业减少存货周期，降低成本。

企业实施 SCM 系统，可以为企业带来如下帮助：

①提升预测的准确性。

②提高供应商供货能力。

③降低物料库存与资金占用。

④缩短生产周期，加快市场响应速度。

⑤减少工作流程周期，提高生产率，降低供应链成本。

企业在实施 SCM 系统的时候，密切相关的流程有供应商开发流程、合格供应商管理流程、供应商评价流程、物料需求计划管理流程、采购计划流程、采购下单流程、采购过程管理流程、生产过程管理流程、生产入库流程。

（2）OMS 核心功能。OMS 即订单管理系统，是从接受客户订单信息以及仓储管理系统发来的库存信息开始，按客户和紧要程度给订单归类，对不同仓储地点的库存进行配置，并确定交付日期的系统。

OMS 系统通常会包括订单接收、订单处理、订单确认、订单状态管理与查询等功能，可以实现以销定产、以销定计划等多种业务模式和功能。

（3）APS 核心功能。APS 即计划排产系统，这是一种利用先进的算法，在考虑企业资源（物料、产能、人员等）限制条件下，结合生产现场的控制与派工法则，规划可行的物料需求计划与生产排产计划，以满足订单交付需求。

（4）MES 核心功能。MES 即制造执行系统，是一套面向制造企业车间作业层面的生产信息化管理系统，MES 可以为企业提供包括：制造数据管理、计划排产管理、生产调度管理、库存管理、质量管理、设备及工装夹具管理、看板管理、生产过程管理、生产数据统计与分析等功能。

（5）WMS 核心功能。WMS 即仓库管理系统，是对原料 / 半成品 / 成品入库管理、出库管理、库存盘点、虚拟仓、渠道仓等进行管理。

（6）QMS 核心功能。QMS 即质量管理系统，是一套基于研发、制造质量管理相关的信息系统，其主要功能有进料检验、供应商质量管理、制造过程质量管理、售后质量管理、质量问题分析与改善等。

2. 供应链信息系统与集成研发业务流程信息化

针对集成供应链的业务系统有很多，每个系统都会解决集成供应链领域特定的问题，同时每个系统都会对相关的集成供应链业务流程进行固化，见表 7-1。

表 7-1　供应链信息系统对应集成供应链业务流程

供应链信息系统	对应集成供应链业务流程
SCM	供应商开发流程、合格供应商管理流程、供应商评价流程、物料需求计划管理流程、采购计划流程、采购下单流程、采购过程管理流程、采购合同管理流程、采购对账及付款流程等

供应链信息系统	对应集成供应链业务流程
OMS	销售订单管理流程、销售订单查询流程、销售计划管理流程等
APS	订单交付计划流程、物料需求计划流程、生产作业计划流程等
MES	生产过程管理流程、制程异常管理流程、生产统计与分析流程等
WMS	物料入库及出库流程、半成品入库及出库流程、成品入库及出库流程、仓储管理流程、客户退货管理流程、库存盘点流程等
QMS	物料品质检验流程、物料品质异常处理流程、制程质量检验流程、成品质量检验流程、客户开箱质量管理流程、品质异常处理流程等

三、ERP 与集成供应链业务流程信息化

ERP 即企业资源计划，是对企业物资资源（物流）、人力资源（人流）、财务资源（资金流）、信息资源（信息流）集成一体化的企业管理软件。从客户需求挖掘到客户服务全部拉通，并在前面提到的 SCM、OMS、APS、MES、WMS、QMS 等系统基础上，集成物流、人流、资金流和信息流。

ERP 的应用，不仅仅是引入一套现代化的管理软件，使企业的日常经营管理活动自动化，更重要的是它对企业传统的管理模式将进行根本性的变革，使其更加合理化、科学化。可以毫不夸张地说，企业应用 ERP 后效益的提高，一方面来自 ERP 软件本身，另一方面得益于业务流程重组。实际上，ERP 软件的功能实现要求企业必须进行一定的业务流程重组。ERP 软件的应用改变了传统的管理模式，它将企业的管理活动按照其功能分为财务、人力资源管理、绩效管理、计划、采购、生产等模块，这种模块化要求企业对原有的管理方法进行重新组织和安排，以保证 ERP 模块的正常运作。

事实上有人认为，企业实行业务流程再造（BPR）是应用 ERP 和推进信息化建设的基础，对推动企业管理现代化将起到积极的作用。有证据表明，在 ERP 导入之前进行业务重组或优化，将大大提高 ERP 系统的实施效果。

企业在导入 ERP 系统的时候可以按照以下思路进行：

（1）先规划，后导入。企业在正式导入 ERP 之前，需要对自己的流程体系进行全面细致的规划和分析，同时根据企业自己的战略定位和业务发展需要，明晰企业相关流程。

（2）先 BPR，后 ERP。同时，为了保证企业 ERP 系统的适应性，企业还需要对目前流程运作状况进行分析，并进行适当的优化和再造，保证流程体系的科学性。

四、OA 与集成供应链业务流程信息化

前面讲到，企业可以通过 SCM、OMS、APS、MES、WMS、QMS、ERP 等系统对集成供应链相关流程进行固化，但这些系统绝大多数都是以业务流程的固化为主，而且这些系统基本上也都是围绕物流、信息流和资金流展开的。那么有什么办法可以使企业的管理

流程进行全面固化，同时有没有系统是建立在以岗位和人为基础上的呢？

这就是下面要提到的协同管理平台，协同管理平台就是基于企业管理流程的固化，同时以岗位和人为核心的企业管理系统，通常称之为 OA 系统。

为了确保流程实现有效固化，企业流程 OA 化时需要把握以下几个原则：

（1）风险控制。在企业内部，可能会存在很多的风险控制点，诸如授权不当、滥用职权、评审点设置不合理、人员变动等，那么在这种状况下，企业就需要思考将这些关键控制点在协同平台上进行固化，避免人为地造成失控。

（2）知识传承。在企业内部还会经常面临这样的一些问题，诸如因为员工的离职或职位变动造成该岗位之前沉淀的一些知识和经验的丢失；员工大脑当中的优秀经验无法复制；员工办公电脑当中的数据、文档无法进行汇总分析和传递等。企业要想解决类似这样的问题，可以思考将与这些知识相关的流程在协同平台上进行固化，然后通过协同平台协助企业实现知识传承的目的。

（3）效率提升。企业进行流程再造最终的一个目的就是提升流程效率，企业可以利用 OA 强大的审批功能压缩审批环节，确保新供应链效率提升。

（4）系统集成。在很多企业，最难协同和解决的就是不同系统之间的集成问题，系统之间数据不兼容、数据不能共享，造成大量的人力浪费，同时也增加了数据分析的差错风险。在这种情况下，企业可以考虑通过协同平台将这些数据进行统一整合，由协同平台统一到不同的系统中抓取数据，然后在协同平台中统一生成报表系统并管理驾驶舱，方便企业查询和决策。

【案例 7-2】某企业集成供应链 OA 流程规划表

为了确保供应链流程落地执行，表 7-2 是我们帮助某企业规划的供应链 OA 流程。

表 7-2　某企业集成供应链 OA 流程规划表（部分）

流程编号	一、二级流程	OA 流程
P01	采购管理流程	采购计划审批流程
		采购订单审批流程
		采购订单变更审批流程
		采购付款计划审批流程
		采购付款申请审批流程
P0101	B、C 类物资采购流程	B、C 类物资采购订单审批流程
		B、C 类物资采购订单更审批流程
P0102	战略采购流程	战略采购计划审批流程
		战略采购订单审批流程
		战略采购订单更审批流程

续上表

流程编号	一、二级流程	OA 流程
P02	供应商开发和考评流程	供应商评估流程
		合格供应商名录审批流程
P03	委外加工流程	委外加工订单审批流程
		委外加工订单结算审批流程
P04	销售发货流程	销售发货申请流程
		销售开箱不良处理申请流程
		客户退货审批流程
		客户换货审批流程
P05	第三方物流管理流程	第三方物流承运商引进审批流程
		第三方物流订单审批流程
		第三方物流费用支付审批流程
P06	货物运输费用管理流程	……
P07	存货盘点流程	……
P08	呆滞料处理流程	……
P09	来料检验控制流程	……
P10	制程品质管控流程	……
P11	成品检验控制流程	……
P12	BOM[①]搭建流程	……
P13	生产计划实施流程	……
P14	生产准备与实施流程	……
P15	设备采购流程	……
P16	生产设备备品备件管理流程	……
P17	生产设备运维管理流程	……

---

① BOM：物料清单，英文全称 Bill of Material。

第三篇
集成供应链业务流程再造实践篇

以促进制造业创新发展为主题，以提质增效为中心，以加快新一代信息技术与制造业深度融合为主线，以推进智能制造为主攻方向，以满足经济社会发展和国防建设对重大技术装备的需求为目标，强化工业基础能力，提高综合集成水平，完善多层次、多类型人才培养体系，促进产业转型升级，培育有中国特色的制造文化，实现制造业由大变强的历史跨越。

——《中国制造 2025》

顺应公司事业领域多元化和经营地域国际化的趋势，我们将按照规模经济原则、比较成本原则和贴近顾客原则，集中制造关键基础部件和分散组装最终产品，在全国和世界范围内合理规划生产布局，优化供应链。

——《华为基本法》

企业存在的唯一理由就是客户还需要它。因此，企业集成研发、整合营销、集成供应链必须站在客户的立场上，为客户持续提供超越其期望的服务和产品。

——本书作者

第八章
工业品集成供应链业务流程再造

工业品是购买后用于加工生产或企业经营用的产品，工业品的消费者基本上都是企业客户，企业购买工业品的目的是投入到再生产过程中去。因此，工业品的消费具有以下特性：企业客户消费、供方与购方双方合作关系紧密、目标客户群体相对比较明确、购买者数量少但购买量比较大。

工业品可以分为工业材料或部件、资本性项目、供应品和服务等，其中：

（1）工业材料或部件是指直接用于生产过程，其价值全部转移到最终产品的物品，包括原材料及半成品、部件等。

（2）资本性项目是指用于辅助生产，其实体不形成最终产品，而是为生产提供间接帮助，其价值通过折旧、摊销的方式部分转移到最终产品，包括直接设备、附属设备等。

（3）供应品和服务是指不形成最终产品，价值较低、消耗较快的物品和服务。

本章以【案例 1-1】、【案例 3-3】、【案例 3-11】的工业材料为例，重点介绍工业品集成供应链核心业务流程全过程。

一、生产计划管理流程

生产计划管理流程的输入为产能数据、当月库存、自产产品库存预警标准、月度销售计划，输出为月度生产数据统计分析，增值方式为提升计划执行率，满足销售计划需求。图 8-1、表 8-1 至表 8-4 为生产计划管理流程全过程。

1. 流程图

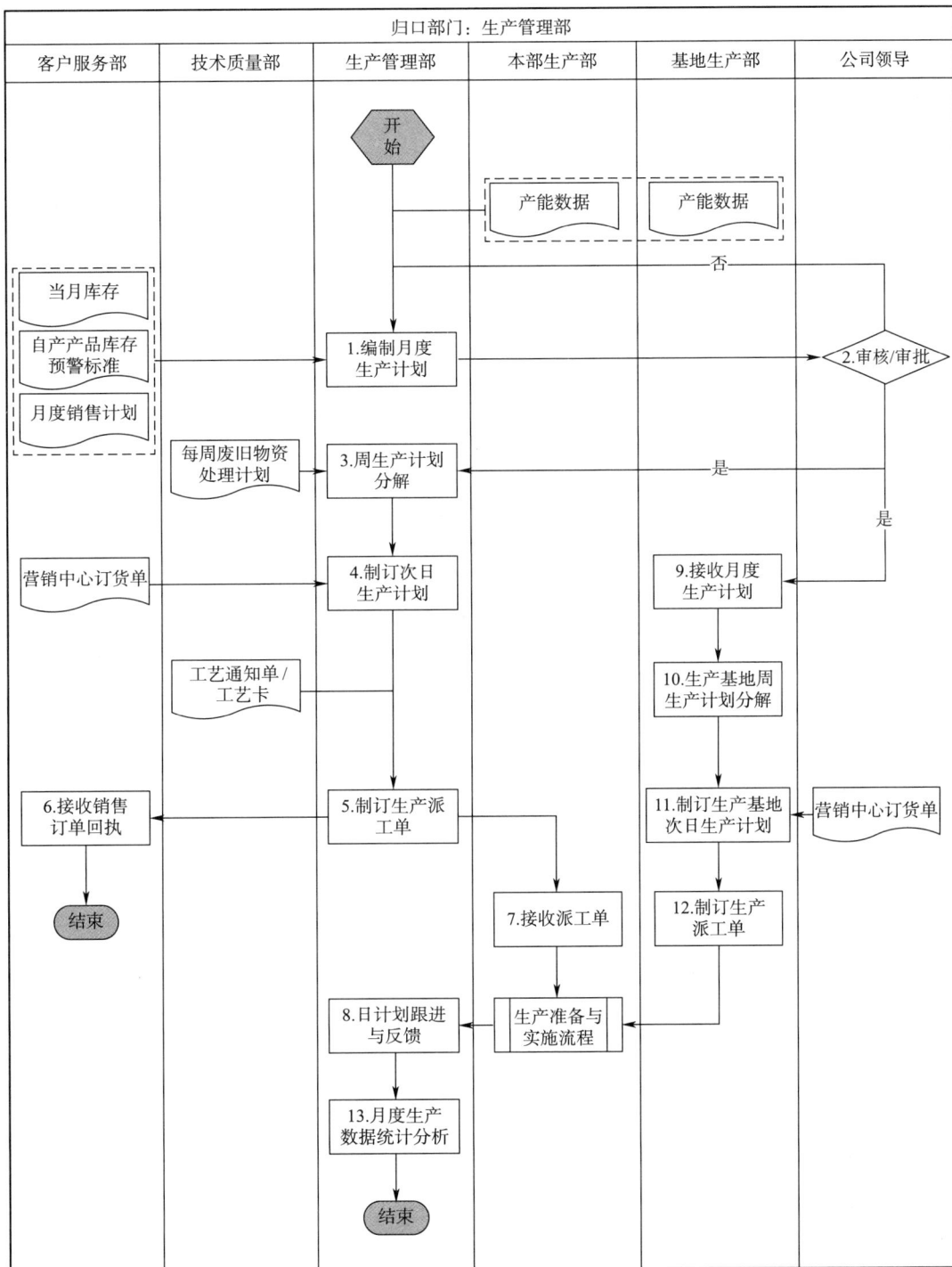

图 8-1 生产计划管理流程图

2. 流程步骤说明

表 8-1　生产计划管理流程步骤说明

流程步骤	步骤名称	流程步骤说明	相关制度/文件	相关表单
步骤 1	编制月度生产计划	责任人：生产管理部调度主管 依据：各基地当月库存、自产产品库存预警标准、月度销售计划、各基地产能数据 时间：当月 27 日前 输出：次月各基地"月度生产计划"	自产产品库存预警标准	月度生产计划
步骤 2	审核/审批	初审责任人：生产管理部经理 时间：0.5 天 会审：生产部经理会审"月度生产计划" 时间：0.5 天 审批责任人：生产中心总监 时间：0.5 天		
步骤 3	周生产计划分解	责任人：生产管理部调度主管 依据：本部周库存、自产产品库存预警标准、月度生产计划、周废旧物资处理计划 时间：周日之前 输出：本部次周"周生产计划表"	自产产品库存预警标准	周生产计划
步骤 4	制订次日生产计划	责任人：生产管理部调度员 依据：本部当日库存、营销中心订货单、自产产品库存预警标准、周生产计划表 时间：当日下午 4 点之前 输出：本部次日"日生产计划表"	自产产品库存预警标准	营销中心订货单、日生产计划表
步骤 5	制订生产派工单	责任人：生产管理部调度员 依据：本部次日"日生产计划表" 时间：当日下午 4 点半之前 输出：本部"生产派工单"		生产派工单
步骤 6	接收销售订单回执	责任人：客户服务部 依据：本部"营销中心订货单" 时间：接收营销中心订货单 30 分钟内 输出：本部营销中心订货单回执		
步骤 7	接收派工单	责任人：本部生产部生产班长 时间：当日下午 4 点半之前 进入"生产准备与实施流程"	生产准备与实施流程	
步骤 8	日计划跟进与反馈	责任人：生产管理部调度主管 输出：生产日报表、生产异常反馈单		生产日报表、生产异常反馈单
步骤 9	接收月度生产计划	责任人：基地生产部经理 时间：当日		

流程 步骤	步骤 名称	流程 步骤说明	相关制度 / 文件	相关 表单
步骤 10	生产基地周生产计划分解	责任人：基地调度员 依据：各基地当月库存、自产产品库存预警标准、月度生产计划 时间：周日之前 输出：各基地次周"周生产计划表"	自产产品库存预警标准	
步骤 11	制订生产基地次日生产计划	责任人：基地调度员 依据：各基地当日库存、各基地"营销中心订货单"、自产产品库存预警标准、各基地次周"周生产计划表" 时间：当日下午 4 点之前 输出：各基地次日"日生产计划表"	自产产品库存预警标准	
步骤 12	制定生产派工单	责任人：基地调度员 依据：各基地次日"日生产计划表" 时间：当日下午 4 点半之前 输出：各基地"生产派工单"、营销中心订货单回执 进入"生产准备与实施流程"	生产准备与实施流程	
步骤 13	月度生产数据统计分析	责任人：生产管理部统计员、本部 / 基地生产部经理 依据：月度生产计划、生产日报表、产成品入库单 时间：每月 1 日，每年 1 月 5 日之前 输出：月度生产数据统计分析报告		月度生产数据统计分析报告

3. 相关制度与文件

（1）自产产品库存预警标准。

（2）生产准备与实施流程。

4. 相关表单

（1）月度生产计划。

（2）周生产计划。

（3）营销中心订货单。

（4）日生产计划表。

（5）生产派工单。

（6）生产日报表。

（7）生产异常反馈单。

（8）月度生产数据统计分析报告。

5. 流程授权表

表 8-2　生产计划管理流程授权表

流程步骤	流程业务授权内容	提报	审核			审批
			初审	复核	会审	
步骤 1	月度生产计划	调度主管	生产管理部经理		本部生产部经理／基地总经理	生产中心总监
步骤 3	本部"周生产计划"	调度主管	生产管理部经理		本部生产部经理	生产中心总监
步骤 10	各基地"周生产计划"	调度员	基地生产部经理			基地总经理

6. 流程风险点

表 8-3　生产计划管理流程风险点

流程步骤	风险描述	控制措施	控制类型	控制频率	控制文档	相关部门
步骤 2	预测不准确、计划制订不准确	通过生产部、各基地生产部经理的会审和生产中心总监的审批，提高数据输入的规范性和数据输入的准确性	事前	月	基地当月库存表、自产产品库存预警标准、月度销售计划、各基地产能数据	生产管理部经理、本部生产部经理、基地总经理、基地生产部经理、生产中心总监、营销中心总监
步骤 3、步骤 9		通过周生产计划的分解，降低市场预测的风险	事前	周	自产产品库存预警标准、月度生产计划	生产管理部经理、本部生产部经理、基地总经理、基地生产部经理、生产中心总监
步骤 4、步骤 10		通过制订次日生产计划和日生产计划跟进与反馈，及时响应市场和生产日报表的要求	事中	随时	日库存、营销中心订货单、自产产品库存预警标准、次周周生产计划表、生产日报表	生产管理部经理、本部／基地生产部经理、大区经理
步骤 13		通过月度生产数据统计分析，提高计划准确性和供货及时率	事后	月	月度数据统计分析报告	生产管理部经理、本部／基地生产部经理、生产中心总监、基地总经理

7. 流程绩效指标

表 8-4　生产计划管理流程绩效指标

序号	绩效指标	指标定义	数据提供部门	考核周期
1	供货及时率	1-（延迟供货营销中心订货单数÷总订货单数）×100%	生产管理部	月／年

序号	绩效指标	指标定义	数据提供部门	考核周期
2	生产计划达成率	实际产量 ÷ 计划产量 ×100%	生产管理部	月 / 年
3	回用料使用率	回用料实际使用量 ÷ 计划使用量 ×100%	生产管理部	月 / 年

二、采购管理流程

采购管理流程的输入为年度经营计划、月度销售计划、月度生产计划，输出为月度采购总结，增值方式为确保物料正常供应。图 8-2、表 8-5 至表 8-8 为采购管理流程全过程。

1. 流程图

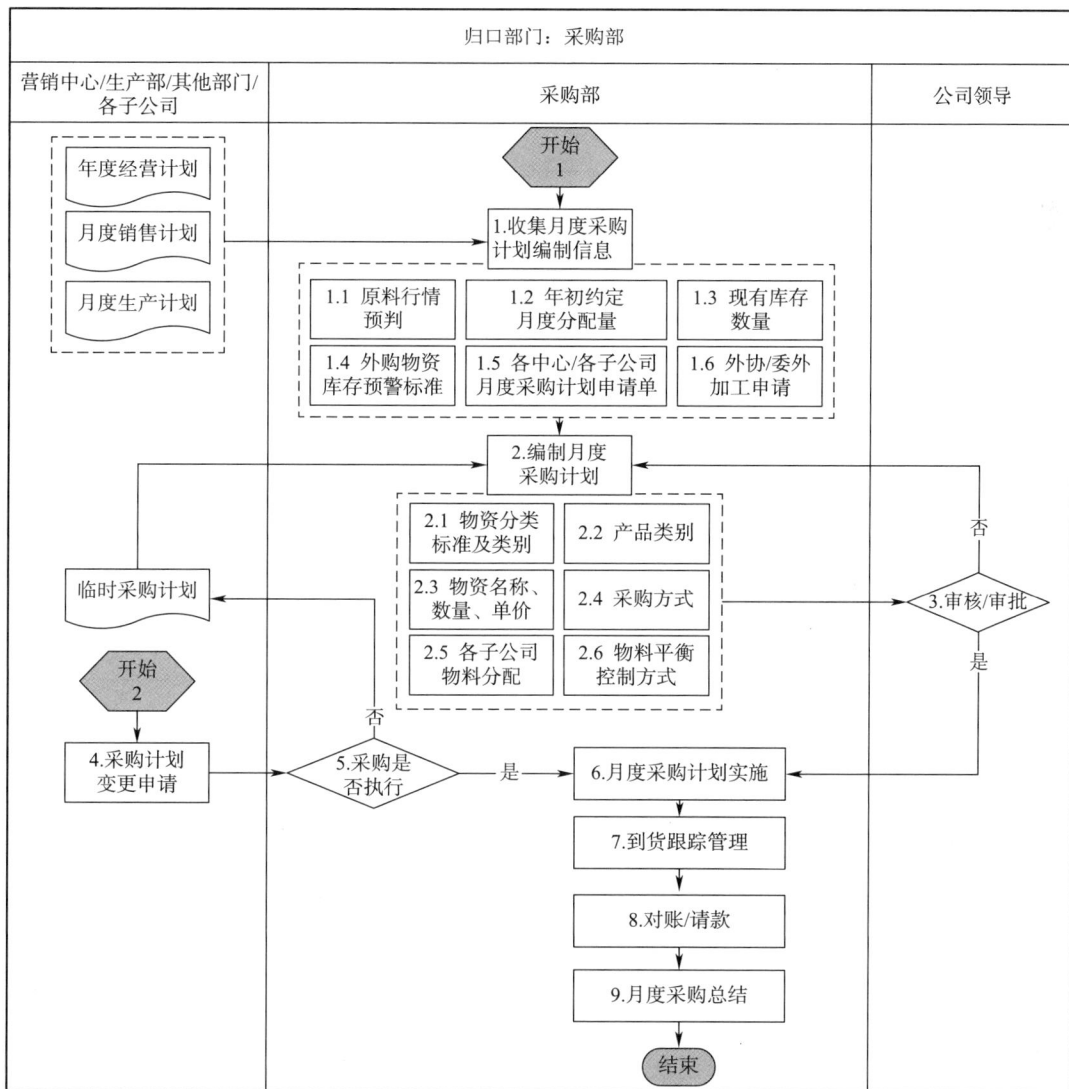

图 8-2 采购管理流程图

2. 流程步骤说明

表 8-5　采购管理流程步骤说明

流程步骤	步骤名称	流程步骤说明	相关制度 / 文件	相关表单
步骤 1	收集月度采购计划编制信息	责任人：采购部经理 依据：年度经营计划、月度销售计划、月度生产计划 时间：每月 20 ~ 25 日 输出：原料行情预判、年约月度分配量、现有库存数量、外购物资库存预警管理标准、各中心月度采购申请单；外协加工、维修、施工审批单	外购物资库存预警管理标准	采购申请单；外协加工、维修、施工审批单
步骤 2	编制月度采购计划	责任人：采购部经理 / 采购计划主管 计划内容包含：物资分类标准及类别、产品类别、物资数量与单价、采购方式、物料平衡控制方式 时间：每月 25 日 输出：月度采购计划汇总表、A 类物资月度管控计划		月度采购计划汇总表、A 类物资月度管控计划
步骤 3	审核 / 审批	审核：中心总监 时间：1 天 审批：总经理 时间：1 天 输出：月度采购计划汇总表		
步骤 4	采购计划变更申请	责任人：计划提报部门 输出：采购申请单、外协加工、维修、施工审批单		采购申请单；外协加工、维修、施工审批单
步骤 5	采购计划是否执行	责任人：跟单员 依据：采购计划执行进度 时间：若计划未执行，按照"临时采购计划"参照"步骤 2"流程执行		
步骤 6	月度采购计划实施	责任人：跟单员 依据：月度采购计划汇总表、合同管理流程 输出：采购订单	合同管理流程	采购订单
步骤 7	到货跟踪管理	责任人：跟单员 依据：采购订单		
步骤 8	对账 / 请款	责任人：跟单员 依据：入库单、业务明细账 输出：付款凭证		付款凭证
步骤 9	月度采购总结	责任人：采购部经理 时间：每月 5 日 / 每年 12 月 输出：月度物料采购分析报告		月度物料采购分析报告

3. 相关制度与文件

（1）外购物资库存预警管理标准。

（2）合同管理流程。

4. 相关表单

（1）采购申请单。

（2）月度采购计划汇总表。

（3）A类物资月度管控计划。

（4）采购订单。

（5）外协加工、维修、施工审批单。

（6）月度物料采购分析报告。

（7）付款凭证。

5. 流程授权表

表8-6 采购管理流程授权表

流程步骤	流程业务授权内容	提报	审核			审批
			初审	复核	会审	
步骤1、步骤4	采购申请单	各部门部长				中心总监
步骤1、步骤4	外协加工、维修、施工审批单	各部门部长				中心总监
步骤2	月度采购计划汇总表	采购部经理	中心总监			总经理
步骤9	月度物料采购分析报告	采购部经理				中心总监

6. 流程风险点

表8-7 采购管理流程风险点

流程步骤	风险描述	控制措施	控制类型	控制频率	控制文档	相关部门
步骤2	制定数据不准确，延误生产和销售	（1）拓宽收集市场行情信息渠道，提高市场行情敏感度能力 （2）提高编制月度采购计划准确性 （3）深入业务，详细了解具体产销存供情况，提高审核决断能力	事前、事中	月	年度经营计划、月度销售计划、月度生产计划	采购部、中心总监、总经理

7. 流程绩效指标

表8-8 采购管理流程绩效指标

序号	绩效指标	指标定义	数据提供部门	考核周期
1	采购到货及时率	到货及时批次 ÷ 总到货批次 ×100%	使用部门	月/年
2	库存周转率	出库总量 ÷ 库存量 ×100%	财务部	月/年

三、生产准备及实施流程

生产准备及实施流程的输入为生产派工单、工艺通知单，输出为月度指标、电耗数据统计分析，增值方式为确保生产准备充分，生产过程顺畅。图8-3、表8-9至表8-12为生产准备及实施流程全过程。

1. 流程图

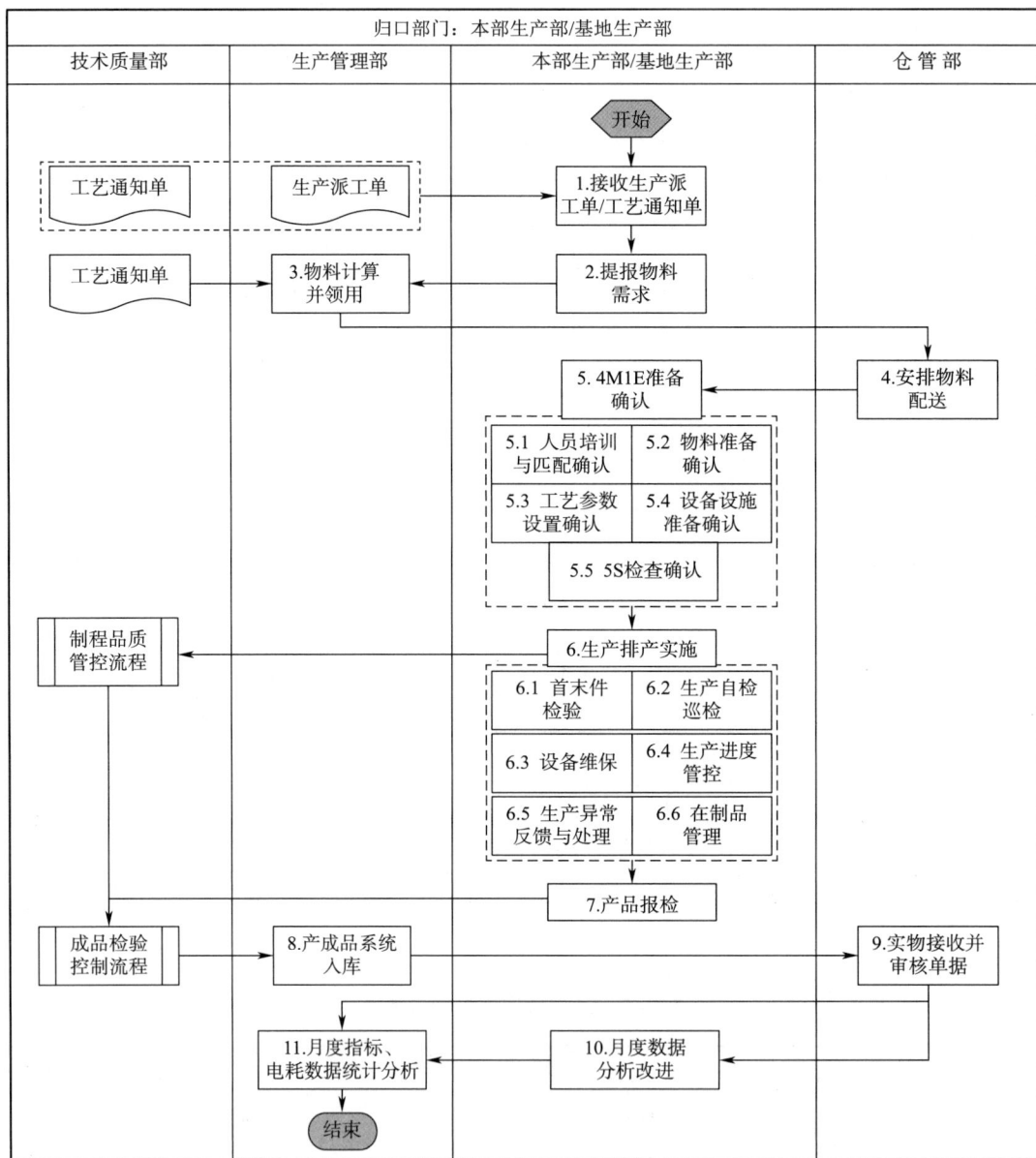

图8-3 生产准备及实施流程图

2. 流程步骤说明

表 8-9　生产准备及实施流程步骤说明

流程步骤	步骤名称	流程步骤说明	相关制度/文件	相关表单
步骤 1	接收生产派工单/工艺通知单	责任人：生产部生产班长 时间：当日下午 4 点半之前		生产派工单、工艺通知单
步骤 2	提报物料需求	责任人：生产部生产班长 依据：生产派工单、工艺通知单 时间：每天上午 9 点之前 输出：领料单		领料单
步骤 3	物料计算并领用	责任人：生产管理部调度员 依据：生产派工单、工艺通知单、车间原料盘点表 时间：每天上午 10 点之前 输出：材料出库单		车间原料盘点表、材料出库单
步骤 4	安排物料配送	责任人：仓管部 依据：材料出库单 时间：每天下午 3 点之前 输出：完成原料配送		
步骤 5	4M1E 准备确认	5.1 人员培训与匹配确认 责任人：生产部生产班长 依据：操作技能培训计划 时间：开机前 输出：4M1E 准备确认表	培训控制程序	操作技能培训计划、4M1E 准备确认表
		5.2 物料准备确认 责任人：生产部生产班长/主操 依据：生产派工单、工艺通知单、工艺规程 时间：设备开机前 输出：4M1E 准备确认表	工艺规程	原料水分报检单、上料混料记录
		5.3 工艺参数设置确认 责任人：生产部主操 依据：工艺卡、工艺规程 时间：设备开机前 输出：4M1E 准备确认表		工艺卡
		5.4 设备设施准备确认 责任人：生产部主操 依据：工艺规程 时间：设备开机前 输出：4M1E 准备确认表		
		5.5 5S 检查确认 责任人：生产部生产班长 依据：现场管理制度 输出：交接班记录中现场日清部分	现场管理制度	交接班记录

流程步骤	步骤名称	流程步骤说明	相关制度/文件	相关表单
步骤 6	生产排产实施	6.1 首末件检验 责任人：生产部班长/主操 依据：产品技术标准 输出：首末件检验记录	产品技术标准	首末件检验记录
		6.2 生产自检巡检 责任人：生产部班长/主操/普工 依据：产品技术标准 输出：自检巡检记录		自检巡检记录、过程监控记录、班组长巡检表
		6.3 设备维保 责任人：设备维保组主管 依据：设备维护保养计划 输出：设备维护保养记录	操作规程	设备维护保养记录、设备维修记录
		6.4 生产进度管控 责任人：生产部生产班长 时间：次日上午9点之前 依据：当日产量 输出：生产日报表		生产日报表
		6.5 生产异常反馈与处理 责任人：生产部生产班长 依据：生产异常处理管理办法 时间：出现生产异常30分钟内反馈 输出：生产异常反馈单	生产异常处理管理办法	
		6.6 在制品管控 责任人：生产部生产班长 依据：制程品质管控流程 输出：产成品入库单	制程品质管控流程	工序流转单
步骤 7	产品报检	责任人：生产普工 依据：生产派工单、当班生产数量、成品检验控制流程 时间：交接班前 输出：产品报检单	成品检验控制流程	产品报检单
步骤 8	产成品系统入库	责任人：生产调度员 依据：产品报检单 时间：当天 输出：产成品入库单		产成品入库单
步骤 9	实物接收并审核单据	责任人：仓管部 依据：产品报检单 时间：收到产品之后 输出：审核产成品入库单		

续上表

流程步骤	步骤名称	流程步骤说明	相关制度/文件	相关表单
步骤10	月度数据分析改进	责任人：生产部经理 依据：生产管理部提供的月度数据统计 时间：每月1日上午12点之前，每年1月5日之前 输出：产品指标统计分析表、产品电耗统计分析表		其他入库单、入库单、各基地月度数据统计分析报告
步骤11	月度指标、电耗数据统计分析	责任人：生产管理部统计员 依据：产品指标统计分析表、产品电耗统计分析表 时间：每月2日上午9点之前 输出：产品指标统计分析表、产品电耗统计分析表		月度数据统计分析报告

3. 相关制度与文件

（1）培训控制程序。

（2）工艺规程。

（3）现场管理制度。

（4）产品技术标准。

（5）操作规程。

（6）生产异常处理管理办法。

（7）制程品质管控流程。

（8）成品检验控制流程。

4. 相关表单

（1）生产派工单。

（2）工艺通知单。

（3）领料单。

（4）车间原料盘点表。

（5）材料出库单。

（6）操作技能培训计划。

（7）4M1E准备确认表。

（8）原料水分报检单。

（9）上料混料记录。

（10）工艺卡。

（11）交接班记录。

（12）首末件检验记录。

（13）自检巡检记录。

（14）过程监控记录。

（15）班组长巡检表。

（16）设备维护保养记录。

（17）设备维修记录。

（18）生产日报表。

（19）工序流转单。

（20）产品报检单。

（21）产成品入库单。

（22）其他入库单。

（23）入库单。

（24）月度数据统计分析报告。

5. 流程授权表

表 8-10　生产准备及实施流程授权表

流程步骤	流程业务授权内容	提报	审核			审批
			初审	复核	会审	
步骤 10	月度指标、电耗分析改进方案	各基地生产部统计员	各基地生产部经理		生产管理部经理	生产中心总监、基地总经理
步骤 11	月度生产指标、电耗数据统计分析	生产管理部统计员	生产管理部经理			生产中心总监

6. 流程风险点

表 8-11　生产准备及实施流程风险点

流程步骤	风险描述	控制措施	控制类型	控制频率	控制文档	相关部门
步骤 6	产品质量达不到质检标准	通过对生产排产过程的把控，保障产品品质	事前	随时	首末件检验记录、自检巡检记录等	生产部经理
步骤 10步骤 11	生产成本超标、生产效率低下	通过对月度指标、电耗数据统计分析，降低生产成本，改进生产效率	事后	月	产品指标统计分析表、产品电耗统计分析表等	生产管理部经理、本部/基地生产部经理、生产中心总监、基地总经理

7. 流程绩效指标

表 8-12　生产准备及实施流程绩效指标

序号	绩效指标	指标定义	数据提供部门	考核周期
1	能耗	月度单位电耗≤规定值	生产管理部	月/年
2	现场管理	现场管理考核标准	生产管理部	月/年
3	人均产能	（班组总产量÷班组总出勤天数）≥规定值	生产管理部	月/年
4	安全	不发生一般以上等级事故	安环部	月/年

四、销售发货流程

销售发货流程的输入为发货通知，输出为客户签字确认的发货回执单，其增值方式为确保及时、准确发货。图 8-4、表 8-13 至表 8-16 为销售发货流程全过程。

1. 流程图

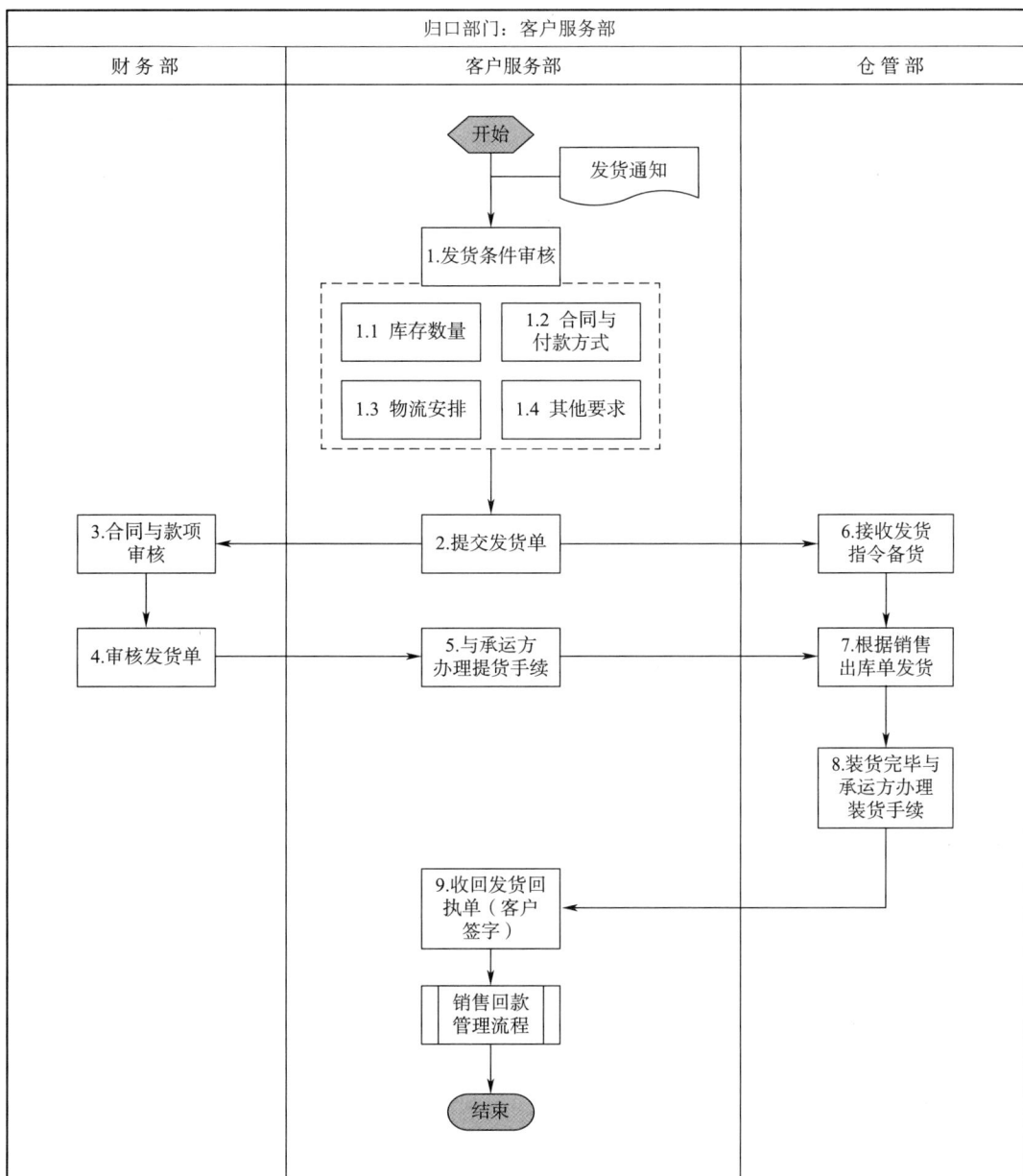

图 8-4　销售发货流程图

2. 流程步骤说明

表 8-13　销售发货流程步骤说明

流程步骤	步骤名称	流程步骤说明	相关制度 / 文件	相关表单
步骤 1	发货条件审核	责任人：客服专员 依据：库存数量、合同与付款方式、物流安排、其他要求 输出：发货单		
步骤 2	提交发货单	责任人：客服专员		
步骤 3	合同与款项审核	责任人：财务部销售会计 依据：合同与付款方式 输出：审核意见		
步骤 4	审核发货单	责任人：财务部销售会计 输出：发货单（ERP）		发货单
步骤 5	与承运方办理提货手续	责任人：客服专员 依据：发货单、物流安排、其他要求 输出：提货手续（委托发货协议或货物运输协议、出门证）		委托发货协议、货物运输协议、出门证
步骤 6	接收发货指令备货	责任人：仓管部保管员 依据：销售出库单		
步骤 7	根据销售出库单发货	责任人：仓管部保管员 依据：销售出库单（ERP）		销售出库单
步骤 8	装货完毕与承运方办理装货手续	责任人：仓管部保管员 依据：发货单或销售出库单、提货手续（委托发货协议或货物运输协议、公司出门证） 输出：装货手续		
步骤 9	收回发货回执单（客户签字）	责任人：客服专员 依据：提货手续（委托发货协议或货物运输协议） 输出：发货回执单	销售回款管理流程	

3. 相关制度与文件

销售回款管理流程。

4. 相关表单

（1）销售出库单（ERP）。

（2）发货单（ERP）。

（3）委托发货协议。

（4）货物运输协议。

（5）出门证。

5. 流程授权表

表 8-14　销售发货流程授权表

流程步骤	流程业务授权内容	提报	审核			审批
			初审	复核	会审	
—	—	—	—	—	—	—

6. 流程风险点

表 8-15　销售发货流程风险点

流程步骤	风险描述	控制措施	控制类型	控制频率	控制文档	相关部门
步骤 3	（1）存在客户逾期欠款催收不及时现象 （2）超额度发货，货款催收不及时	（1）每笔发货前审核货款情况，根据"总公司审批权限"进行审批 （2）及时汇总欠款分析发给营销中心，督促催收	事前	随时	发货单	营销中心
步骤 7	客户订单变更，仓管部备货后取消，增加发错货风险	仓管部根据销售出库单发货	事前	随时	销售出库单	仓管部

7. 流程绩效指标

表 8-16　销售发货流程绩效指标

序号	绩效指标	指标定义	数据提供部门	考核周期
1	供货及时率	及时供货批次 ÷ 总供货批次 ×100%	客户	月 / 年
2	供货准确率	供货准确单数 ÷ 总供货单数 ×100%	营销中心	月 / 年
3	装车及时性	装车及时车次 ÷ 总装车次数 ×100%（单车装车时间 ≤ 5 小时）	客户服务部	月 / 年

五、第三方物流管理流程

第三方物流管理流程的输入为物流承运商必备资质要求、准入评价要求、定期评价结果，输出为合格物流承运商清单，其增值方式为严格遵从流程承运商管理，确保物流承运商合格。图 8-5、表 8-17 至表 8-20 为第三方物流管理流程全过程。

1. 流程图

物流承运商	企管部/营销中心	客户服务部	公司领导

归口部门：客户服务部

```
                              ⬡ 开始1

                          ┌──────────────┐
                          │ 1.制定物流承运商 │ ←─────────────── 否
                          │ 分类及评价标准   │
                          └──────────────┘
          ┌────────────┬────────────┬────────────┐
          │1.1 物流承运商│1.2 物流承运商│1.3 物流承运商│ → ◇ 2.审核/审批
          │必备资质要求  │准入评价要求  │定期评价     │
          └────────────┴────────────┴────────────┘
                                                      是

                          ┌──────────────┐                  否
                          │ 3.收集、筛选、  │ ─────────────→ ◇ 4.会审/审批
                          │ 确定满足条件    │
                          │ 的物流承运商    │
                          └──────────────┘                  是

   年度销售计划    │ 6.编制年度物流  │ ← │ 5.发布合格    │
                 │ 承运商考察/     │   │ 物流承运商    │
                 │ 开发计划        │   │ 清单         │

                 │ 7.实施月度物流  │ → │ 8.备选物流    │
                 │ 承运商考察/     │   │ 承运商资质评价 │
                 │ 开发计划        │

   │9.企管部参与│   │ 9.组织现场  │
   │审核       │   │ 考察       │

                          ┌──────────────┐                  否
                          │ 10.填报新增物流 │ ─────────────→ ◇ 11.审核/审批
                          │ 承运商评价表    │
                          └──────────────┘                  是

   │ 13.组织季度/年度│ ← │ 12.发布合格    │
   │ 物流承运商评价  │   │ 物流承运商清单 │

│15.反馈物流│ ← │ 14.更新合格    │
│承运商     │   │ 物流承运商清单 │

                          │ 16.资料归档 │

                              ⬭ 结束
```

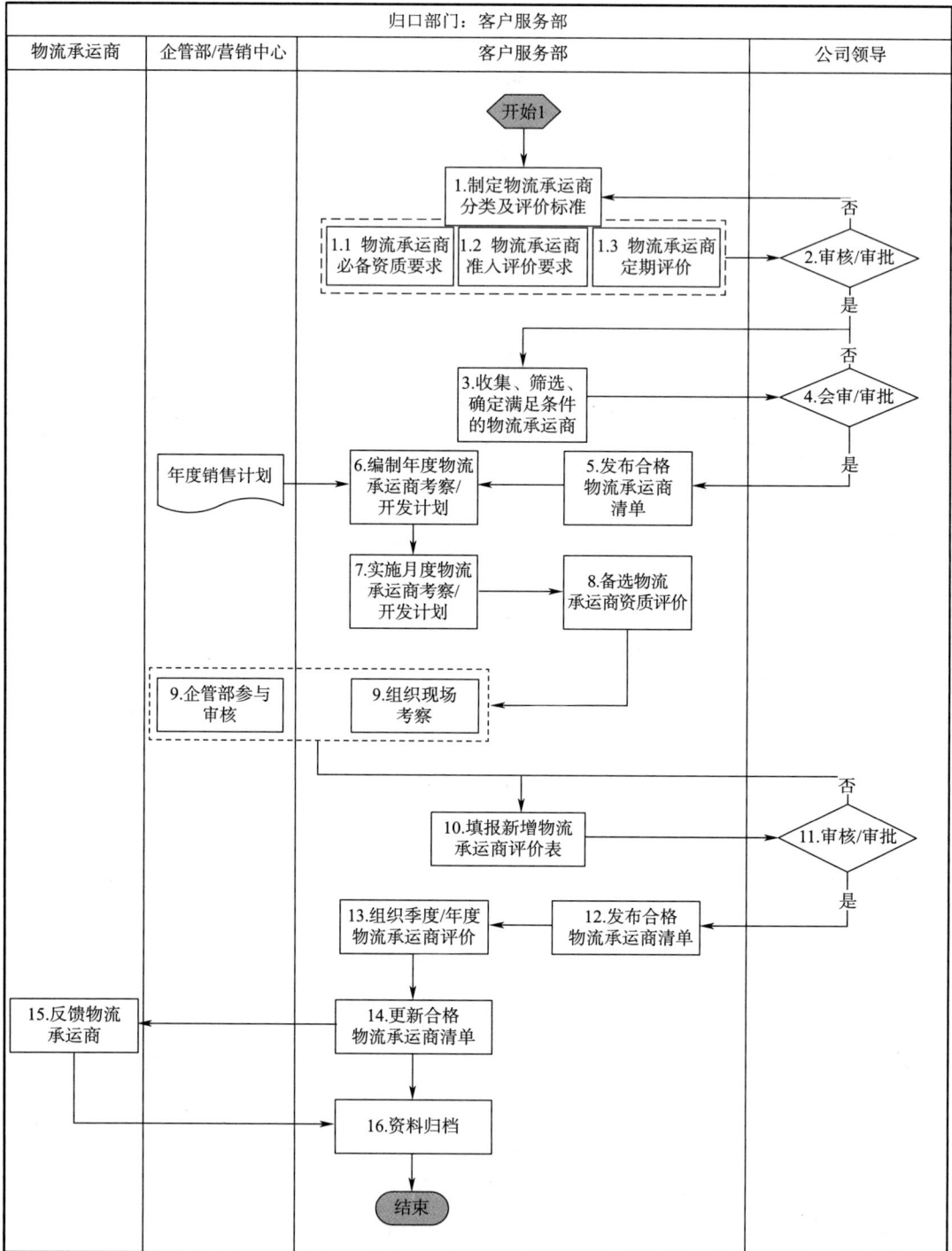

图 8-5　第三方物流管理流程图

2. 流程步骤说明

表 8-17　第三方物流管理流程步骤说明

流程步骤	步骤名称	流程步骤说明	相关制度 / 文件	相关表单
步骤 1	制定物流承运商分类及评价标准	责任人：客户服务部经理 依据：物流承运商必备资质要求、准入评价要求、定期评价结果 输出：物流承运商分类及评价标准	物流承运商分类及评价标准	
步骤 2	审核 / 审批	初审：客户服务部经理 时间：1 天 会审：企管部、采购部 时间：1 天 审批：中心总监 时间：1 天		
步骤 3	收集、筛选、确定满足条件的物流承运商	责任人：客户服务部计划主管 依据：物流承运商分类及评价标准 输出：满足条件的物流承运商清单		物流承运商信息登记表
步骤 4	会审 / 审批	会审：企管部 时间：0.5 天 审批：中心总监 时间：0.5 天		
步骤 5	发布"合格物流承运商清单"	责任人：客户服务部计划主管 依据：物流承运商分类及评价标准 时间：每年 12 月 28 日前 输出：合格物流承运商清单		合格物流承运商清单
步骤 6	编制年度物流承运商考察 / 开发计划	责任人：客户服务部计划主管 依据：年度销售计划、现有承运能力 时间：每年 12 月 28 日前 输出：年度物流承运商考察 / 开发计划		
步骤 7	实施月度物流承运商考察 / 开发计划	责任人：客户服务部计划主管 依据：月度销售计划、现有承运能力 输出：年度物流承运商考察 / 开发计划实施记录		
步骤 8	备选物流承运商资质评价	责任人：客户服务部计划主管 依据：承运能力、运营资质、风险承担能力 输出：备选物流承运商资质评价报告		
步骤 9	组织现场考察	责任人：客户服务部计划主管 依据：物流承运商分类及评价标准 输出：物流调研报告		物流调研报告
步骤 9	企管部参与审核	责任人：企管部 依据：物流承运商分类及评价标准 输出：物流承运商信息登记表		

流程步骤	步骤名称	流程步骤说明	相关制度／文件	相关表单
步骤 10	填报新增"物流承运商评价表"	责任人：客户服务部计划主管 依据：新增物流承运商资质评价报告 输出：物流承运商评价表		物流承运商评价表
步骤 11	审核／审批	初审：客户服务部经理 会审：企管部 审批：中心总监		
步骤 12	发布"合格物流承运商清单"	责任人：客户服务部计划主管 依据：物流承运商分类及评价标准、月度分析报告 时间：补充后 2 日内 输出：合格物流承运商清单		
步骤 13	组织季度／年度物流承运商评价	责任人：客户服务部计划主管 依据：合格物流承运商清单、货物运输管理制度 时间：每季度第一个月 5 日前 输出：物流承运商业绩评价表	货物运输管理制度	
步骤 14	更新"合格物流承运商清单"	责任人：客户服务部计划主管 依据：物流承运商业绩评价表 输出：合格物流承运商清单		
步骤 15	反馈物流承运商	责任人：客户服务部计划主管 依据：物流承运商业绩评价表		
步骤 16	资料归档	责任人：客户服务部计划主管 依据：档案管理标准	档案管理标准	

3. 相关制度与文件

（1）物流承运商分类及评价标准。

（2）货物运输管理制度。

（3）档案管理标准。

4. 相关表单

（1）物流承运商信息登记表。

（2）合格物流承运商清单。

（3）物流调研报告。

（4）物流承运商评价表。

5. 流程授权表

表 8-18　第三方物流管理流程授权表

流程步骤	流程业务授权内容	提报	审核			审批
			初审	复核	会审	
步骤 1	物流承运商分类及评价标准	客户服务部计划主管	客户服务部经理		企管部、采购部经理	中心总监
步骤 4、步骤 14	合格物流承运商清单	客户服务部计划主管	客户服务部经理		企管部经理	中心总监
步骤 10	物流承运商评价表	客户服务部计划主管	客户服务部经理		企管部经理	中心总监

6. 流程风险点

表 8-19　第三方物流管理流程风险点

流程步骤	风险描述	控制措施	控制类型	控制频率	控制文档	相关部门
步骤 4、步骤 11	（1）物流承运商信息有瞒报事项，存在风险（2）物流承运商资质信息、背景了解不准确	（1）客户服务部经理对物流承运商信息进行审查（2）企管部参与资质审查及现场考察	事前	随时	物流承运商分类及评价标准、物流承运商信息登记表等	客户服务部

7. 流程绩效指标

表 8-20　第三方物流管理流程绩效指标

序号	绩效指标	指标定义	数据提供部门	考核周期
1	承运商开发完成率	承运商开发数量 ÷ 承运商开发计划数量 ×100%	企管部	月 / 年
2	承运商评价及时率	评价及时次数 ÷ 总评价次数 ×100%	企管部	季 / 年
3	运输损失	年度累计损失 < 2000 元	财务部	年

六、存货盘点流程

存货盘点流程的输入为存货信息，输出为库存盘点结果，其增值方式为确保存货账实相符，降低呆滞风险。图 8-6、表 8-21 至表 8-24 为存货盘点流程全过程。

1. 流程图

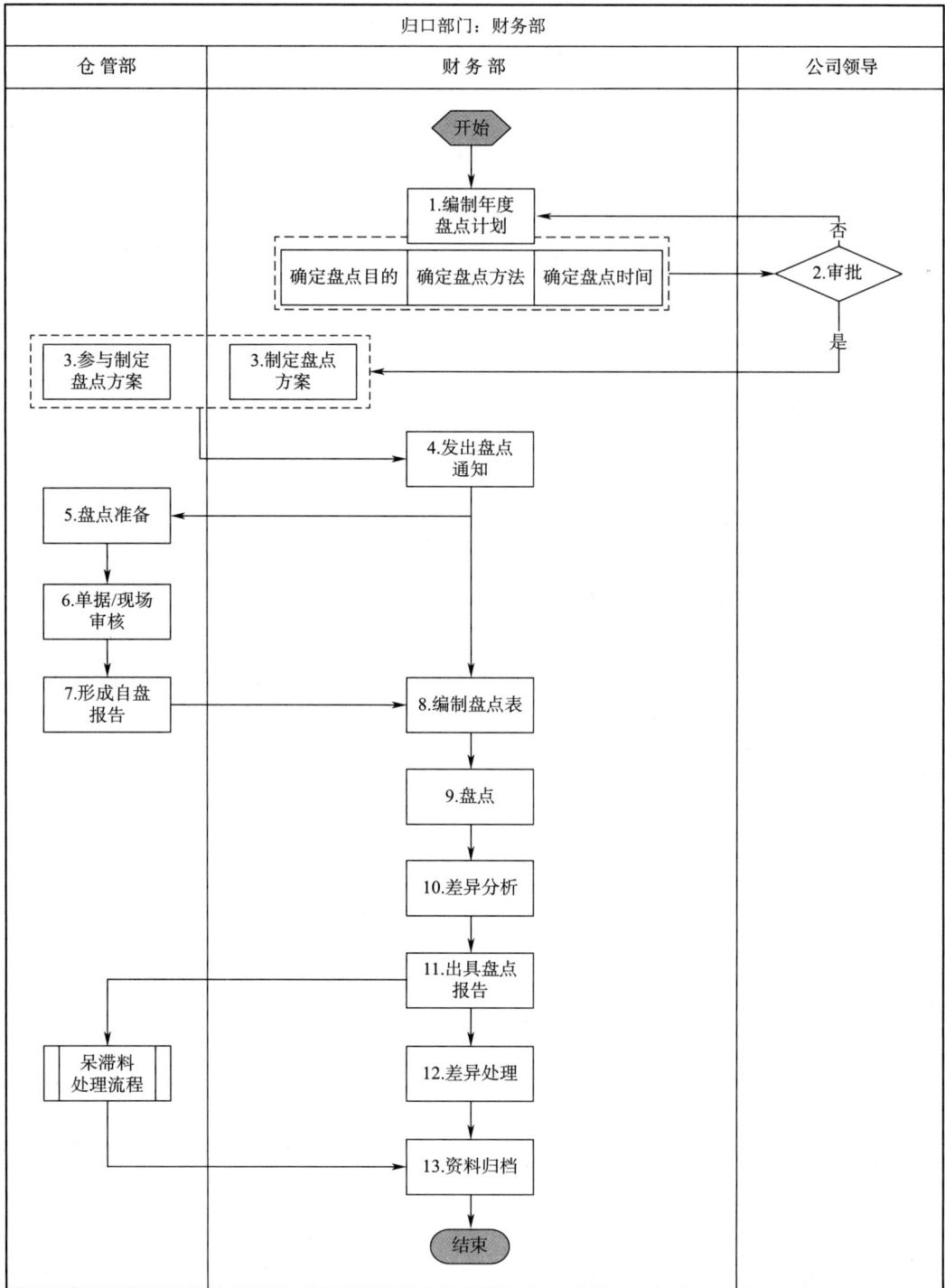

图 8-6 存货盘点流程图

2. 流程步骤说明

表 8-21　存货盘点流程步骤说明

流程步骤	步骤名称	流程步骤说明	相关制度 / 文件	相关表单
步骤 1	编制年度盘点计划	责任人：财务部经理 时间：12 月 10 日 输出：年度存货盘点计划		年度存货盘点计划
步骤 2	审批	审批：中心总监 时间：1 天 输出：年度存货盘点计划		
步骤 3	制定盘点方案	责任人：财务部经理 制定依据：年度存货盘点计划 方案内容包含：盘点目的、方法、时间 输出：存货盘点方案	存货盘点方案	
步骤 3	参与制定盘点方案	责任人：仓管部经理 制定依据：年度存货盘点计划 输出：存货盘点方案		
步骤 4	发出盘点通知	责任人：财务部经理 依据：存货盘点方案 输出：发送盘点通知		
步骤 5	盘点准备	责任人：仓管部保管员 依据：存货盘点方案		
步骤 6	单据 / 现场审核	责任人：仓管部保管员 依据：仓管部作业指导书、仓储物资管理标准	仓管部作业指导书、仓储物资管理标准	
步骤 7	形成自盘报告	责任人：仓管部统计员 依据：仓管部自盘盘点结果 时间：每月 25 日 输出：自盘存货盘点报告		存货盘点报告
步骤 8	编制盘点表	责任人：财务部经理 编制依据：存货盘点方案、存货盘点报告 时间：存货盘点方案规定时间 输出：存货盘点表		存货盘点表
步骤 9	盘点	责任人：财务部 / 仓管部人员 依据：存货盘点方案、存货盘点表 时间：存货盘点方案规定时间 输出：存货盘点差异明细		
步骤 10	差异分析	责任人：财务部经理 依据：存货盘点差异明细 时间：存货盘点方案规定时间 输出：存货盘点差异分析		
步骤 11	出具盘点报告	责任人：财务部经理 依据：存货盘点差异明细与分析结果 时间：存货盘点方案规定时间 输出：存货盘点报告、呆滞产品预警表		存货盘点报告、呆滞产品预警表

流程步骤	步骤名称	流程步骤说明	相关制度／文件	相关表单
步骤 12	差异处理	责任人：财务部经理 依据：存货盘点报告		
步骤 13	资料归档	责任人：财务部经理／仓管部经理 依据：档案管理标准	档案管理标准	

3. 相关制度与文件

（1）存货盘点方案。

（2）仓储物资管理标准。

（3）仓管部作业指导书。

（4）档案管理标准。

4. 相关表单

（1）年度存货盘点计划。

（2）存货盘点表。

（3）存货盘点报告。

（4）呆滞产品预警表。

5. 流程授权表

表 8-22　存货盘点流程授权表

流程步骤	流程业务授权内容	提报	审核			审批
			初审	复核	会审	
步骤 2	年度存货盘点计划	财务部经理	中心总监			财务总监
步骤 7	自盘"存货盘点报告"	仓管部统计员	仓管部经理			中心总监
步骤 11	存货盘点报告	财务部经理	中心总监			总经理
步骤 13	呆滞产品预警表	仓管部统计员	仓管部经理			中心总监

6. 流程风险点

表 8-23　存货盘点流程风险点

流程步骤	风险描述	控制措施	控制类型	控制频率	控制文档	相关部门
步骤 2、 步骤 11	不按照盘点流程盘点导致公司资产流失	通过制订"年度存货盘点计划"，保证盘点流程的执行，提升盘点覆盖率	事前	年	年度存货盘点计划	财务部、中心总监
		财务部定期出具"存货盘点报告"，提升盘点能力	事中	月	存货盘点表、存货盘点报告	财务部、仓管部

7.流程绩效指标

表 8-24　存货盘点流程绩效指标

序号	绩效指标	指标定义	数据提供部门	考核周期
1	盘点覆盖率	盘点种类数量 ÷ 存货种类总数 ×100%	财务部	月 / 年
2	库存差异次数	差异次数 ≤ 种	财务部	月 / 年

七、呆滞料处理流程

呆滞料处理流程的输入为月度盘点表，输出为呆滞料处理分析报告，其增值方式为减少库存呆滞，提升库存周转效率。图 8-7、表 8-25 至表 8-28 为呆滞料处理流程全过程。

1.流程图

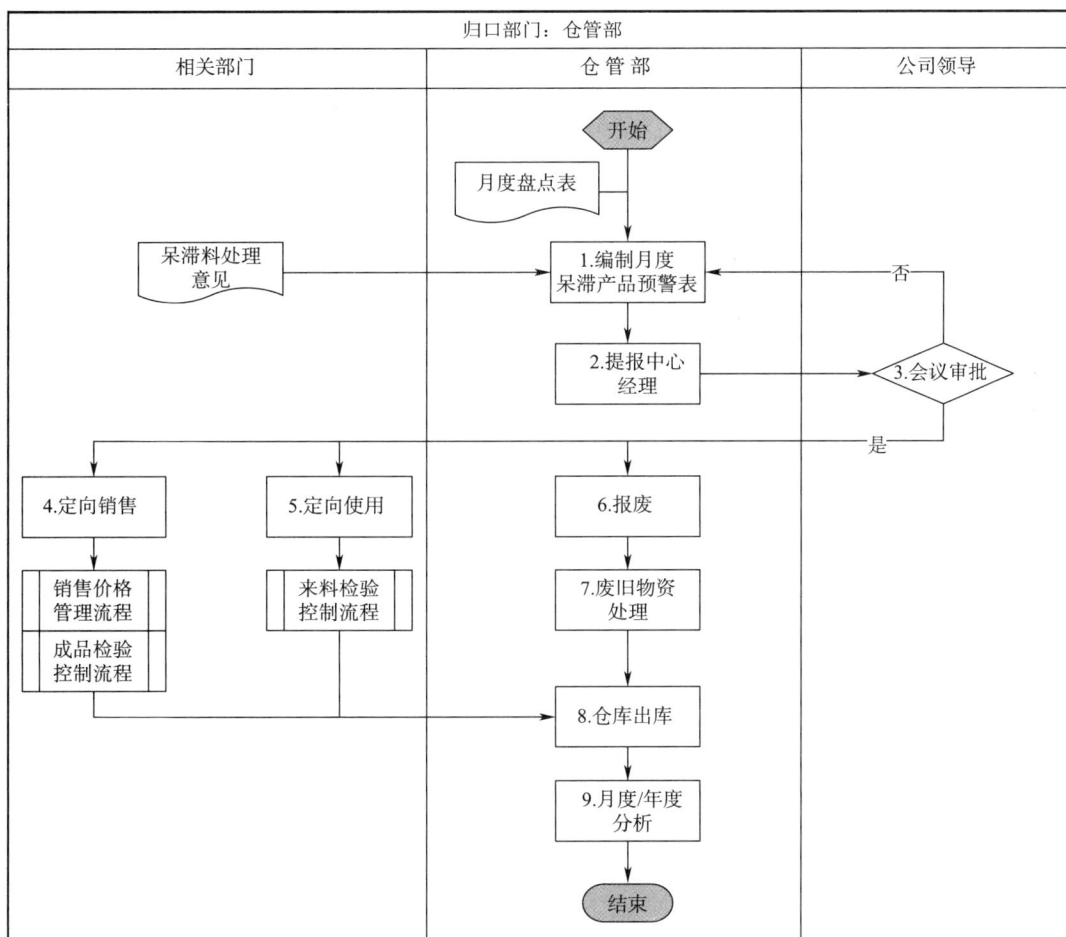

图 8-7　呆滞料处理流程图

2. 流程步骤说明

表 8-25　呆滞料处理流程步骤说明

流程步骤	步骤名称	流程步骤说明	相关制度 / 文件	相关表单
步骤 1	编制月度呆滞产品预警表	责任人：仓管部统计员 编制依据：月度盘点表、呆滞料处理意见 时间：每月 26 日 输出：呆滞产品预警表		呆滞产品预警表
步骤 2	提报中心经理	责任人：仓管部经理 时间：每月 27 日 输出：呆滞产品预警表		
步骤 3	会议审批	初审责任人：中心总监 审批责任人：总经理 审批依据：呆滞料的质量、呆滞料可再利用的价值 时间：会议召开时 输出：呆滞料处理决议		
步骤 4	定向销售	责任人：营销中心总监 依据：呆滞料处理决议		
步骤 5	定向使用	责任人：相关部门部长 依据：呆滞料处理决议		
步骤 6	报废	责任人：仓管部经理 依据：呆滞料处理决议		
步骤 7	废旧物资处理	责任人：采购工程师 依据：废旧物资处理规定 输出：其他出库单	废旧物资处理规定	其他出库单
步骤 8	仓库出库	责任人：仓管部保管 出库依据：销售出库单、领料单、材料出库单、其他出库单	总公司审批权限汇总表	
步骤 9	月度 / 年度分析	责任人：仓管部经理 时间：每月 5 日 / 每年 12 月 10 日 输出：呆滞料处理分析报告		呆滞料处理分析报告

3. 相关制度与文件

（1）废旧物资处理规定。

（2）总公司审批权限汇总表。

4. 相关表单

（1）呆滞产品预警表。

（2）其他出库单。

（3）呆滞料处理分析报告。

5. 流程授权表

表 8-26　呆滞料处理流程授权表

流程步骤	流程业务授权内容	提报	审核			审批
			初审	复核	会审	
步骤 3	呆滞产品预警表	仓管部经理	中心总监		各部门负责人	总经理
步骤 9	呆滞料处理分析报告	仓管部经理				中心总监

6. 流程风险点

表 8-27　呆滞料处理流程风险点

流程步骤	风险描述	控制措施	控制类型	控制频率	控制文档	相关部门
步骤 3、步骤 7	（1）呆滞料定义不清晰，低于实际价值处理（2）呆滞料处理不及时	通过会议评审的方式，明确呆滞料定义和预警标准	事前	月	呆滞产品预警表、会议决议	各中心总监、总经理
		制定"废旧物资处理规定"，规范呆滞料报废管理	事中	月	废旧物资处理规定	财务部、采购部

7. 流程绩效指标

表 8-28　呆滞料处理流程绩效指标

序号	绩效指标	指标定义	数据提供部门	考核周期
1	呆滞产品预警表提报及时率	及时提报次数 ÷12×100%	中心总监	年
2	数据分析有效性	（1）及时提报数据分析：权重为 20%（2）数据的准确性：权重为 40%（3）发现问题和解决问题的能力：权重为 40%	中心总监	月 / 年

八、来料检验控制流程

来料检验控制流程的输入为物料标准，输出为来料质量分析，其增值方式为减少来料不良，及时处理来料异常。图 8-8、表 8-29 至表 8-32 为来料检验控制流程全过程。

1. 流程图

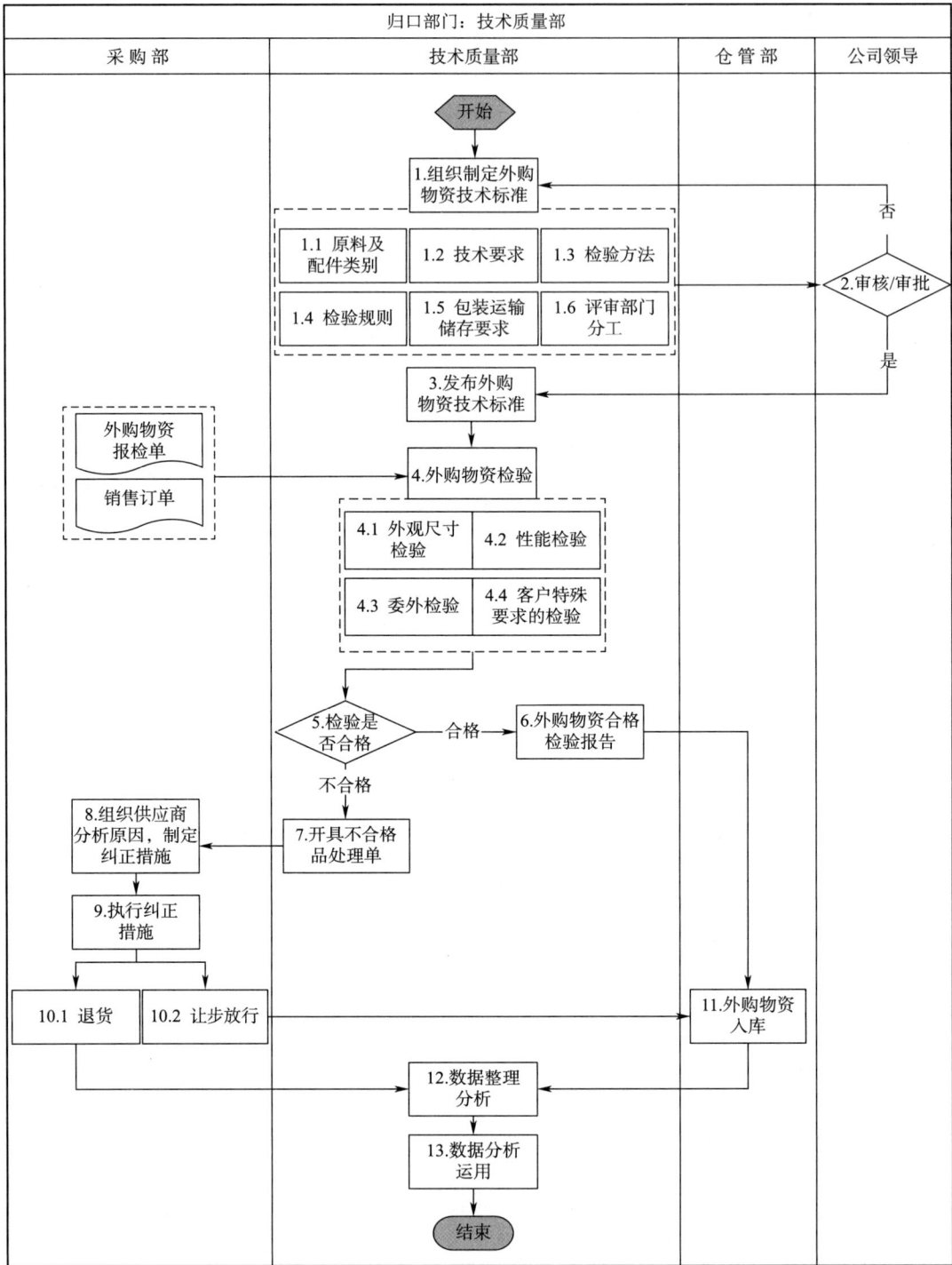

图 8-8　来料检验控制流程图

2. 流程步骤说明

表 8-29　来料检验控制流程步骤说明

流程步骤	步骤名称	流程步骤说明	相关制度 / 文件	相关表单
步骤 1	组织制定外购物资技术标准	责任人：技术质量部技术员 依据：相关标准、产品使用要求、供应商生产标准、文件编写导则 时间：根据文件修订计划和实际情况修订 输出：外购物资技术标准（V0.1）	文件编写导则	
步骤 2	审核 / 审批	初审：技术质量部经理 时间：2 天 会审：相关部门部长 时间：1 天 审批：技术中心总监 时间：1 天		
步骤 3	发布外购物资技术标准	责任人：技术质量部体系管理员 时间：1 天		
步骤 4	外购物资检验	责任人：技术质量部检验员 依据：技术标准、客户特殊要求的检验、检验和试验管理程序 时间：1 天 输出：（外购件及产品退货）检验记录、原材料检验报告	检验和试验管理程序	（外购件及产品退货）检验记录、原材料检验报告
步骤 5	检验是否合格	责任人：技术质量部检验员 依据：技术标准 输出：外购物资报检单		外购物资报检单
步骤 6	外购物资合格检验报告	责任部门：技术质量部检验员 时间：1 天 输出：外购物资报检单或外购物资检验报告		
步骤 7	开具不合格品处理单	责任人：技术质量部检验员 依据：技术标准、检验报告 输出：不合格品处理单		不合格品处理单
步骤 8	组织供应商分析原因，制定纠正措施	责任人：采购部采购主管 依据：外购物资报检单、不合格处理单 时间：2 天 输出：不合格品处理单		
步骤 9	执行纠正措施	责任人：供应商 依据：不合格品处理单 时间：双方约定		
步骤 10.1	退货	责任人：采购部采购主管 依据：不合格处理单		

流程 步骤	步骤 名称	流程步骤 说明	相关制度 / 文件	相关 表单
步骤 10.2	让步放行	责任人：采购部采购主管 依据：不合格品管理程序 时间：1 天 输出：让步放行申请单		让步放行申请单
步骤 11	外购物资 入库	责任人：仓管部保管员 依据：外购物资报检单、不合格品处理单、让步放行申请单 输出：入库单		入库单
步骤 12	数据整理 分析	责任人：技术质量部体系管理员 依据：外购物资报检单、不合格品处理单、让步放行申请单 时间：每月 1 日前 / 每年 1 月 5 日或 7 月 5 日前 输出：外购物资产品合格率统计表、外购物资质量分析报告		外购物资产品合格率统计表、外购物资质量分析报告
步骤 13	数据分析 运用	责任人：技术质量部质量主管、采购部采购主管 依据：外购物资产品合格率统计表 输出：供应商绩效考核评价表、供应商分级管理		供应商绩效考核评价表

3. 相关制度与文件

（1）文件编写导则。

（2）检验和试验管理程序。

4. 相关表单

（1）（外购件及产品退货）检验记录。

（2）原材料检验报告。

（3）外购物资报检单。

（4）不合格品处理单。

（5）让步放行申请单。

（6）入库单。

（7）外购物资产品合格率统计表。

（8）外购物资质量分析报告。

（9）供应商绩效考核评价表。

5. 流程授权表

表 8-30　来料检验控制流程授权表

流程步骤	流程业务授权内容	提报	审核			审批
			初审	复核	会审	
步骤2	外购物资技术标准	技术质量部技术员	技术质量部经理		采购部、生产部等负责人	技术中心总监
步骤4	原材料检验报告	技术质量部检验员				技术质量部经理
步骤7	不合格品处理单	技术质量部检验员	技术质量部经理			技术中心总监
步骤10	让步放行申请单	采购主管	采购部经理		技术质量部经理／技术中心总监	中心总监

6. 流程风险点

表 8-31　来料检验控制流程风险点

流程步骤	风险描述	控制措施	控制类型	控制频率	控制文档	相关部门
步骤1、步骤4、步骤7	（1）可导致产品加工实施流程延缓，增加废品损失（2）可导致产品质量事故	制定"外购物资技术标准"	事前	年	外购物资技术标准	技术质量部技术员
		（1）（外购件及产品退货）检验记录（2）原材料检验报告	事中	随时	检验报告	技术质量部检验员
		针对不合格外购物资，组织供应商分析原因，制定纠正措施	事中	随时	不合格品处理单	技术质量部检验员

7. 流程绩效指标

表 8-32　来料检验控制流程绩效指标

序号	绩效指标	指标定义	数据提供部门	考核周期
1	外购物资产品合格率	外购合格产品批次÷外购产品总批次100%	技术质量部	月／年
2	外购物资来料检验及时率	按期完成来料检验批次÷来料总批次100%	仓管部	月／年
3	外购物资检验准确率	实际合格批次÷来料总批次×100%	直接上级	月／年

九、制程品质管控流程

制程品质管控流程的输入为国家标准及企业年度经营计划，输出为制程品质分析报告，其增值方式为严格制程品质控制，降低制程品质不良。图 8-9、表 8-33 至表 8-36 为制程品质管控流程全过程。

1. 流程图

归口部门：技术质量部		
本部生产部/基地生产部/采购部	技术质量部	公司领导

国家标准

年度经营计划

开始

1.编制产品质量控制计划（通用）

| 1.1 控制过程 | 1.2 控制点及性质 | 1.3 控制要求 |
| 1.4 控制人员及频次 | 1.5 记录表单 | 1.6 控制措施 |

否

2.审核/审批

是

销售订单

3.发布产品质量控制计划（通用）

4.制定品控文件

5.首件产品自检/过程自检

6.品质判定 — 不合格

合格

7.生产实施

8.组织原因分析并整改

9.末件产品自检

11.全过程巡检

10.品质判定 — 不合格

合格

14.生产停机

13.组织整改并反馈

12.开具工艺质量巡检整改单

15.产品报检

16.数据整理分析

结束

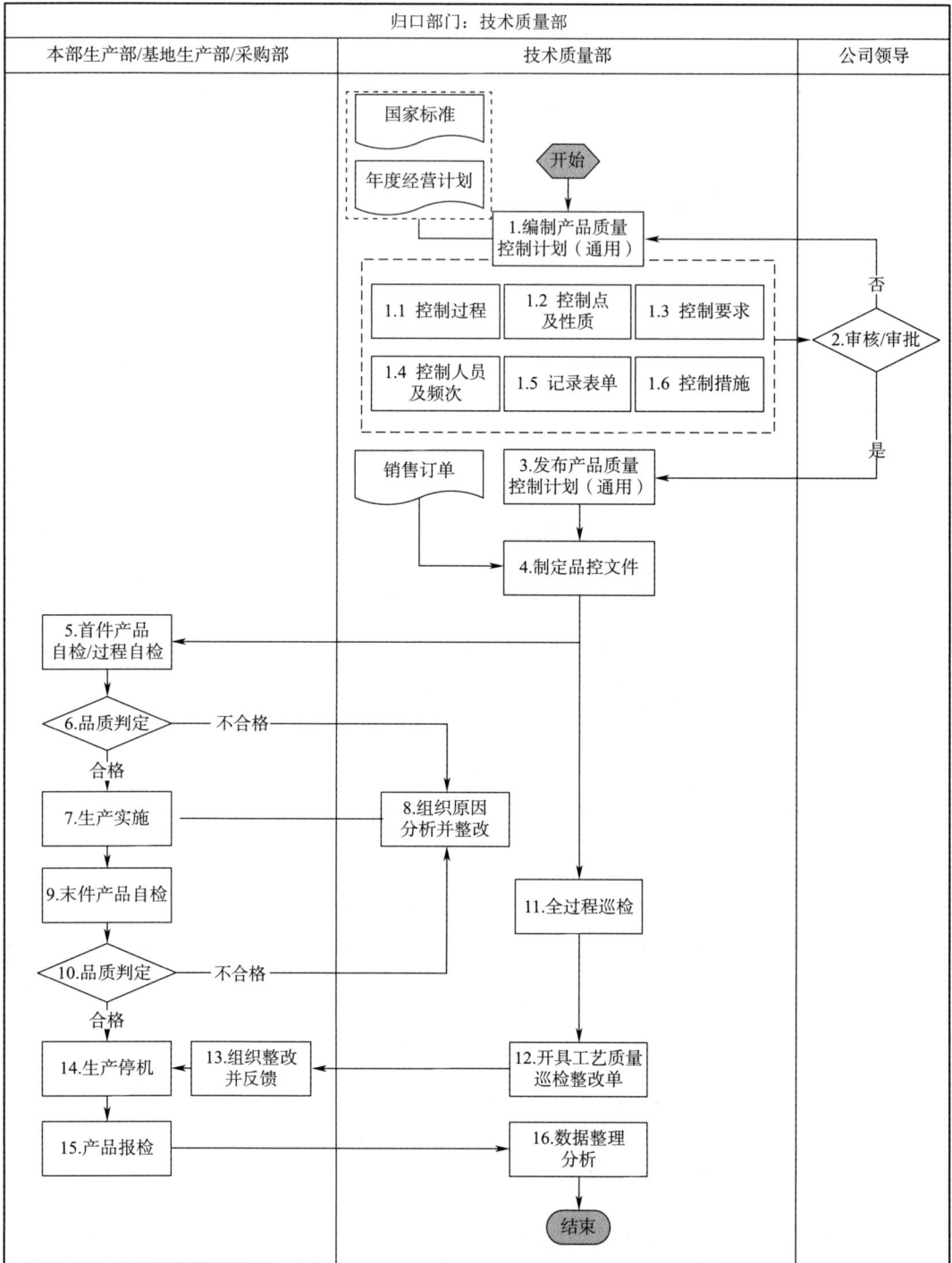

图 8-9　制程品质管控流程图

2. 流程步骤说明

表 8-33　制程品质管控流程步骤说明

流程步骤	步骤名称	流程步骤说明	相关制度/文件	相关表单
步骤 1	编制产品质量控制计划（通用）	责任人：技术质量部经理 依据：产品国家标准、年度经营计划 时间：根据实际情况修订 / 每 5 年重新修订 输出：产品质量控制计划	产品质量控制计划	
步骤 2	审批 / 审批	初审：技术质量部经理 时间：3 天 会审：生产部经理、采购部经理等 时间：2 天 审批：技术中心总监 时间：2 天		
步骤 3	发布产品质量控制计划（通用）	责任人：流程体系专员 时间：1 天 输出：产品质量控制计划（通用）		
步骤 4	制定品控文件	责任人：技术质量部技术员 依据：销售订单、产品质量控制计划 时间：1 天 输出：产品质量控制计划		
步骤 5	首件产品自检 / 过程自检	责任人：生产主操 依据：产品技术标准、产品工艺规程、产品质量控制计划 输出：首末件检验记录、自检巡检记录	检验和试验管理程序	首末件检验记录、自检巡检记录
步骤 6	品质判定	责任人：生产班长 依据：产品技术标准		
步骤 7	生产实施	品质判定合格时： 责任人：生产作业员 依据：生产实施流程	生产实施流程	
步骤 8	组织原因分析并整改	品质判定不合格时： 责任人：技术质量部技术员 / 生产主操 输出：不合格原因及整改措施	不合格品管理程序	
步骤 9	末件产品自检	责任人：生产作业员 依据：产品技术标准 输出：首末件检验记录		
步骤 10	品质判定	责任人：生产班长 依据：产品技术标准 输出： （1）品质判定合格时，执行步骤 14 （2）品质判定不合格时，执行步骤 8		

续上表

流程步骤	步骤名称	流程步骤说明	相关制度/文件	相关表单
步骤 11	全过程巡检	责任人：技术质量部检验员 依据：产品技术标准、产品工艺规程、产品质量控制计划 输出：工艺质量巡检记录		工艺质量巡检记录
步骤 12	开具工艺质量巡检整改单	责任人：技术质量部检验员 依据：产品技术标准、产品工艺规程、产品质量控制计划 输出：工艺质量巡检整改单		工艺质量巡检整改单
步骤 13	组织整改并反馈	责任人：技术质量部检验员 依据：工艺质量巡检整改单 输出：工艺质量巡检整改单（反馈）		
步骤 14	生产停机	责任人：生产普工 依据：生产派工单		
步骤 15	产品报检	责任人：生产主操 依据：成品检验控制流程 输出：产品报检单	成品检验控制流程	产品报检单
步骤 16	数据整理分析	责任人：技术质量部体系管理员 依据：产品报检单、工艺质量巡检整改单 时间：每月 1 日前 输出：工艺质量问题统计表、产品过程巡检质量分析报告		工艺质量问题统计表

3. 相关制度与文件

（1）产品质量控制计划。

（2）检验和试管管理程序。

（3）生产实施流程。

（4）不合格品管理程序。

（5）成品检验控制流程。

4. 相关表单

（1）首末件检验记录。

（2）自检巡检记录。

（3）工艺质量巡检记录。

（4）产品报检单。

（5）工艺质量巡检整改单。

（6）工艺质量问题统计表。

5. 流程授权表

表 8-34　制程品质管控流程授权表

流程步骤	流程业务授权内容	提　报	审　核			审　批
			初　审	复　核	会　审	
步骤1、步骤4	品质文件	技术质量部技术员	技术质量部经理		生产管理部、生产部、设备部、采购部	技术中心总监
步骤16	工艺质量问题统计表	技术质量部体系管理员				技术质量部经理
步骤8、步骤11、步骤13	生产过程自检问题分析与整改（一般不合格及以下）	技术质量部检验员			生产管理部、生产部、设备部、采购部	技术质量部经理
	生产过程自检问题分析与整改（严重不合格及以上）	技术质量部检验员	技术质量部经理		生产管理部、生产部、设备部、采购部	技术中心总监

6. 流程风险点

表 8-35　制程品质管控流程风险点

流程步骤	风险描述	控制措施	控制类型	控制频率	控制文档	相关部门
步骤1、步骤6、步骤11、步骤12	（1）可导致产品品质下降（2）可导致次品率增高	编制"产品质量控制计划"（通用）	事前	年	产品质量控制计划（通用）	技术质量部经理
		（1）首末件检验记录（2）自检巡检记录	事中	随时	首末件检验记录、自检巡检记录	生产人员
		工艺质量巡检记录	事中	随时	工艺质量巡检记录	技术质量部检验员
		针对产品质量问题下达"工艺质量巡检整改单"，及时整改	事后	随时	工艺质量巡检整改单	技术质量部检验员

7. 流程绩效指标

表 8-36　制程品质管控流程绩效指标

序号	绩效指标	指标定义	数据提供部门	考核周期
1	生产过程整改及时性	按时整改的问题数量÷问题总数量×100%	技术质量部	周／月

十、成品检验控制流程

成品检验控制流程的输入为成品质量标准，输出为成品质量分析，其增值方式为提升成品品质合格率，降低成品质量损失。图 8-10、表 8-37 至表 8-40 为成品检验控制流程全过程。

1. 流程图

归口部门：技术质量部			
本部生产部/基地生产部/采购部	技术质量部	仓管部	公司领导

开始

1. 组织制定成品技术标准（通用）

| 1.1 产品类别 | 1.2 技术要求 | 1.3 检验方法 |
| 1.4 检验规则 | 1.5 包装运输储存要求 | 1.6 评审部门分工 |

2. 审批（否／是）

销售订单

3. 发布成品技术标准（通用）

4. 制定产品检验标准

产品报检单
外购物资报检单（成品）

5. 产品检验

| 5.1 外观尺寸检验 | 5.2 性能检验 | 5.3 委外检验 |

6. 检验是否合格

不合格
合格不需要客户验货
合格需要客户验货

10. 原因分析并制定纠正预防措施

9. 开具不合格品处理单

8. 产品合格检验报告

7. 客户验货

11. 执行纠正／预防措施

12. 产品入库

11.1 报废/退货
11.2 让步放行
11.3 返修
11.4 返工

13. 数据整理分析

结束

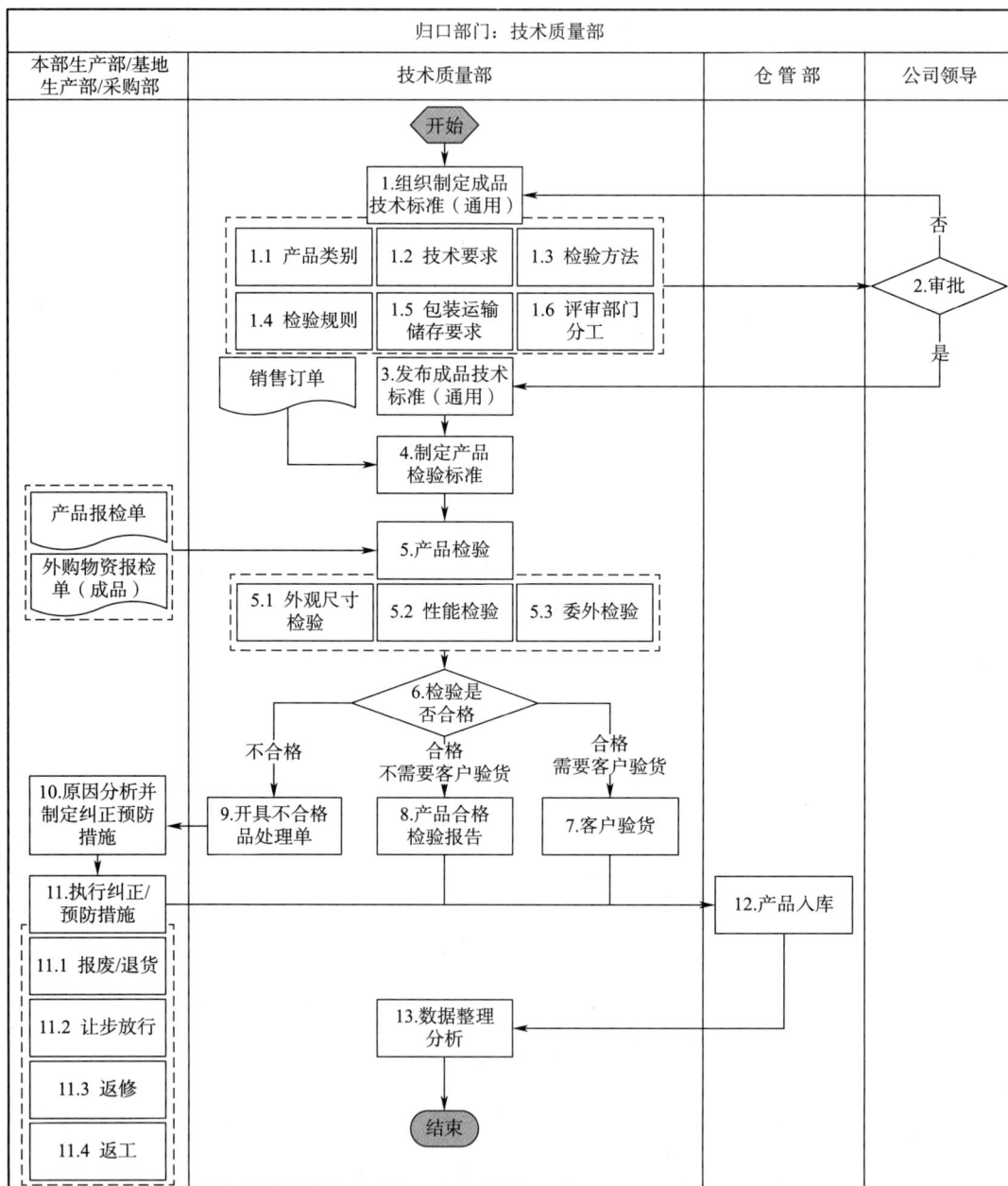

图 8-10 成品检验控制流程图

2. 流程步骤说明

表 8-37　成品检验控制流程步骤说明

流程步骤	步骤名称	流程步骤说明	相关制度/文件	相关表单
步骤 1	组织制定产品技术标准（通用）	责任人：技术质量部技术员 依据：产品标准（国家或行业标准等） 时间：根据实际情况修订/每 5 年重新修订 输出：产品技术标准（通用），内容至少包括产品类别、技术要求、检验方法、检验规则、包装运输储存要求、评审部门分工		
步骤 2	审批	初审：技术质量部经理 时间：2 天 会审：生产部、仓管部、采购部、生产管理部 时间：1 天 审批：技术中心总监 时间：1 天	审批权限汇总表	
步骤 3	发布成品技术标准（通用）	责任人：流程体系专员 时间：1 天 输出：成品技术标准（通用）		
步骤 4	制定产品检验标准	责任人：客户经理 依据：客户需求、成品技术标准 时间：订单要求 输出：产品检验标准		
步骤 5	产品检验	责任人：技术质量部检验员 依据：技术标准、试验作业指导书 时间：1 天 输出：检验记录、检验报告	技术标准、试验作业指导书	检验记录、检验报告
步骤 6	检验是否合格	责任人：技术质量部检验员 依据：产品检验标准		
步骤 7	客户验货	合格且需要客户验货时： 责任人：技术质量部经理/客户服务部经理/客户代表		
步骤 8	产品合格检验报告	合格且不需要客户验货时： 责任人：技术质量部检验员 依据：产品检验标准 输出：外购物资报检单、产品报检单、产品检验报告		外购物资报检单、产品报检单、产品检验报告
步骤 9	开具不合格处理单	产品不合格时： 责任人：技术质量部检验员 依据：产品检验标准 输出：不合格品处理单	不合格品管理程序	
步骤 10	原因分析并制定纠正预防措施	责任人：生产负责人/采购部 依据：产品检验标准 输出：不合格品处理单	纠正措施管理程序	

流程步骤	步骤名称	流程步骤说明	相关制度/文件	相关表单
步骤11	执行纠正/预防措施	责任人：生产负责人/采购部 依据：不合格品处理单 时间：规定时间内		
步骤12	产品入库	责任人：仓管部保管员 依据：外购物资报检单、产品报检单、不合格品处理单、让步放行申请单 时间：1天		不合格品处理单、让步放行申请单
步骤13	数据整理分析	责任人：技术质量部体系管理员 依据：产品报检单、不合格品处理单 时间：每月1日前 输出：月度产品质量分析报告		月度产品质量分析报告

3. 相关制度与文件

（1）审批权限汇总表。

（2）技术标准。

（3）试验作业指导书。

（4）不合格品管理程序。

（5）纠正措施管理程序。

4. 相关表单

（1）检验记录。

（2）检验报告。

（3）外购物资报检单。

（4）产品报检单。

（5）产品检验报告。

（6）不合格品处理单。

（7）让步放行申请单。

（8）月度产品质量分析报告。

5. 流程授权表

表8-38　成品检验控制流程授权表

流程步骤	流程业务授权内容	提报	审核			审批
			初审	复核	会审	
步骤2	技术标准	技术质量部技术员	技术质量部经理		生产部、采购部、生产管理部、仓管部	技术中心总监

流程步骤	流程业务授权内容	提报	审核			审批
			初审	复核	会审	
步骤5	检验记录	技术质量部检验员				技术质量部经理
步骤9	不合格品处理单	技术质量部检验员			生产部、采购部、生产管理部、仓管部	技术质量部经理
步骤11	让步放行申请单	采购部、生产部	采购部经理、生产部经理	技术质量部		技术中心总监

6.流程风险点

表 8-39 成品检验控制流程风险点

流程步骤	风险描述	控制措施	控制类型	控制频率	控制文档	相关部门
步骤1、步骤5、步骤9、步骤13	（1）可导致出厂产品质量有缺陷（2）可导致成品检验流程不完善（3）可导致顾客投诉，甚至退货	编制"产品技术标准"（通用）	事前	年	产品技术标准（通用）	技术质量部技术员
		（1）检验记录（2）检验报告	事中	随时	检验记录、检验报告	技术质量部检验员
		不合格品处理单	事中	随时	不合格品处理单	技术质量部检验员
		在产品检验后，及时统计并分析问题	事后	月	月度产品质量分析报告	技术质量部体系管理员

7.流程绩效指标

表 8-40 成品检验控制流程绩效指标

序号	绩效指标	指标定义	数据提供部门	考核周期
1	产品合格率	合格产品数量 ÷ 产品总数量 ×100%	技术质量部	月 / 年
2	产品检验及时率	按时完成检验的产品数量 ÷ 检验产品总数量 ×100%	仓管部	月 / 年
3	产品一次交验合格率	一次交验合格产品数量 ÷ 一次交验产品总数量 ×100%	技术质量部	月 / 年

十一、生产设备运维管理流程

生产设备运维管理流程的输入为年度生产设备维护保养计划、年度生产设备检修计划、生产设备标准操作规程等，输出为月度生产设备记录，增值方式为提升设备稼动率。图 8-11、表 8-41 至表 8-44 为生产设备运维管理流程全过程。

1.流程图

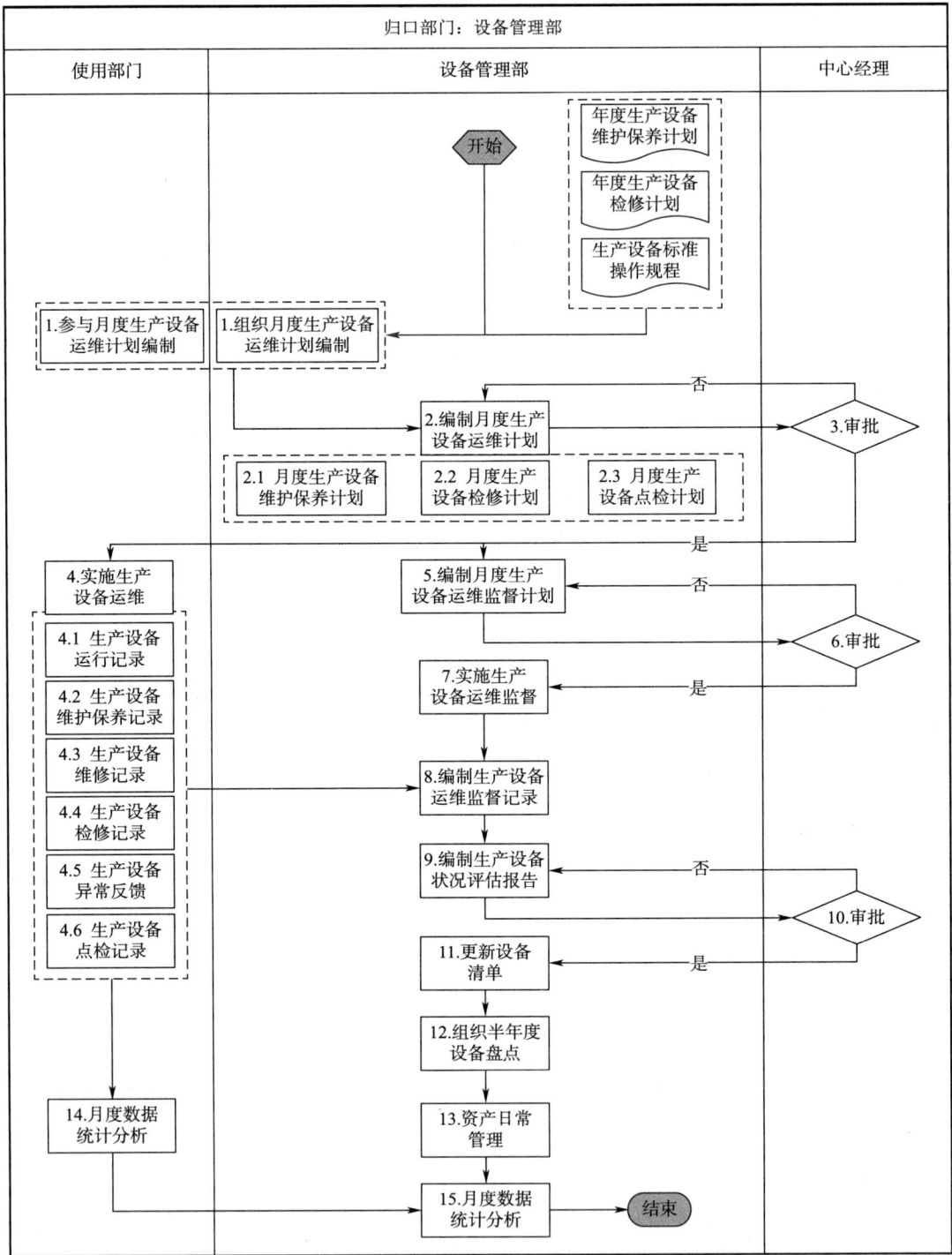

图 8-11　生产设备运维管理流程图

2. 流程步骤说明

表 8-41　生产设备运维管理流程步骤说明

流程步骤	步骤名称	流程步骤说明	相关制度 / 文件	相关表单
步骤 1	组织月度生产设备运维计划编制	责任人：设备管理部经理 依据：年度生产设备维护保养计划、年度生产设备检修计划、生产设备标准操作规程、月度生产设备分析报告 时间：每月 25 日 输出："月度生产设备运维计划"编制计划	生产设备标准操作规程	年度生产设备维护保养计划、年度生产设备检修计划
步骤 1	参与月度生产设备运维计划编制	责任人：使用部门负责人 依据：年度生产设备维护保养计划、年度生产设备检修计划、生产设备标准操作规程 时间：每月 29 日 输出：各使用部门"月度生产设备运维计划"		
步骤 2	编制月度生产设备运维计划	责任人：设备管理部设备主管 依据：各使用部门"月度生产设备运维计划" 时间：每月 30 日 输出：月度生产设备检修计划、月度生产设备维护保养计划、月度生产设备点检计划		月度生产设备检修计划、月度生产设备维护保养计划、月度生产设备点检计划
步骤 3	审批	责任人：中心总监 时间：每月 30 日		
步骤 4	实施生产设备运维	责任人：生产部生产班长 / 生产部维保班长 依据：月度生产设备检修计划、月度生产设备维护保养计划、月度生产设备点检计划 输出：生产设备维修记录表、生产设备维护保养记录表、生产设备检修记录表、生产设备运行记录表、生产设备点检记录表、生产设备异常反馈记录		生产设备维修记录表、生产设备维护保养记录表、生产设备检修记录表等
步骤 5	编制月度生产设备运维监督计划	责任人：设备管理部设备主管 依据：月度生产设备检修计划、月度生产设备维护保养计划、月度生产设备点检计划、标准操作规程 时间：每月 30 日 输出：月度生产设备运维监督计划		月度生产设备运维监督计划
步骤 6	审批	责任人：中心总监 时间：每月 30 日		
步骤 7	实施生产设备运维监督	责任人：设备管理部设备主管 依据：月度生产设备运维监督计划		

流程步骤	步骤名称	流程步骤说明	相关制度/文件	相关表单
步骤8	编制生产设备运维监督记录	责任人：设备管理部设备主管 依据：生产设备维修记录表、生产设备维护保养记录表、生产设备检修记录表、生产设备运行记录表、生产设备点检记录表、生产设备异常反馈记录、月度生产设备运维监督计划 输出：生产设备运维监督记录表		生产设备运维监督记录表
步骤9	编制生产设备状态评估报告	责任人：设备管理部设备主管 依据：生产设备运维监督记录 时间：每月5日前 输出：月度生产设备状态评估报告		月度生产设备状态评估报告
步骤10	审批	责任人：中心总监 时间：提交生产设备状态评估报告1日内		
步骤11	更新设备清单	责任人：设备管理部设备档案管理员 依据：生产设备运维监督记录 时间：每月7日前 输出：设备清单		设备清单
步骤12	组织半年度设备盘点	责任人：设备管理部设备档案管理员 依据：设备清单 时间：6月30日/12月30日前 输出：生产设备盘点报告		生产设备盘点报告
步骤13	资产日常管理	责任人：财务部 依据：固定资产管理制度 输出：固定资产管理台账	固定资产管理制度	固定资产管理台账
步骤14	月度数据统计分析	责任人：使用部门负责人 依据：生产设备维修记录表、生产设备维护保养记录表、生产设备检修记录表、生产设备运行记录表、生产设备点检记录表、生产设备异常反馈记录 时间：每月29日 输出：各使用部门月度生产设备分析报告		月度生产设备分析报告
步骤15	月度数据统计分析	责任人：设备管理部经理 依据：生产设备运维监督记录、生产设备状态评估报告、设备清单 时间：每月30日 输出：月度生产设备分析报告		月度生产设备分析报告

3. 相关制度与文件

（1）生产设备标准操作规程。

（2）固定资产管理制度。

4. 相关表单

（1）年度生产设备检修计划。

（2）年度生产设备维护保养计划。

（3）月度生产设备检修计划。

（4）月度生产设备维护保养计划。

（5）月度生产设备点检计划。

（6）月度生产设备运维监督计划。

（7）生产设备维护保养记录表。

（8）生产设备检修记录表。

（9）生产设备维修记录表。

（10）生产设备运维监督记录表。

（11）月度生产设备状况评估报告。

（12）设备清单。

（13）生产设备盘点报告。

（14）固定资产管理台账。

（15）月度生产设备分析报告。

5. 流程授权表

表 8-42　生产设备运维管理流程授权表

流程步骤	流程业务授权内容	提报	审核			审批
			初审	复核	会审	
步骤 2	月度生产设备运维计划	设备管理部设备主管	设备管理部经理		使用部门负责人	中心总监
步骤 5	月度生产设备运维监督计划	设备管理部设备主管	设备管理部经理			中心总监
步骤 9	月度生产设备状况评估报告	设备管理部设备主管	设备管理部经理			中心总监

6. 流程风险点

表 8-43　生产设备运维管理流程风险点

流程步骤	风险描述	控制措施	控制类型	控制频率	控制文档	相关部门
步骤 2	生产设备状况评估不准确	合理编制月度生产设备运维计划，保证运维按计划实施	事前	月	月度生产设备检修计划、月度生产设备维护保养计划等	设备管理部、使用部门负责人

续上表

流程步骤	风险描述	控制措施	控制类型	控制频率	控制文档	相关部门
步骤5	生产设备状况评估不准确	合理编制"月度生产设备运维监督计划",监督运维实施过程	事前	月	月度生产设备运维监督计划、月度生产设备分析报告	
步骤15	生产设备状况评估不准确	通过月度数据统计,分析总结生产设备运维过程中的问题,合理评估生产设备状况	事后	月	月度生产设备分析报告	

7. 流程绩效指标

表 8-44　生产设备运维管理流程绩效指标

序号	绩效指标	指标定义	数据提供部门	考核周期
1	生产设备可动率	生产设备实际运行时间 ÷ 生产设备理论运行时间 ×100%	设备管理部	月／年
2	生产设备完好率	完好生产设备总数 ÷ 总生产设备数 ×100%	设备管理部	月／年

第九章
消费品集成供应链业务流程再造

消费品是用来满足人们物质和文化生活需要的社会产品，也可以称作"消费资料"或者"生活资料"。

消费品根据使用寿命长短可分为快消品、耐用品，其中：

（1）快消品又称快速消费品，是指那些使用寿命比较短、消费速度快的产品。我们熟悉的包装食品、个人卫生用品、家庭护理产品、烟草、酒类及饮料等大都属于快消品范畴。这类产品主要依靠消费者高频次、重复的使用与消耗、通过规模的市场量来获得利润和价值的实现。

（2）耐用品指能够多次使用、寿命较长的商品，如电视机、电冰箱、音响、电脑等。消费者购买这类产品时，决策较为慎重。生产这类商品的企业，要注重技术创新，提高产品质量，同时要做好售后服务，满足消费者的购后需求。

不论是快消品，还是耐用品，其目标客户都是终端消费者，这类产品具有流通渠道广、客户可选择性大、消费者对产品外观/包装/性能等关注度高、客户选择的随机性比较大等特征。

本章就以【案例3-7】、【案例3-14】快消品为例，重点介绍消费品集成供应链核心业务流程再造的全过程。

一、年度生产计划管理流程

年度生产计划管理流程的输入为年度销售目标预测、年度单品费销比、年度对外代工计划等，输出为年度生产计划，其增值方式为提升年度生产计划准确性及执行率。图9-1、表9-1至表9-3为年度生产计划管理流程全过程。

1. 流程图

归口部门：计划管理部			
销售运营部	财务核算部	设备管理部/生产管理部/采购管理部/ 物流管理部/人力资源部	计划管理部

年度销售目标预测

年度单品费销比

年度对外代工计划

开始

1.编制年度供应需求计划

2.现有/扩产产能盘点 → 3.组织年度供应计划平衡

4.现有产能是否满足

否 → 5.是否设备技改 — 是 → 设备技改管理流程

是

6.年度销售目标预测品类调整 ← 否

7.编制年度生产计划

否

8.审批

是

9.年度生产计划发布

年度物料需求及策略性物料备货流程 ← 10.编制年度物料需求计划

设备保障计划及大修、维护保养流程 ← 11.编制年度设备保障计划

年度招聘计划管理流程 ← 12.编制年度人力资源配置计划

成品仓储管理流程 ← 13.编制年度库容规划

物流承运商管理流程 ← 14.编制年度物流预算

月度生产计划管理流程

年度生产计划归档

结束

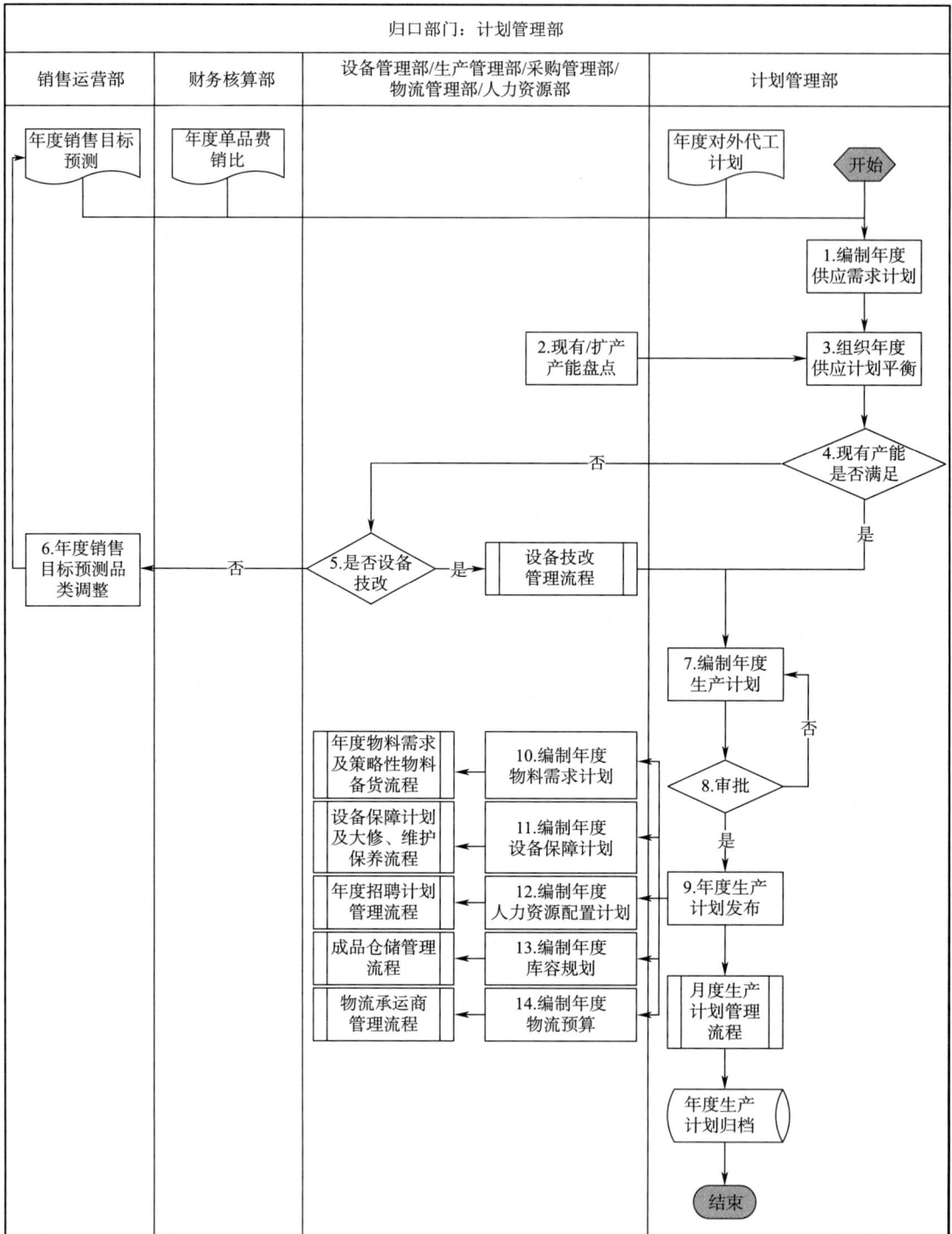

图 9-1　年度生产计划管理流程图

2. 流程步骤说明

表 9-1　年度生产计划管理流程步骤说明

流程步骤	步骤名称	流程步骤说明	相关文件/制度	相关表单
步骤1	编制年度供应需求计划	（1）销售运营部需于年度经营预算启动会议后2周内提供的年度销售目标预测，按品类、包装规格、区域、老品及试销品分解到每月 （2）计划管理部根据年度销售目标预测、年度单品费销比、年度对外代工计划于3个工作日内编制年度需求计划，以满足公司次年销售业绩达成		年度销售目标预测、年度单品费销比、年度对外代工计划、年度需求计划
步骤2	现有/扩产产能盘点	生产管理部根据现有产线配置及新增产能计划编制"现有/扩产产能盘点表"并提交给计划管理部，以便计划管理部根据产能配置情况编制年度生产计划		现有/扩产产能盘点表
步骤3	组织年度供应计划平衡	计划管理部根据上一年度期末库存表、年度需求计划、现有/扩产产能盘点表、配送区域布局规划、现有库容统计表于2个工作日内测算供需平衡		期末库存表、年度需求计划、现有/扩产产能盘点表、配送区域布局规划
步骤4	现有产能是否满足	计划管理部根据"供需平衡测算表"判断，现有产能可以满足，进入步骤7；现有产能不能满足，进入步骤5		
步骤5	是否设备技改	现有产能不能满足时，由设备管理部评估设备技改/OEM开发是否满足，如能满足进入"设备技改管理流程"；不能满足进入步骤6	设备技改管理流程	
步骤6	年度销售目标预测品类调整	销售运营部根据计划管理部提供的"供需平衡测算表"于2个工作日内重新修订年度销售目标预测或进行品类调整，确保公司营收目标达成		供需平衡测算表
步骤7	编制年度生产计划	（1）计划管理部根据供需平衡测算表于1个工作日内编制年度生产计划，确定基地次年每月的各品类生产计划 （2）计划管理部负责人审核		年度生产计划
步骤8	审批	供应链中心负责人审批"年度生产计划"		
步骤9	年度生产计划发布	计划管理部将审批后的"年度生产计划"发布至销售运营部、生产管理部、设备管理部、人力资源部、采购管理部、财务管理部、物流管理部		

流程步骤	步骤名称	流程步骤说明	相关文件/制度	相关表单
步骤 10	编制年度物料需求计划	采购管理部根据计划管理部发布的年度生产计划编制年度物料需求计划，确保年度物料供应满足生产计划需求		年度物料需求计划
步骤 11	编制年度设备保障计划	设备管理部根据计划管理部发布的年度生产计划编制年度设备保障计划，确保设备满足生产计划需求		年度设备保障计划
步骤 12	编制年度人力资源配置计划	人力资源部根据计划管理部发布的年度生产计划编制年度招聘计划，确保年度人力资源满足生产计划需求		年度招聘计划
步骤 13	编制年度库容规划	物流管理部根据计划管理部发布的年度生产计划编制年度库容规划，确保年度库容满足生产计划需求		年度库容规划
步骤 14	编制年度物流预算	物流管理部根据计划管理部发布的年度生产计划编制年度物流预算，确保年度物流费用的合理性		年度物流预算

3. 相关制度与文件

设备技改管理流程。

4. 相关表单

（1）年度销售目标预测。

（2）年度单品费销比。

（3）年度对外代工计划。

（4）年度需求计划。

（5）现有/扩产产能盘点表。

（6）期末库存表。

（7）配送区域布局规划。

（8）供需平衡测算表。

（9）年度生产计划。

（10）年度物料需求计划。

（11）年度设备保障计划。

（12）年度招聘计划。

（13）年度库容规划。

（14）年度物流预算。

5. 流程授权表

表 9-2　年度生产计划管理流程授权表

流程步骤	流程业务授权内容	提 报	审 核	二级审核	审 批	知 会
步骤 8	年度生产计划	计划专员	计划管理部负责人		供应链中心负责人	生产管理部、设备管理部、采购管理部、人力资源部

6. 流程风险点

表 9-3　年度生产计划管理流程风险点

流程步骤	风险描述	控制类型	控制方式	控制频率	控制文档	相关部门
步骤 3	测算供需平衡时考虑的纬度、因素不全，可能导致供应不足、成本增加、产能不均衡、产能利用不足等	发现型	人工	半年	供需平衡测算表	计划管理部

二、月度生产计划管理流程

月度生产计划管理流程的输入包括 4W+2M 销售提货计划、月度新产品试产需求、年度生产计划、月度试产需求及月度代工需求等，输出为 4W 计划达成分析，增值方式为提升月度生产计划准确性及执行率。图 9-2、表 9-4 至表 9-6 为月度生产计划管理流程全过程。

1. 流程图

归口部门：计划管理部				
销售运营部	产品研发部	计划管理部		生产管理部/采购管理部/设备管理部/OEM工厂

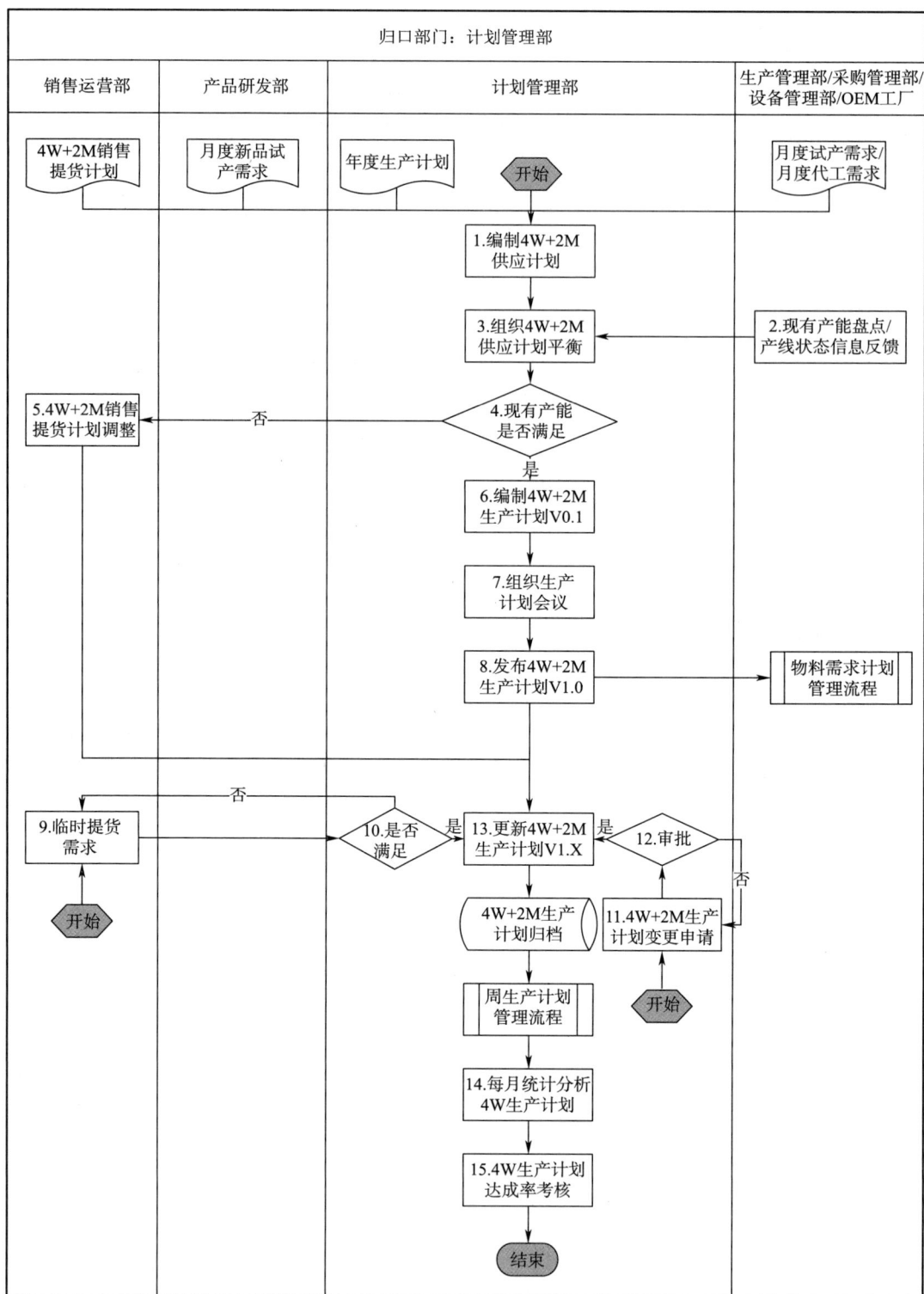

图 9-2 月度生产计划管理流程图

2. 流程步骤说明

表 9-4　月度生产计划管理流程步骤说明

流程步骤	步骤名称	流程步骤说明	相关文件 /制度	相关表单
步骤 1	编制 4W+2M 供应计划	（1）销售运营部每月 22 日前提交 4W+2M 销售提货计划至计划管理部 （2）计划管理部根据 4W+2M 销售提货计划、月度新品试产需求、年度生产计划、月度代工需求及生产、设备、采购等部门的月度试产需求于每月 24 日前编制次月 4W+2M 供应计划		4W+2M 供应计划
步骤 2	现有产能盘点及产线状态信息反馈	（1）如产能有变化时，生产管理部于当月 22 日前更新并提交现有 / 扩产产能盘点表至计划管理部 （2）如产能无变化时，生产管理部于每月 22 日前告知计划管理部		现有 / 扩产产能盘点表
步骤 3	组织 4W+2M 供应计划平衡	计划管理部根据上月末期末库存表、4W+2M 供应计划、现有 / 扩产产能盘点表、配送区域布局规划、现有库容统计表，于每月 25 日前测算供需平衡		期末库存表、4W+2M 供应计划、现有 / 扩产产能盘点表、配送区域布局规划
步骤 4	现有产能是否满足	如产能满足需求（含自有产能及已签订的 OEM 合同），则进入步骤 6；如产能无法满足，则反馈给销售运营部，进入步骤 5		
步骤 5	4W+2M 销售提货计划调整	销售运营部根据计划管理部提供的月度供需平衡测算表于每月 24 日前调整 4W+2M 销售提货计划，确保月度销售目标达成		月度供需平衡测算表、4W+2M 销售提货计划
步骤 6	编制 4W+2M 生产计划 V0.1	计划管理部根据月度供需平衡测算表于每月 24 日前编制 4W+2M 生产计划 V0.1，确定基地次月的各品类生产计划		4W+2M 生产计划 V0.1
步骤 7	组织生产计划会议	计划管理部于每月 25 日组织相关部门召开生产计划沟通会议，确定 4W+2M 生产计划 V1.0		4W+2M 生产计划 V1.0
步骤 8	发布 4W+2M 生产计划 V1.0	计划管理部根据会议沟通内容修订的 4W+2M 生产计划 V1.0		
步骤 9	临时提货需求	（1）销售运营部根据营销中心的销售进度及市场需求变化可于每月 8 日、15 日分两次提出临时提货需求申请 （2）品牌部根据品牌推广需要可于每月 15 日前提出临时提货需求申请		临时提货需求申请

续上表

流程步骤	步骤名称	流程步骤说明	相关文件/制度	相关表单
步骤 10	是否满足	计划管理部根据临时提货需求申请对临时提货需求进行评估: (1)如能满足需求,确认并反馈销售运营部或品牌部 (2)如不能满足,则退回临时需求		临时提货需求申请
步骤 11	4W+2M 生产计划变更申请	计划管理部根据生产管理部、采购管理部或设备管理部等反馈的产线、物料或设备信息判断是否影响生产计划达成,如影响则提交 4W+2M 生产计划变更申请		4W+2M 生产计划变更申请
步骤 12	审批	计划管理部负责人对 4W+2M 生产计划变更申请进行审批,确定生产计划变更申请是否合理:审批通过进入步骤 13,审批不通过返回步骤 11		
步骤 13	更新 4W+2M 生产计划 V1.X	计划管理部根据调整后的 4W+2M 销售提货计划、临时提货需求申请、4W+2M 生产计划变更申请更新 4W+2M 生产计划		4W+2M 生产计划 V1.X
步骤 14	每月统计分析 4W+2M 生产计划	计划管理部在每月对 4W+2M 生产计划执行、变更等情况进行统计、分析,针对生产计划执行过程中出现的问题、变更的原因等提出改善建议		
步骤 15	4W 生产计划达成率考核	计划管理部根据 4W+2M 生产计划与从 ERP 中导出的实际生产量,计算生产计划达成率		

3. 相关制度与文件

无。

4. 相关表单

(1)4W+2M 供应计划。

(2)现有 / 扩产产能盘点表。

(3)期末库存表。

(4)配送区域布局规划。

(5)月度供需平衡测算表。

(6)4W+2M 销售提货计划。

(7)4W+2M 生产计划。

(8)临时提货需求申请。

(9)4W+2M 生产计划变更申请。

5. 流程授权表

表 9–5 月度生产计划管理流程授权表

流程步骤	流程业务授权内容	提报	审核	二级审核	审批	知会
步骤 11	4W+2M 生产计划变更申请	计划管理部			计划管理部负责人	生产管理部、采购管理部

6. 流程风险点

表 9–6 月度生产计划管理流程风险点

流程步骤	风险描述	控制类型	控制方式	控制频率	控制文档	相关部门
步骤 3	测算供需平衡时考虑的维度、因素不全，可能导致供应不足、成本增加、产能不均衡、产能利用不足等	发现型	人工	每月	月度供需平衡测算表	计划管理部
步骤 11	4W+2M 生产计划变更频繁，导致生产计划达成率降低，不能及时供应市场需求、物料呆滞等	预防型	人工	每月	4W+2M 生产计划、4W+2M 生产计划变更申请	计划管理部、销售运营部、生产管理部、采购管理部等

三、物料需求计划管理流程

物料需求计划管理流程的输入为 4W+2M 生产计划、周生产计划调整需求，输出为 4W 物料需求满足分析表，其增值方式为确保物料及时供应。图 9–3、表 9–7 至表 9–9 为物料需求管理流程全过程。

1. 流程图

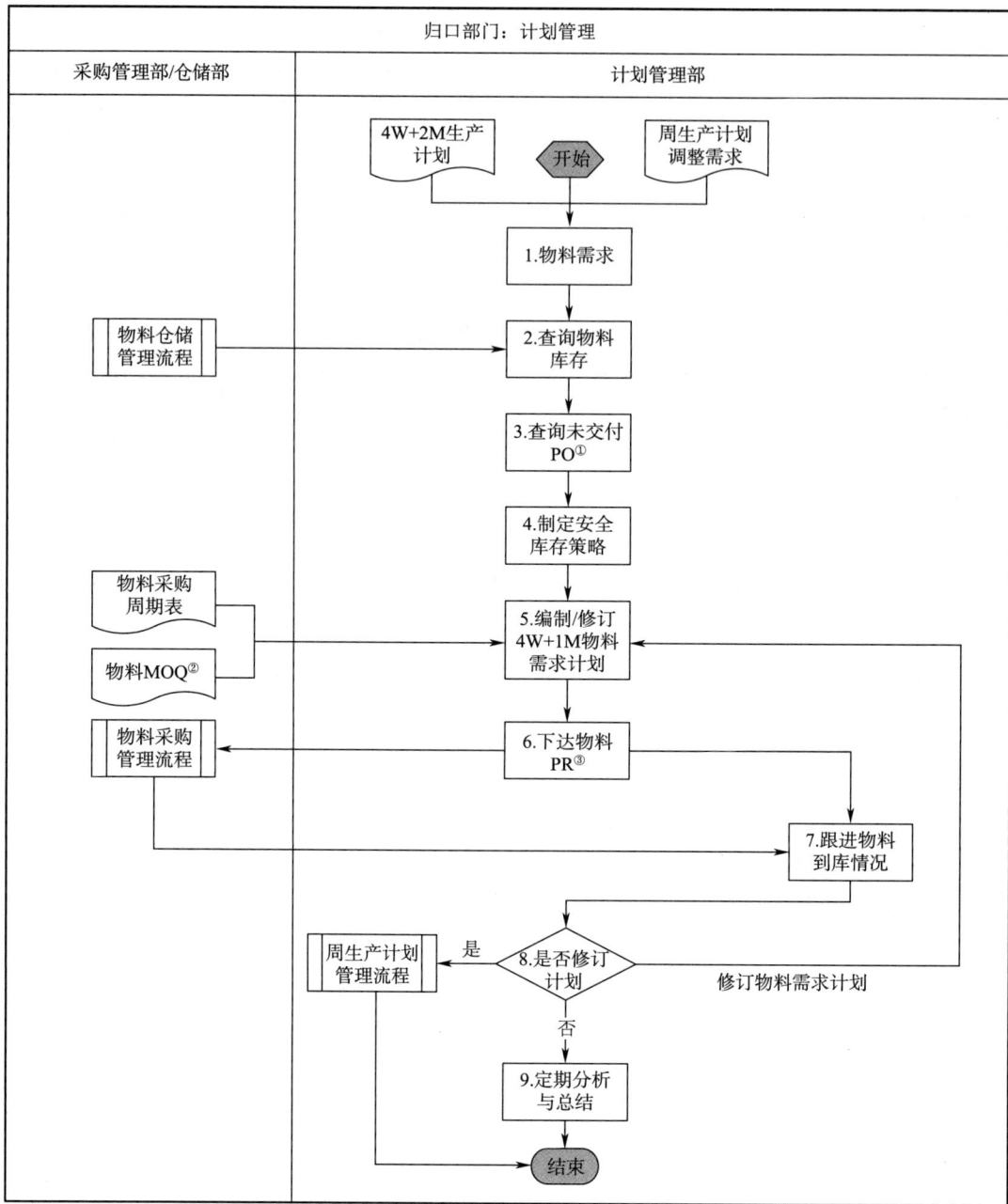

图 9-3　物料需求计划管理流程图

---

① PO：采购订单，英文全称 Purchase Order。

② MOQ：最小订购量，英文全称 Minimum Order Quantity。

③ PR：采购申请，英文全称 Purchase Requisitions。

2. 流程步骤说明

表 9-7 物料需求计划管理流程步骤说明

流程步骤	步骤名称	流程步骤说明	相关文件/制度	相关表单
步骤 1	物料需求	计划管理部根据 4W+2M 生产计划及周生产计划调整需求，于每周三在 ERP 系统滚动更新 8 周生产计划，并运行 MRP 核算基地物料需求	MRP 操作手册	4W+2M 生产计划、周生产计划调整需求
步骤 2	查询物料库存	（1）计划管理部查询 ERP 系统物料库存 （2）仓储部保证 ERP 系统物料库存与实际库存一致		
步骤 3	查询未交付 PO	（1）计划管理部查询 ERP 系统未交付 PO （2）采购管理部保证物料未交付 PO 的有效性；如已无效，需将无效 PO 结案处理		月度需求物料未交付 PO 数量统计
步骤 4	制定安全库存策略	计划管理部根据 4W+2M 生产计划，结合基地库容状况，设置物料安全库存		月度需求物料安全库存明细
步骤 5	编制/修订 4W+1M 物料需求计划	计划管理部根据 MRP 运算结果，输出 4W+1M 物料需求计划		4W+1M 物料需求计划表
步骤 6	下达物料 PR	计划管理部在每周三前向采购管理部下达未来 15 天物料需求 PR，进入物料采购管理流程	物料采购管理流程	物料采购周期表、物料采购明细、采购前置期内物料需求 PR
步骤 7	跟进物料到库情况	计划管理部根据 MRP 系统欠料表作业流程查询 2 周物料欠料情况，实时跟进物料到货情况		欠料表
步骤 8	是否修订计划	如需修订计划，进入周生产计划管理流程，同时返回步骤 5 修订物料需求计划；不需修订计划则进入步骤 9	周生产计划管理流程	
步骤 9	定期分析与总结	计划管理部于每月 5 号前对前 4W 物料满足情况进行分析与总结，针对以下问题提出改善建议		4W 物料需求满足分析表

3. 相关制度与文件

（1）MRP 操作手册。

（2）物料采购管理流程。

（3）周生产计划管理流程。

4. 相关表单

（1）4W+2M 生产计划。

（2）周生产计划调整需求。

（3）月度需求物料未交付 PO 数量统计。

（4）月度需求物料安全库存明细。

（5）4W+1M 物料需求计划表。

（6）物料采购周期表。

（7）物料采购明细。

（8）采购前置期内物料需求 PR。

（9）欠料表。

（10）4W 物料需求满足分析表。

5. 流程授权表

表 9-8　物料需求计划管理流程授权表

流程步骤	流程业务授权内容	提　报	审　核	二级审核	审　批	知　会
—	—	—	—	—	—	—

6. 流程风险点

表 9-9　物料需求计划管理流程风险点

流程步骤	风险描述	控制类型	控制方式	控制频率	控制文档	相关部门
步骤 4	制定安全库存标准不合理，过高可能造成资金占用多、物料呆滞；过低可能造成生产停产或不足	预防型	系统	两周	月度需求物料安全库存明细	计划管理部
步骤 7	物料跟进不及时，导致物料供应短缺，造成生产停产或不足	发现型	人工	每天	欠料表	计划管理部、采购管理部

四、年度物料需求及策略性物料备货流程

年度物料需求及策略性物料备货流程的输入为年度生产计划，输出为年度策略性物料备货方案，其增值方式为降低采购成本，确保策略性物料及时供应。图 9-4、表 9-10 至表 9-12 为年度物料需求及策略性物料备货流程全过程。

1. 流程图

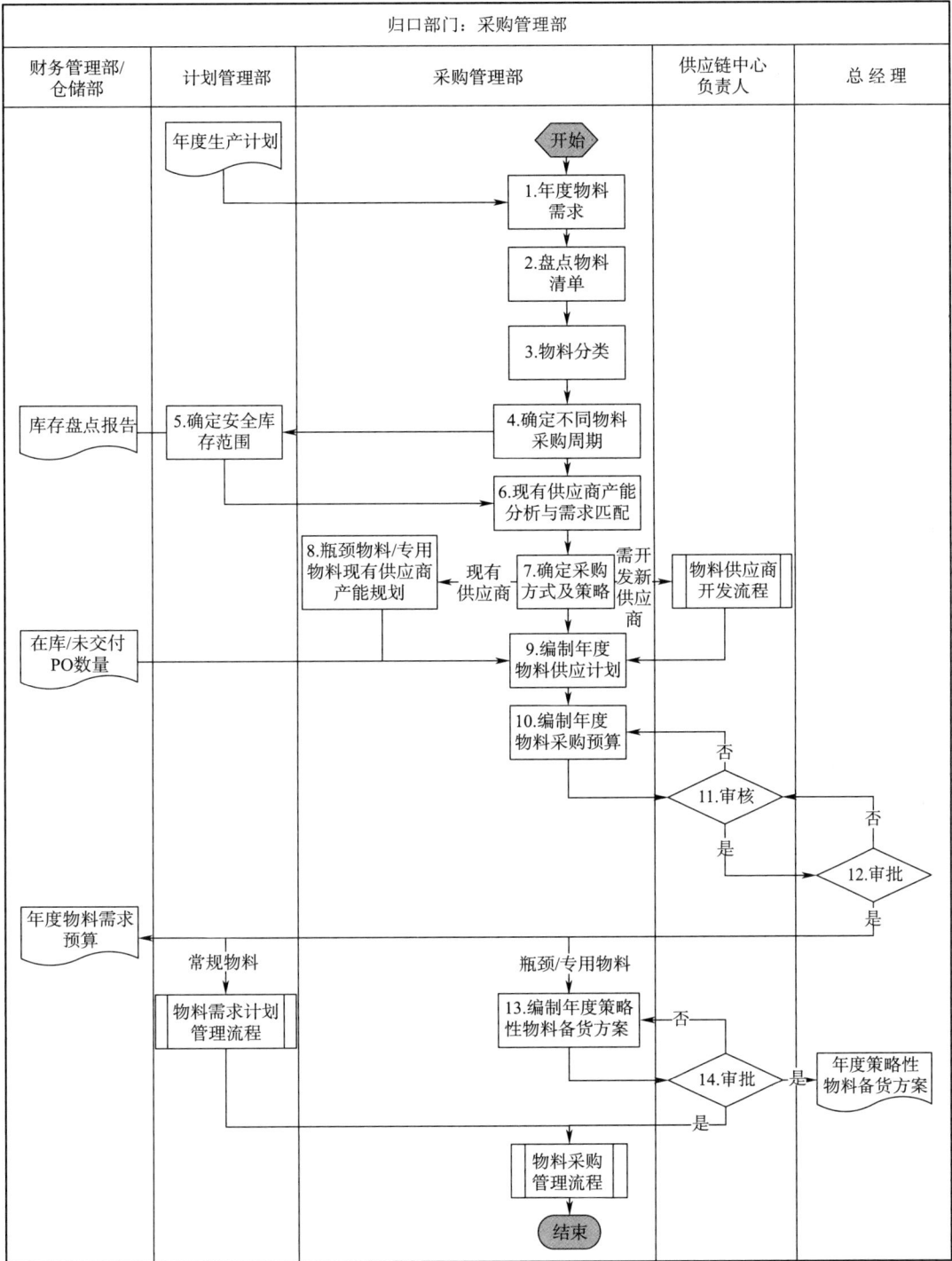

图 9-4　年度物料需求及策略性物料备货流程图

2. 流程步骤说明

表 9-10　流程步骤说明

流程步骤	步骤名称	流程步骤说明	相关文件/制度	相关表单
步骤 1	年度物料需求	采购管理部数据分析主管根据计划管理部 12 月 1 日提供的年度生产计划、ERP 系统最新 BOM 和年度新物料需求，于每年 12 月 2 日前分基地编制/修订年度物料需求清单		年度生产计划、年度物料需求清单
步骤 2	盘点物料清单	采购管理部根据年度物料需求清单，于 12 月 5 日前对物料进行盘点，明确需要安全库存物料、杠杆物料、关键物料、瓶颈物料、价格波动大物料等		年度物料需求清单
步骤 3	物料分类	采购管理部根据年度物料需求量、重要等级、物料供求关系等因素，于 12 月 5 日前编制/修订物料分类表		物料分类表
步骤 4	确定不同的物料采购周期	采购管理部根据年度物料需求清单，与供应商确定不同物料采购周期/交货周期，于 12 月 6 日前更新物料采购基础信息表		物料采购基础信息表
步骤 5	确定安全库存范围	计划管理部根据库存盘点报告、物料采购基础信息表、年度物料需求清单、库容、物料月消耗，于 12 月 6 日前确认需要备安全库存物料的安全库存范围，安全库存包含基地库存和供应商库存		库存盘点报告、物料采购基础信息表、年度物料需求清单
步骤 6	现有供应商产能分析与需求匹配	采购管理部根据供应商提供产能数据、历史交货情况、模具设备等进行供应商产能分析，与年度物料需求清单进行匹配，于 12 月 8 日前编制供应商产能分析与需求匹配表		年度物料需求清单、供应商产能分析与需求匹配表
步骤 7	确定采购方式及策略	采购管理部根据供应商产能分析与需求匹配表确定不同物料采购方式及策略	物料供应商开发流程	年度采购策略方案
步骤 8	瓶颈物料/专用物料现有供应商产能规划	采购管理部根据年度采购策略方案对瓶颈物料/专用物料现有供应商产能不满足，根据分配订单数量，督促、协助供应商提高产能，并监督扩产进度		
步骤 9	编制年度物料供应计划	采购管理部根据年度采购策略方案、年度物料需求清单、库存盘点报告、供应商未交货 PO 数量，于 12 月 15 日前编制年度物料供应计划表		年度物料供应计划表

续上表

流程步骤	步骤名称	流程步骤说明	相关文件／制度	相关表单
步骤 10	编制年度物料采购预算	采购管理部根据年度物料供应计划表、去年采购均价或预期价格走势，于 12 月 18 日前编制年度物料采购预算表，采购管理部负责人审核		年度物料采购预算表
步骤 11	审核	供应链中心负责人审核		
步骤 12	审批	（1）总经理审批，将审批通过的年度物料采购预算表交至财务管理部备案 （2）常规物料进入物料需求计划管理流程；瓶颈／专用物料进入步骤 13	物料需求计划管理流程	年度物料采购预算表
步骤 13	编制年度策略性物料备货方案	采购管理部根据年度采购策略方案、年度物料采购预算表，于 12 月 20 日前编制年度策略性物料备货方案，采购管理部负责人审核		年度策略性物料备货方案
步骤 14	审批	供应链中心负责人审批，并将结果以企业邮箱抄送至总裁，进入物料采购管理流程	物料采购管理流程	

3. 相关制度与文件

（1）物料供应商开发流程。

（2）物料需求计划管理流程。

（3）物料采购管理流程。

4. 相关表单

（1）年度生产计划。

（2）年度物料需求清单。

（3）物料分类表。

（4）物料采购基础信息表。

（5）库存盘点报告。

（6）供应商产能分析与需求匹配表。

（7）年度采购策略方案。

（8）年度物料供应计划表。

（9）年度物料采购预算表。

（10）年度策略性物料备货方案。

5.流程授权表

表 9-11 年度物料需求及策略性物料备货流程授权表

流程步骤	流程业务授权内容	提 报	审 核	二级审核	审 批	知 会
步骤10至步骤12	年度物料采购预算表	采购管理部	采购管理部负责人	供应链中心负责人	总经理	财务管理部
步骤13、步骤14	年度策略性物料备货方案	采购管理部	采购管理部负责人		供应链中心负责人	总经理

6.流程风险点

表 9-12 年度物料需求及策略性物料备货流程风险点

流程步骤	风险描述	控制类型	控制方式	控制频率	控制文档	相关部门
步骤1	BOM数据不准确，导致年度物料需求清单不准确，可能出现年度采购策略方案有偏差	发现型	人工	每年	年度物料需求清单	采购管理部
步骤4、步骤5	安全库存标准不合理，过高可能造成资金占用多、物料呆滞；过低可能造成生产停产或不足	预防型	系统	两周	月度需求物料安全库存明细	计划管理部
步骤13	年度物料需求变动，导致年度策略性物料备货方案不准确，可能出现缺货或库存积压风险	预防型	人工	每年	年度策略性物料备货方案	采购管理部

五、物料供应商开发流程

物料供应商开发流程的输入为年度物料供应计划表、上年度供应商绩效考核结果，输出为合格供应商名录，增值方式为确保供应商资质合格，降低采购风险。图9-5、表9-13至表9-15为物料供应商开发流程全过程。

1. 流程图

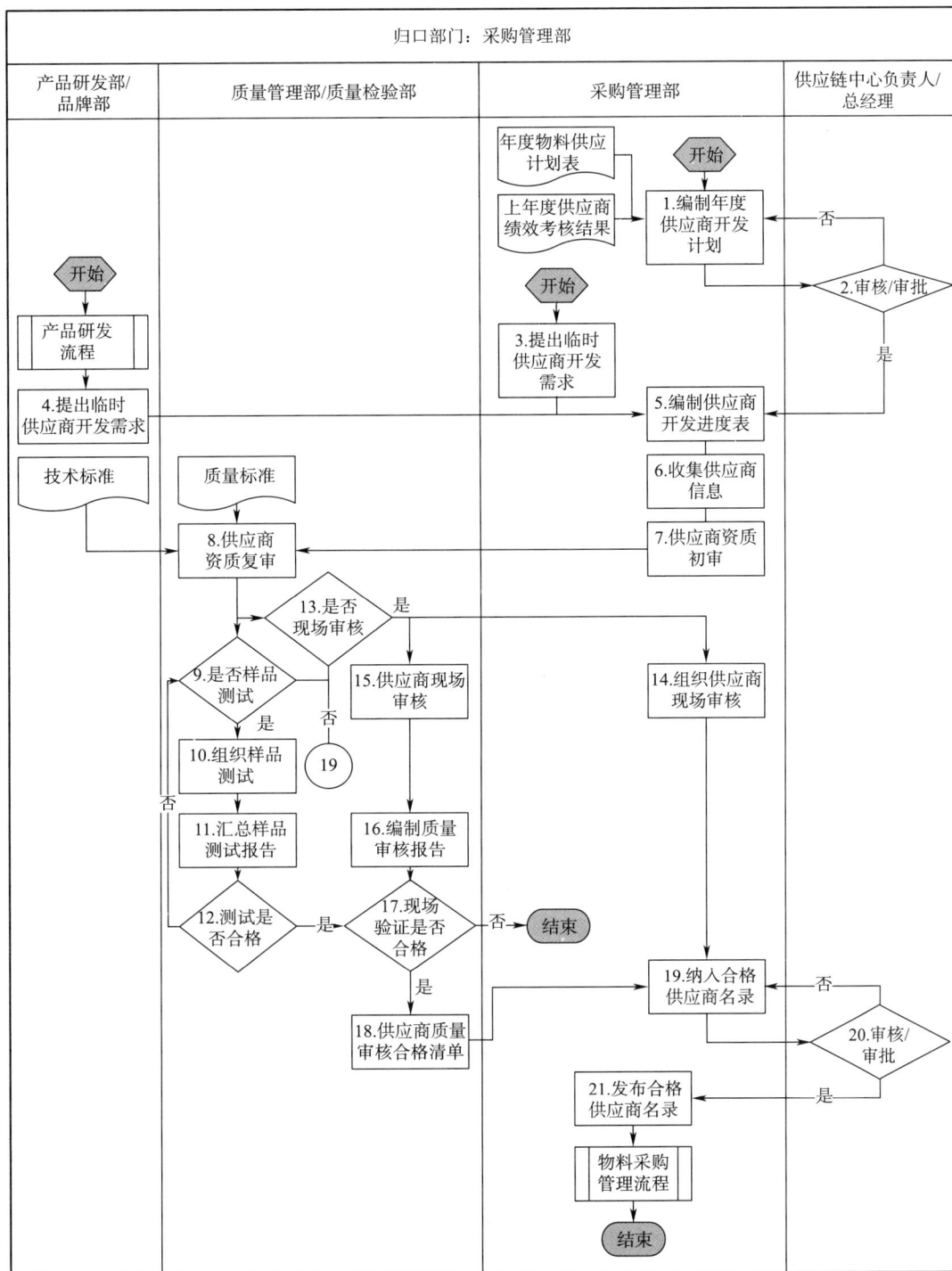

图 9-5　物料供应商开发流程图

2. 流程步骤说明

表 9-13　物料供应商开发流程步骤说明

流程步骤	步骤名称	流程步骤说明	相关文件/制度	相关表单
步骤1	编制年度供应商开发计划	采购管理部根据年度物料供应计划表、合格供应商年度评价报告编制"年度供应商开发计划"，采购管理部负责人审核		年度物料供应计划表、合格供应商年度评价报告、年度供应商开发计划
步骤2	审核/审批	供应链中心负责人审核、总经理审批		
步骤3	提出临时供应商开发需求	采购管理部根据质量异常、产能不足、成本优化、优质资源推荐等信息，提出临时供应商开发需求		
步骤4	提出临时供应商开发需求	产品研发部在产品研发流程过程中根据研发需要提出临时供应商开发需求	产品研发流程	
步骤5	编制供应商开发进度表（按品类）	采购管理部根据年度供应商开发计划和临时供应商开发需求，按照品类（原料、包材）编制供应商开发进度表，明确开发物料种类、供应商数量、启动/完成时间、里程碑等		供应商开发进度表
步骤6	收集供应商信息	采购管理部根据供应商质量审核基本情况调查表收集供应商资料：概况、技术、品质、组织结构、人员、生产工艺等信息		供应商质量审核基本情况调查表
步骤7	供应商资质初审	采购管理部对供应商基本信息、营业执照、生产许可证、供应能力等进行初审		
步骤8	供应商资质复审	质量管理部根据供应商质量管理规范及技术要求/标准，于2个工作日内对供应商资质进行复核	供应商质量管理规范	
步骤9	是否样品测试	质量检验部确定是否需要样品测试，如需进入步骤10；如不需要样品测试，进入步骤19		
步骤10	组织样品测试	质量检验部根据物料验证管理流程、原辅料试用评审流程组织样品测试，按时间要求将测试结果记录至采购管理部提交的样品请检单、物料验证申请单中	物料验证管理流程、原辅料试用评审流程	样品请检单、物料验证申请单
步骤11	汇总样品测试报告	质量管理部收集原料样品请检单汇总形成样品测试报告		样品请检单
步骤12	测试是否合格	质量管理部根据收集的原料、包材样品测试结果，判定样品是否合格，合格进入步骤17；不合格返回步骤9		
步骤13	是否现场审核	质量管理部确定是否需要现场审核，需要现场审核，进入步骤14、15；不需现场审核，进入步骤19		

续上表

流程步骤	步骤名称	流程步骤说明	相关文件/制度	相关表单
步骤 14	组织供应商现场审核	质量管理部编制供应商审核通知，由采购管理部发给供应商，采购管理部组织质量、采购、研发人员（如需），安排时间进行现场审核		
步骤 15	供应商现场审核	质量管理部根据供应商质量管理规范，于 2 个工作日内对供应商进行现场审核		
步骤 16	编制质量审核报告	质量管理部根据现场审核结果，于 5 个工作日内编制供应商质量审核报告		供应商质量审核报告
步骤 17	现场验证是否合格	质量管理部判定现场验证是否合格，现场验证合格，进入步骤 18；现场验证不合格，流程结束		
步骤 18	供应商质量审核合格清单	质量管理部将原料、包材样品测试合格且现场验证合格的供应商纳入供应商质量审核合格清单		供应商质量审核合格清单
步骤 19	纳入合格供应商名录	采购管理部收到供应商质量审核合格清单后，在 OA 系统提交供应商基本资料申请，按照权限审核审批，同时结合供应商基本信息，按照供应商分级模型进行评估分级，并纳入合格供应商名录		合格供应商名录
步骤 20	审核/审批	供应链中心负责人审核、总经理审批		
步骤 21	发布合格供应商名录	采购管理部将审批通过的合格供方名录发布，进入物料采购管理流程	物料采购管理流程	

3. 相关制度与文件

（1）产品研发流程。
（2）供应商质量管理规范。
（3）物料验证管理流程。
（4）原辅料试用评审流程。
（5）物料采购管理流程。

4. 相关表单

（1）年度物料供应计划表。
（2）合格供应商年度评价报告。
（3）年度供应商开发计划。
（4）供应商开发进度表。
（5）供应商质量审核基本情况调查表。

（6）样品请检单。

（7）物料验证申请单。

（8）供应商质量审核报告。

（9）供应商质量审核合格清单。

（10）合格供应商名录。

5. 流程授权表

表 9-14　物料供应商开发流程授权表

流程步骤	流程业务授权内容	提 报	审 核	二级审核	审 批	知 会
步骤1、步骤2	年度供应商开发计划	采购管理部	采购管理部负责人	供应链中心负责人	总经理	
步骤19、步骤20	合格供应商名录	采购管理部	采购管理部负责人	供应链中心负责人	总经理	

6. 流程风险点

表 9-15　物料供应商开发流程风险点

流程步骤	风险描述	控制类型	控制方式	控制频率	控制文档	相关部门
步骤6至步骤19	供应商开发过程中，初审/复审/现场审核未能识别、审核发现供应商信息造假、样品弄虚作假，生产场所、人员、设备等不真实，造成不合格供应商流入供应系统	预防型	人工	随时	供应商开发进度表、供应商质量审核基本情况调查表等	采购管理部、质量管理部/质量检验处/产品研发部/品牌部

六、物料合格供应商管理流程

物料合格供应商管理流程的输入为合格供应商名录，输出为月度供应商评价结果，其增值方式为及时、准确评价供应商，降低采购风险。图9-6、表9-16至表9-18为物料合格供应商管理流程全过程。

1.流程图

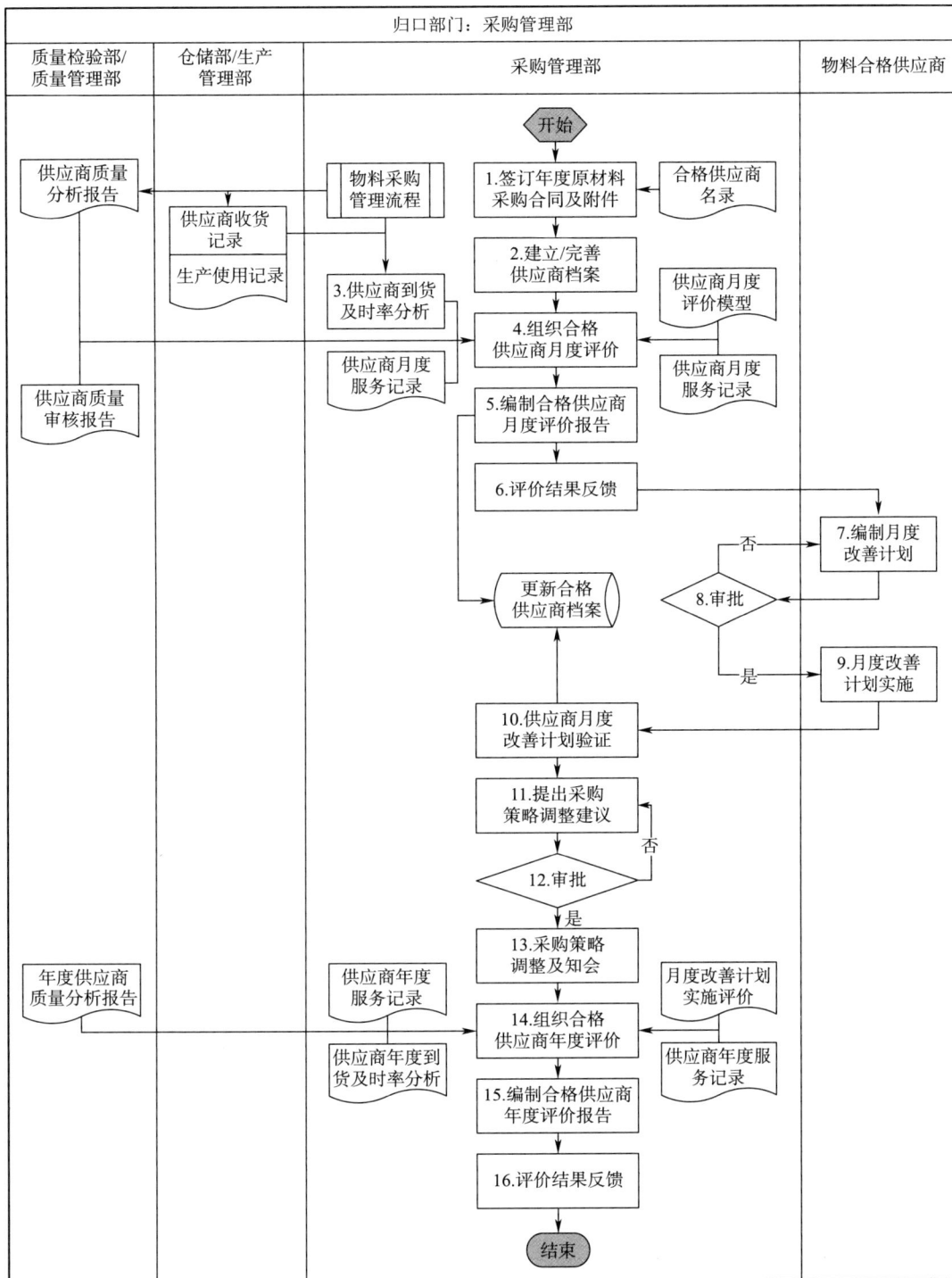

质量检验部/ 质量管理部	仓储部/生产 管理部	采购管理部	物料合格供应商

归口部门：采购管理部

开始

供应商质量
分析报告　←　物料采购
管理流程　　1.签订年度原材料
采购合同及附件　←　合格供应商
名录

供应商收货
记录

生产使用记录

3.供应商到货
及时率分析　　2.建立/完善
供应商档案

供应商月度
评价模型

4.组织合格
供应商月度评价

供应商月度
服务记录　　供应商月度
服务记录

供应商质量
审核报告

5.编制合格供应商
月度评价报告

6.评价结果反馈

否　　7.编制月度
改善计划

8.审批

更新合格
供应商档案

是　　9.月度改善
计划实施

10.供应商月度
改善计划验证

11.提出采购
策略调整建议

否

12.审批

是

13.采购策略
调整及知会

年度供应商
质量分析报告　　供应商年度
服务记录　　14.组织合格
供应商年度评价　　月度改善计划
实施评价

供应商年度到
货及时率分析　　供应商年度服
务记录

15.编制合格供应商
年度评价报告

16.评价结果反馈

结束

图 9-6　物料合格供应商管理流程图

2. 流程步骤说明

表 9-16　物料合格供应商管理流程步骤说明

流程步骤	步骤名称	流程步骤说明	相关文件/制度	相关表单
步骤 1	签订年度原材料采购合同及附件	采购管理部根据合格供应商名录于 11 月 30 日前，各采购人员按所负责采购的物料类别与供应商签订下年度原材料采购合同（含标的、质量技术要求、运输及交付等），附件含质量标准、保密条款、廉洁协议书、审计承诺函等		合格供应商名录、原物料采购合同
步骤 2	建立/完善供应商档案	（1）采购管理部按照物料类别分别对新供应商建立档案，如营业执照、生产许可证等 （2）已合作的供应商需完善供应商档案，如外检报告等		
步骤 3	供应商到货及时率分析	各采购人员每月对供应商到货情况进行统计并分析及时率	物料采购管理流程	
步骤 4	组织合格供应商月度评价	采购管理部根据供应商月度评价模型，于每月 5 日前组织进行供应商月度评价： （1）采购管理部对供应商质量改善、报价及时性、外检报告及时提供性等信息记录到供应商月度服务记录 （2）各采购人员根据供应商到货及时率分析和配合度等提供上月供应商月度服务记录 （3）质量检验部输出供应商质量分析报告 （4）质量管理部输出质量合格供应商月度考评表 （5）生产管理部输出生产使用记录		供应商月度评价模型、供应商月度服务记录、供应商质量分析报告、供应商质量审核报告
步骤 5	编制合格供应商月度评价报告	采购管理部根据月度评价结果，于每月 10 日前编制合格供应商月度评价报告，含改善情况、供应商等级、质量问题等		合格供应商月度评价报告
步骤 6	评价结果反馈	采购管理部将合格供应商月度评价报告结果，于每月 15 日前书面告知各合格供应商		
步骤 7	编制月度改善计划	供应商根据评价结果中的问题点，提出改善计划，并提交到采购管理部		月度改善计划
步骤 8	审批	各采购人员审批		
步骤 9	月度改善计划实施	供应商按照月度改善计划实施		

续上表

流程步骤	步骤名称	流程步骤说明	相关文件/制度	相关表单
步骤 10	供应商月度改善计划验证	采购管理部根据月度改善计划对供应商月度改善完成情况进行验证,并记录在供应商月度服务记录		供应商月度服务记录
步骤 11	根据季度综合结果提出采购策略调整建议	采购管理部根据季度内合格供应商月度评价报告综合评价结果,提出采购策略调整建议,更新季度供应商分配方案,如增减订单量等调整		季度供应商分配方案
步骤 12	审批	采购管理部负责人审批		
步骤 13	采购策略调整及知会	采购管理部对采购策略进行调整,将季度供应商分配方案知会各采购人员		
步骤 14	组织合格供应商年度评价	采购管理部根据合格供应商名录,于 12 月 5 日前组织合格供应商年度评价: (1)采购管理部对供应商质量改善、报价及时性、外检报告及时提供性等信息记录到供应商年度服务记录 (2)各采购人员根据供应商到货及时率分析和配合度等,提供供应商年度服务记录 (3)质量检验部输出年度供应商质量分析报告	物料供应商开发流程	合格供应商名录、供应商年度服务记录、年度供应商质量分析报告
步骤 15	编制合格供应商年度评价报告	采购管理部根据年度评价结果,于 12 月 10 日前编制合格供应商年度评价报告,含改善情况、供应商等级、质量问题等		合格供应商年度评价报告
步骤 16	评价结果反馈	采购管理部将合格供应商年度评价报告,于 12 月 15 日前书面告知各合格供应商		

3. 相关制度与文件

(1)物料采购管理流程。

(2)物料供应商开发流程。

4. 相关表单

(1)合格供应商名录。

(2)原物料采购合同。

(3)供应商月度评价模型。

(4)供应商月度服务记录。

(5)供应商质量分析报告。

(6)供应商质量审核报告。

(7)合格供应商月度评价报告。

（8）月度改善计划。

（9）季度供应商分配方案。

（10）供应商年度服务记录。

（11）年度供应商质量分析报告。

（12）合格供应商年度评价报告。

5. 流程授权表

表 9-17　物料合格供应商管理流程授权表

流程步骤	流程业务授权内容	提　报	审　核	二级审核	审　批	知　会
步骤 11、步骤 12	季度供应商分配方案	采购管理部			采购管理部负责人	各采购人员

6. 流程风险点

表 9-18　物料合格供应商管理流程风险点

流程步骤	风险描述	控制类型	控制方式	控制频率	控制文档	相关部门
步骤 11	进行季度供应商分配方案调整时，评估不足导致供应、服务、响应速度无法满足采购需求	预防型	人工	季度	季度供应商分配方案	采购管理部

七、物料采购管理流程

物料采购管理流程的输入为 4W+1M 物料需求计划，输出为检验合格的物料，其增值方式为及时处理采购异常，确保物料保质、保量供应。图 9-7、表 9-19 至表 9-21 为物料采购管理流程全过程。

1. 流程图

归口部门：采购管理部		
计划管理部	仓储部/质量检验部	采购管理部

```
┌────────────┐            ┌────────────┐
│4W+1M物料   │   ╱开始╲   │季度供应商  │
│需求计划    │   ╲    ╱   │分配方案    │
└─────┬──────┘            └─────┬──────┘
      │        │                │
      ▼                         ▼
┌──────────┐ ───────────► ┌──────────┐ ◄──┐
│1.下达物料│              │2.采购订单│    │
│  PR      │              │  分配    │    │
└──────────┘              └────┬─────┘    │
                               │ 否       │
                               ▼          │
                          ╱────────╲      │
                          ╲3.审批   ╱─────┘
                  否       ╲────────╱
                               │ 是
                               ▼
                          ┌──────────┐  ┌──────────┐
                          │4.采购订单│◄─│采购价格  │
                          │  下达    │  │管理流程  │
                          └────┬─────┘  └──────────┘
                               ▼
                          ╱────────╲
                          ╲5.供应商 ╱
                          ╲回签确认╱
                               │ 修订到货时间
┌──────────┐                   ▼
│周生产计划│ ──────────► ┌──────────┐ 正常
│管理流程  │             │6.反馈到货│ 到货
└────┬─────┘             │  时间    │
     ▼                   └────┬─────┘
┌──────────┐                  │
│7.制订物料│ ──────────► ┌──────────┐
│  到货计划│             │8.跟进到货│
└──────────┘             └────┬─────┘
        ┌──────────┐
        │物料检验  │◄───────────┘
        │流程      │
        └────┬─────┘
     不合格 │ 合格
      ┌─────┴─────┐
      ▼           ▼
┌──────────┐ ┌──────────┐
│9.潜在不合│ │物料仓储  │
│格物料处理│ │管理流程  │
└────┬─────┘ └────┬─────┘
     ▼           ▼              ▼              ▼
┌────────┐ ┌────────┐ ┌──────────┐ ┌────────┐
│10.质量 │ │11.收货 │ │12.到货及时│ │13.服务 │
│数据统计│ │记录统计│ │率统计及服 │ │记录    │
└────────┘ └────────┘ │务记录     │ └────────┘
                      └────┬──────┘
                           ▼
                      ┌──────────┐
                      │物料合格  │
                      │供应商管理│
                      │流程      │
                      └────┬─────┘
                           ▼
                        ╱结束╲
```

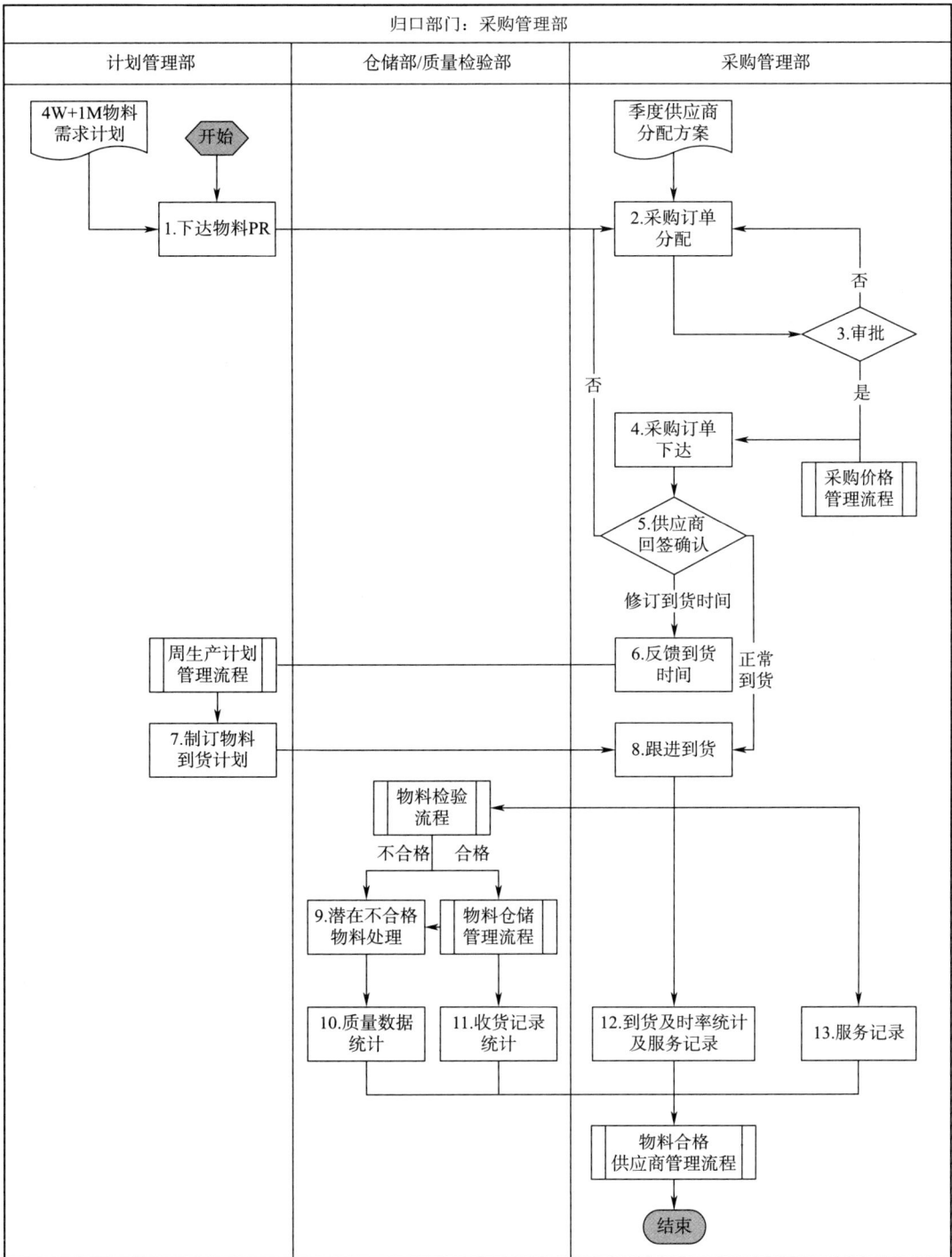

图 9-7 物料采购管理流程图

2. 流程步骤说明

表 9-19　物料采购管理流程步骤说明

流程步骤	步骤名称	流程步骤说明	相关文件/制度	相关表单
步骤1	下达物料PR	（1）计划管理部每周滚动更新4W+1M物料需求计划，通过MRP运算生成请购数据 （2）物料计划组审核通过后，每周四生成PR下达至采购管理部		4W+1M物料需求计划
步骤2	采购订单分配	采购管理部根据季度供应商分配方案、PR于每周五在ERP中生成采购订单，含供应商、物料、数量、价格等		季度供应商分配方案
步骤3	审批	采购管理部根据采购价格管理流程每天对价格、订单分配等进行审批	采购价格管理流程	
步骤4	采购订单下达	采购人员将审批通过的采购订单，在1个工作日内发给供应商		
步骤5	供应商回签确认	（1）采购人员于1个工作日内完成供应商回签盖章，如满足需求，正常到货，进入步骤8 （2）如不能满足需求，与供应商协商后修订到货时间可以满足，进入步骤6 （3）仍不能满足，返回步骤2，调整采购订单分配		
步骤6	反馈到货时间	采购人员将修订的到货时间反馈至计划管理部，进入周生产计划管理流程	周生产计划管理流程	
步骤7	制订物料到货计划	计划管理部根据周生产计划管理流程和物料仓储管理流程，于每周三提供物料到货计划表		物料到货计划表
步骤8	跟进到货	采购人员根据物料到货计划表跟进订单货物送货进度，确保订单物料按期到货		
步骤9	潜在不合格物料处理	质量检验部根据物料检验流程对产品进行检验，检验合格的，进入物料仓储管理流程；检验不合格，按照潜在不合格物料处理办法进行处理	物料检验流程、物料仓储管理流程、潜在不合格物料处理办法	
步骤10	质量数据统计	质量检验部每月对质量数据进行统计		
步骤11	收货记录统计	仓储部根据物料仓储管理流程对验收合格产品，办理入库手续，并将供应商到货及时性等信息进行记录，每月1日前提供上月供应商收货记录	物料仓储管理流程	
步骤12	到货及时率统计及服务记录	采购人员根据仓储部提供的供应商收货记录、采购订单及送货计划，对供应商到货及时率进行统计，并做好服务记录		供应商月度服务记录
步骤13	服务记录	采购管理部根据不合格品处理速度、改善情况等，对供应商服务进行记录，进入物料合格供应商管理流程	物料合格供应商管理流程	供应商月度服务记录

3. 相关制度与文件

（1）采购价格管理流程
（2）周生产计划管理流程。
（3）物料检验流程。
（4）潜在不合格物料处理办法。
（5）物料仓储管理流程。
（6）物料合格供应商管理流程。

4. 相关表单

（1）4W+1M 物料需求计划。
（2）季度供应商分配方案。
（3）物料到货计划表。
（4）供应商月度服务记录。

5. 流程授权表

表 9-20　物料采购管理流程授权表

流程步骤	流程业务授权内容	提　报	审　核	二级审核	审　批	知　会
步骤2、步骤3	采购订单分配	采购人员			采购管理部负责人	

6. 流程风险点

表 9-21　物料采购管理流程风险点

流程步骤	风险描述	控制类型	控制方式	控制频率	控制文档	相关部门
步骤1	（1）下达物料 PR 时，物料需求日期小于物料采购周期，无法满足物料需求（2）下达物料 PR 数量偏高或偏低，可能导致物料呆滞或短缺	预防型	人工／系统	随时	ERP	计划管理部

八、采购价格管理流程

采购价格管理流程的输入为上年度质量分析报告及质量异常记录、上年度合格供应商年度评价报告、年度物料供应计划表、策略性物料备货方案等，输出为采购价格控制分析，其增值方式为降低采购成本。图 9-8、表 9-22 至表 9-24 为采购价格管理流程全过程。

1. 流程图

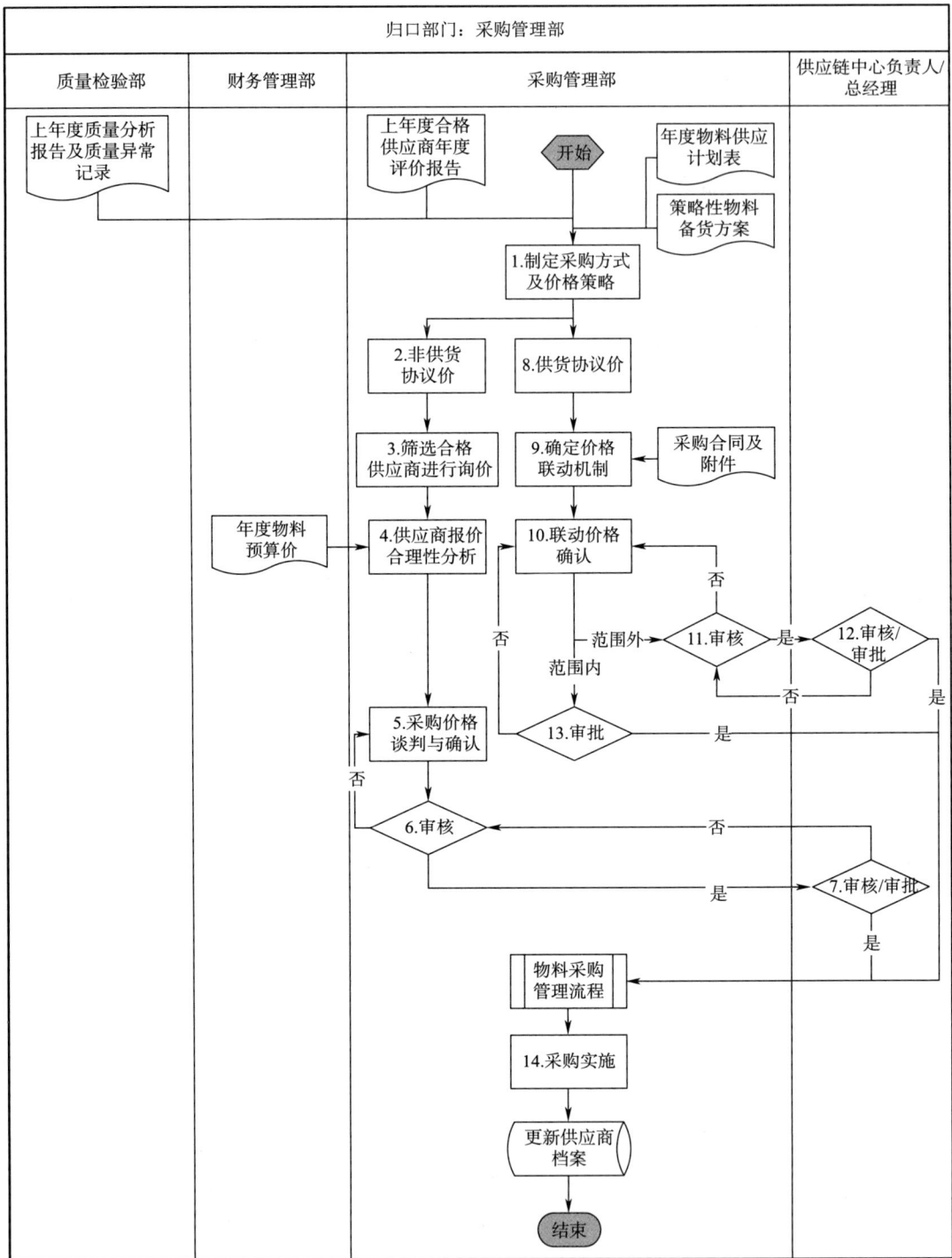

图 9-8 采购价格管理流程图

2. 流程步骤说明

表 9-22　采购价格管理流程步骤说明

流程步骤	步骤名称	流程步骤说明	相关文件/制度	相关表单
步骤 1	制定采购方式及价格策略	采购管理部根据上年度"年度供应商质量分析报告"、"合格供应商年度评价报告"和本年度"年度物料供应计划表"、"年度策略性物料备货方案"，于 12 月 25 日前按照物料分类，编制/修订年度采购方式及价格策略，采购管理部负责人确认后，书面知会供应链中心负责人、总经理		年度供应商质量分析报告、合格供应商年度评价报告、年度物料供应计划表、采购方式及价格策略
步骤 2	非供货协议价	采购管理部根据物料分类维护非供货协议价		
步骤 3	筛选合格供应商进行询价	采购管理部根据合格供应商名录筛选对应物料供应商进行报价及回签		合格供应商名录
步骤 4	供应商报价合理性分析	采购管理部根据市场行情、历史采购价格、质量（如需）等对供应商报价合理性进行分析		
步骤 5	采购价格谈判与确认	采购管理部根据分析结果，与供应商进行谈判议价		
步骤 6	审核	采购管理部负责人审核		
步骤 7	审核/审批	供应链中心负责人审核、总经理审批		
步骤 8	供货协议价	采购管理部根据物料分类级维护供货协议价		
步骤 9	确定价格联动机制	采购管理部跟供应商确定价格联动机制，确定料价联动方式，并报备供应链中心负责人、总经理		
步骤 10	联动价格确认	采购管理部根据合同协议中的联动机制确定联动价格，在 2% 范围内，进入步骤 13；在 2% 范围外，进入步骤 11		
步骤 11	审核	采购管理部负责人审核		
步骤 12	审核/审批	供应链中心负责人、总经理审批		
步骤 13	审批	采购管理部负责人审批，并书面知会供应链中心负责人、总经理		
步骤 14	采购实施	采购管理部根据审核结果，将价格当日维护到 ERP 系统，按照物料采购管理流程进行采购实施，并更新供应商档案	物料采购管理流程	

3. 相关制度与文件

物料采购管理流程。

4. 相关表单

（1）年度供应商质量分析报告。
（2）合格供应商年度评价报告。
（3）年度物料供应计划表。
（4）采购方式及价格策略。
（5）合格供应商名录。

5. 流程授权表

表 9-23　采购价格管理流程授权表

流程步骤	流程业务授权内容	提 报	审 核	二级审核	审 批	知 会
步骤 5 至步骤 7	非供货协议价采购价格	采购管理部	采购管理部负责人	供应链中心负责人	总经理	采购人员
步骤 10 至步骤 12	联动价格	采购管理部	采购管理部负责人	供应链中心负责人	总经理	采购人员

6. 流程风险点

表 9-24　采购价格管理流程风险点

流程步骤	风险描述	控制类型	控制方式	控制频率	控制文档	相关部门
步骤 10	制定价格联动机制时，是否充分考虑价格波动范围及趋势对我方利弊，会最终影响公司采购成本	预防型	人工	每年	原物料采购合同	采购管理部
步骤 3 至步骤 5	评估供应商报价时需从市场行情、历史采购价格、质量（如需）等维度综合考虑，争取在价格谈判中获取更优惠、合理的价格	预防型	人工	随时	原物料采购合同	采购管理部

九、物料采购货款管理流程

物料采购货款管理流程的输入为采购信息，输出为采购付款记录，增值方式为按采购合同及时、准确付款。图 9-9、表 9-25 至表 9-27 为物料采购货款管理流程全过程。

1. 流程图

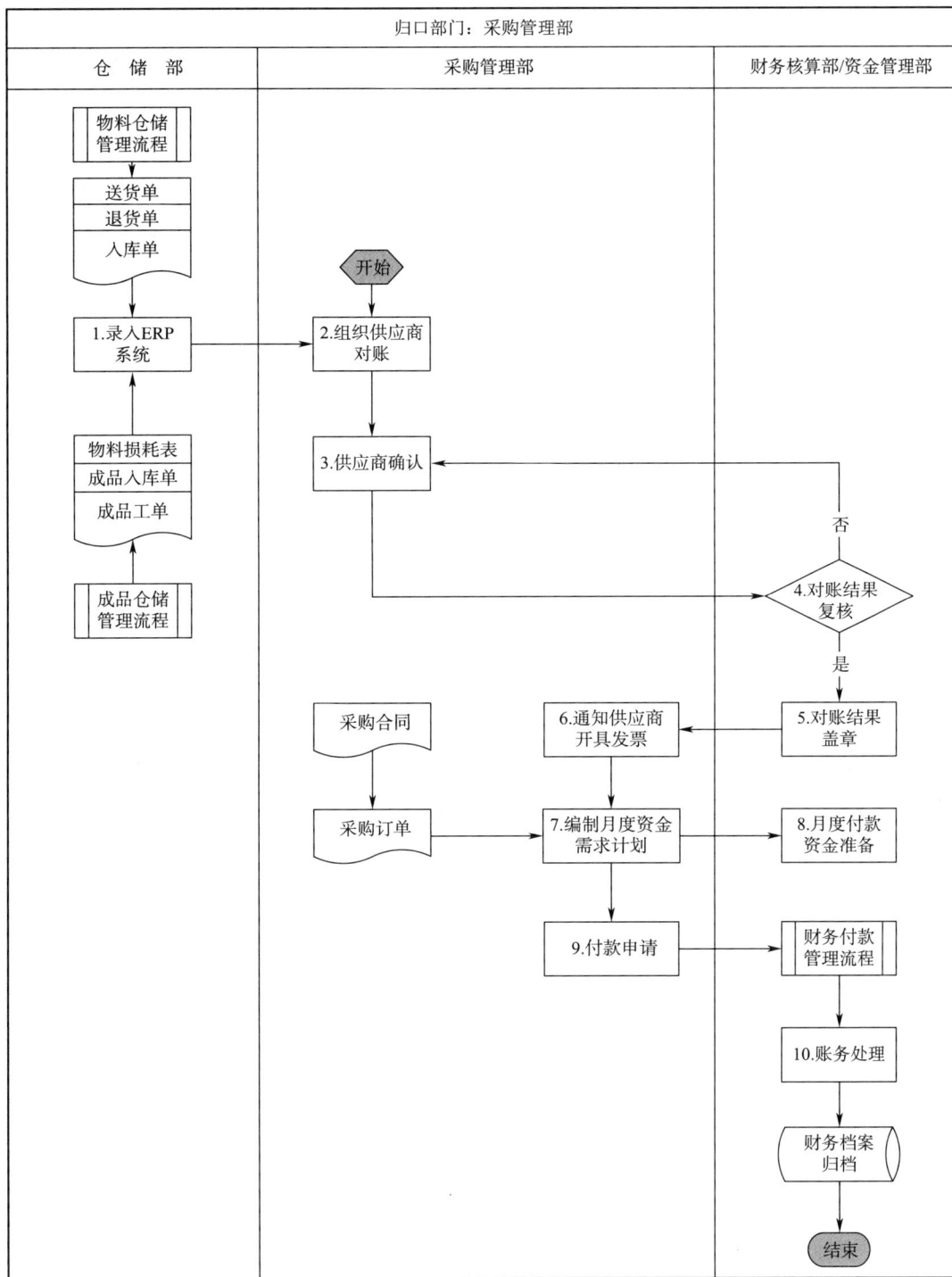

图 9-9　物料采购货款管理流程图

2. 流程步骤说明

表 9-25 物料采购货款管理流程步骤说明

流程步骤	步骤名称	流程步骤说明	相关文件 / 制度	相关表单
步骤 1	录入 ERP 系统	（1）仓储部根据物料仓储管理流程将送货、退货、入库单信息次日 9 点前录入 ERP 系统 （2）仓储部根据成品仓储管理流程 OEM 成品当日匹配单据，将物料损耗、成品入库、成品工单信息录入 ERP 系统	物料仓储管理流程、成品仓储管理流程	送货单、退货单、入库单、物料损耗表、成品入库单、成品工单
步骤 2	组织供应商对账	采购管理部根据采购合同约定的月结、批结、预付组织供应商对账		对账单
步骤 3	供应商确认	采购人员将确认无误后的对账单，发至供应商确认		
步骤 4	对账结果复核	财务核算部根据 ERP 系统信息、签批报价单对采购提交的对账单进行复核，如数量、价格、往来货款等		
步骤 5	对账结果盖章	财务核算部将确认无误的对账结果盖章		
步骤 6	通知供应商开具发票	采购管理部通知供应商盖章并开具等额发票，对账单盖章后扫描给至采购管理部，发票寄至财务核算部		
步骤 7	编制月度资金需求计划	采购人员根据采购合同及订单，批结每周编制并提报下周资金需求计划；月结每月底前编制并提报下月月度资金需求计划		资金需求计划
步骤 8	月度付款资金准备	资金管理部根据采购人员提报的资金需求计划准备资金		
步骤 9	付款申请	采购人员于每月 20 日前提交供应商付款申请及单据	财务付款管理流程	
步骤 10	账务处理	财务核算部、资金管理部进行税务、票据等账务处理		

3. 相关制度与文件

（1）物料仓储管理流程。

（2）成品仓储管理流程。

（3）财务付款管理流程。

4. 相关表单

（1）送货单。

（2）退货单。

（3）入库单。

（4）物料损耗表。

（5）成品入库单。

（6）成品工单。

（7）对账单。

（8）资金需求计划。

5. 流程授权表

表 9-26　物料采购货款管理流程授权表

流程步骤	流程业务授权内容	提　报	审　核	二级审核	审　批	知　会
—	—	—	—	—	—	—

6. 流程风险点

表 9-27　物料采购货款管理流程风险点

流程步骤	风险描述	控制类型	控制方式	控制频率	控制文档	相关部门
步骤 2	与供应商对账时出现差错，造成公司损失： （1）退货未核减 （2）价格非最新价 （3）ERP 数据录入有误	发现型	人工	每月	对账单	采购管理部、财务核算部、仓储部

十、物料仓储管理流程

物料仓储管理流程的输入为年度物料需求计划、年度策略性物料备货方案，输出为存货盘点分析报告，其增值方式为确保物料仓储安全、准确。图 9-10、表 9-28 至表 9-30 为物料仓储管理流程全过程。

1. 流程图

归口部门：仓储部		
质量检验部/生产管理部	物流管理部/仓储部	采购管理部/财务核算部/生产厂长/计划管理部

开始

年度物料需求计划
年度策略性物料备货方案

1.测算基地库容需求

2.统计分析基地现有库容 → 3.编制库容匹配表及差异分析

物料安全库存表

4.是否满足 — 是 / 否

5.JIT

6.现有库容优化

7.是否满足 — 是 / 否

8.外租仓库

9.库区库位规划 → 10.仓储配套设备设施布置

送货单、质检报告
收货单/调拨单

11.编制/修订仓储管理规范

来料检验单
退料单

12.办理物料入库手续

13.仓储过程管理 — 出现不合格 → 潜在不合格物料处理办法

工单发料单
批生产指令
调拨单

14.办理物料出库手续

15.物料日动态盘点 → 16.组织物料月/半年度盘点

17.编制存货盘点分析报告

18.盘亏盘盈系统账务调整

19.盘亏盘盈账务处理

结束

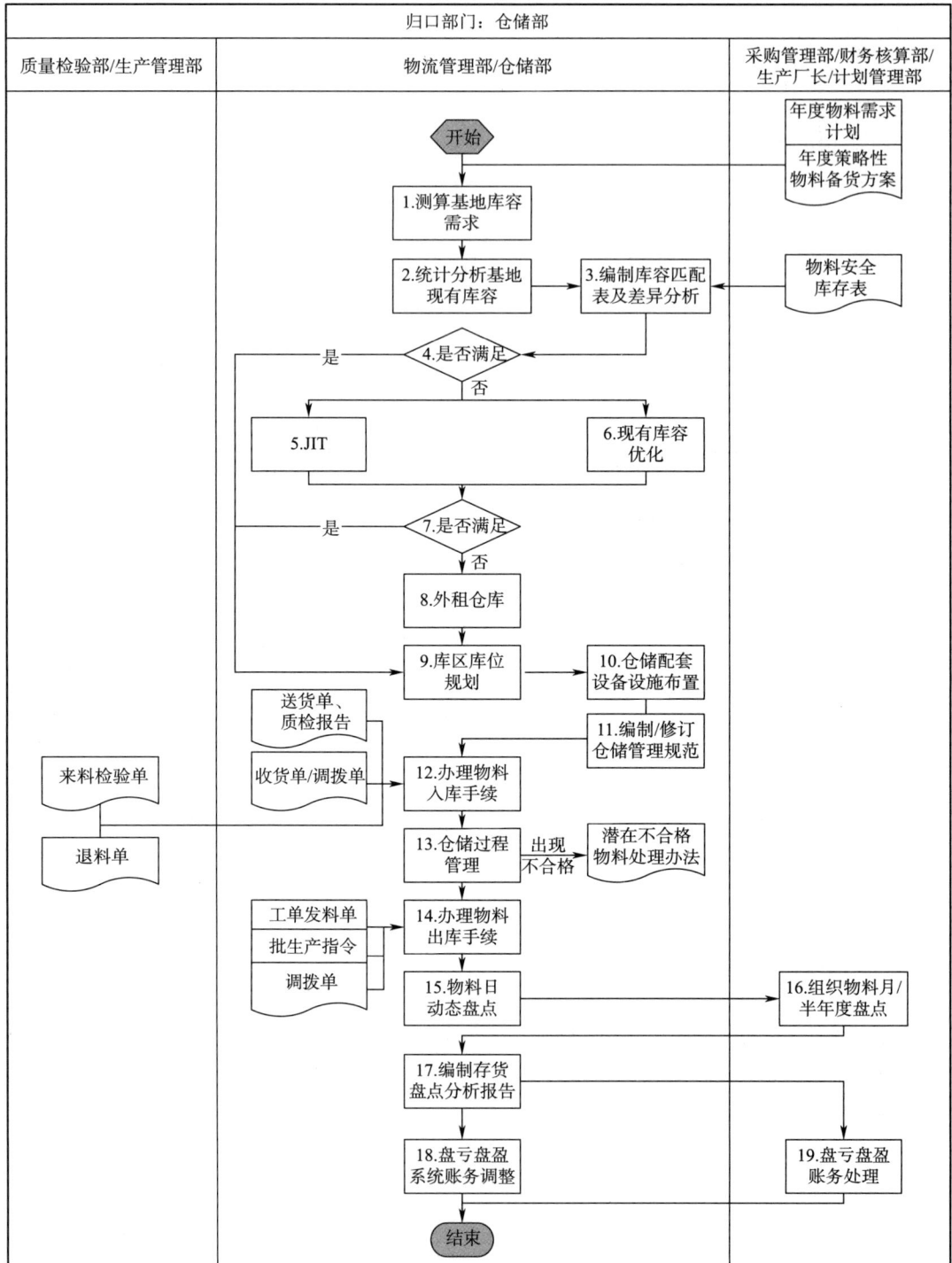

图 9-10　物料仓储管理流程图

2. 流程步骤说明

表 9-28 物料仓储管理流程步骤说明

流程步骤	步骤名称	流程步骤说明	相关文件/制度	相关表单
步骤 1	测算基地库容需求	物流管理部根据年度物料需求计划及年度策略性备货方案测算原辅料仓库容需求	年度物料需求计划、物料库容需求	
步骤 2	统计分析基地现有库容	物流管理部根据基地仓库平面图,结合新基地建设或基地新增基建项目规划,统计分析基地可用于存储原辅料的库容面积		基地原辅料仓库容统计表
步骤 3	编制库容匹配表及差异分析	物流管理部根据物料库容需求、原辅料仓容统计表、物料安全库存表,进行库容需求与现有库容规划匹配		物料安全库存表
步骤 4	是否满足	物流管理部根据库容匹配差异及分析表评估库容是否满足,如不满足,进入步骤 5 或者步骤 6;如满足,进入步骤 9		
步骤 5	JIT	物流管理部根据库容配置差异与采购管理部沟通,了解可执行 JIT 的供应商,并协助采购管理部完成与供应商合作模式的确定		
步骤 6	现有库容优化	物流管理部与仓储部根据库容配置差异进行库位优化方案探讨,以及原辅料仓各品类的仓位调整评估		库位优化方案
步骤 7	是否满足	通过以上方案解决,是否可满足库容,如不满足,进入步骤 8;如满足,进入步骤 9		
步骤 8	外租仓库	(1)物流管理部根据库容缺口提出外仓租赁需求,并确定预计启用时间 (2)采购管理部根据外仓租赁需求寻找外租仓资源并确定供应商 (3)质量检验部参与对供应商仓库存储条件的评估		
步骤 9	库区库位规划	仓储部根据现有仓库做库区库位规划更新,输出更新后的仓库平面分布图		
步骤 10	仓储配套设备设施布置	仓储部根据更新后的仓库平面分布图进行配套设备设施的布置,含符合 GMP[①]要求的防护设施以及作业使用的设备、工具等		
步骤 11	编制/修订仓储管理规范	物流管理部根据公司管理升级要求更新仓储管理规范	原辅材料仓储管理制度	
步骤 12	办理物料入库手续	(1)仓储部根据供应商提供的送货单、检验报告和收货单、品控检验合格单或生产结批后的退料单,于次日上午 9 点前完成物料入库及系统入账,日清月结 (2)备品备件根据供应商提供的送货单,设备管理部确认后办理入库		检验合格单、退料单

---

① GMP:良好操作规范,英文全称 Good Manufacturing Practices。

续上表

流程 步骤	步骤 名称	流程步骤 说明	相关文件／制度	相关 表单
步骤 13	仓储过程管理	（1）仓储部根据原辅材料仓储管理制度做好物料在库的管理 （2）如因仓储过程管理不当，导致物料质量异常的，按照潜在不合格物料处理办法进行处理	原辅材料仓储管理制度、潜在不合格物料处理办法	温度、湿度记录表
步骤 14	办理物料出库手续	（1）仓储部依据批生产指令及工单发料单，于生产前完成物料的出库及系统作业 （2）结批前仓储部根据工单发料单汇总生成领料单，生产管理部签字后存档		批生产指令、工单发料单、领料单
步骤 15	物料日动态盘点	仓储部每日上午 10 点前，针对前一天有出入库的物料标识卡结存数量与实物核对，完成物料的动态盘点，确保物料账物卡一致		
步骤 16	组织物料月／半年度盘点	财务核算部于每月月底前一周制订物料盘点（月度、半年度）计划并发出盘点通知，财务核算部与仓储部根据盘点通知要求对在库物料进行实物盘点及系统账务核对		物料盘点表
步骤 17	编制存货盘点分析报告	仓储部根据物料盘点表，于次月 5 日前编制存货盘点分析报告，针对有差异的盘点项需进行差异分析并整改		存货盘点分析报告
步骤 18	盘亏盘盈系统账务调整	（1）仓储部根据盘点结果，于次月 10 日前进行账务处理，针对无法查明原因的盘亏做杂发、盘盈做杂收处理 （2）物流管理部依据原辅材料仓储管理制度对仓储部实施考核	原辅材料仓储管理制度	仓储 KPI[①]考核表
步骤 19	盘亏盘盈账务处理	财务核算部根据仓库提交的杂收、杂发单，于次月 15 日前完成系统的扣／入账		

3. 相关制度与文件

（1）年度物料需求计划。

（2）物料库容需求。

（3）原辅材料仓储管理制度。

（4）潜在不合格物料处理办法。

4. 相关表单

（1）基地原辅料仓库容统计表。

（2）物料安全库存表。

（3）库位优化方案。

---

① KPI：关键绩效指标，英文全称 Key Performance Indicator。

（4）检验合格单。

（5）退料单。

（6）温度、湿度记录表。

（7）批生产指令。

（8）工单发料单。

（9）领料单。

（10）物料盘点表。

（11）存货盘点分析报告。

（12）仓储 KPI 考核表。

5. 流程授权表

表 9-29　物料仓储管理流程授权表

流程步骤	流程业务授权内容	提　报	审　核	二级审核	审　批	知　会
—	—	—	—	—	—	—

6. 流程风险点

表 9-30　物料仓储管理流程风险点

流程步骤	风险描述	控制类型	控制方式	控制频率	控制文档	相关部门
步骤 3 至步骤 9	库容匹配无法满足实际需求，可能出现物料短缺导致停产或爆仓导致物料在库管理异常、出现安全隐患	预防型	人工	随时	物料库容需求、原辅料仓库容统计表	物流管理部、仓储部、计划管理部
步骤 11 至步骤 16	（1）收、发错物料（物料数量、品项、日期等） （2）仓储过程出现质量异常 （3）仓储管理过程区域规划不合理、标识不清晰等导致不合格物料或潜在不合格物料流入生产	预防型	人工	随时	原辅材料仓储管理制度、批生产指令等	物流管理部、仓储部、质量检验部、生产管理部

十一、物料呆滞及报废处理流程

物料呆滞及报废处理流程的输入为物料呆滞标准、月度呆滞报表，输出为呆滞 / 报废统计与分析总结，其增值方式为及时处理呆滞及报废物料，提升库存周转。图 9-11、表 9-31 至表 9-33 为物料呆滞及报废处理流程全过程。

1. 流程图

归口部门：计划管理部				
销售运营部/品牌部/研发管理部	仓储部/财务核算部	计划管理部	采购管理部	质量检验部

```
仓储部/财务核算部:
  物料仓储管理流程
  月度呆滞报表
  呆滞物料清单

计划管理部:
  开始 —— 物料呆滞标准
  1.梳理潜在呆滞物料
  2.是否可以防呆处理 —— 否 → 8
      ↓是
  3.提出潜在呆滞物料处理方案 —— 退换货/返工 → 4.组织供应商退换货/返工 → 结束
      ↓基地间调拨
  5.下达调拨指令
  物料仓储管理流程
  开始
  8.呆滞/报废物料处理方案
  9.是否可以处理 —— 是 → 10.呆滞物料请检 → 物料检验流程
      ↓否                                检验合格/需报废
  11.提出报废申请
  14.呆滞/报废统计与分析总结
  结束

销售运营部/品牌部/研发管理部:
  4W+2M提货计划管理流程
  销售处理（在售）
  未上市产品
  6.提出未上市呆滞物料盘活方案
  7.盘活方案执行
  结束
  12.报废处理
  13.仓储/财务账务处理
```

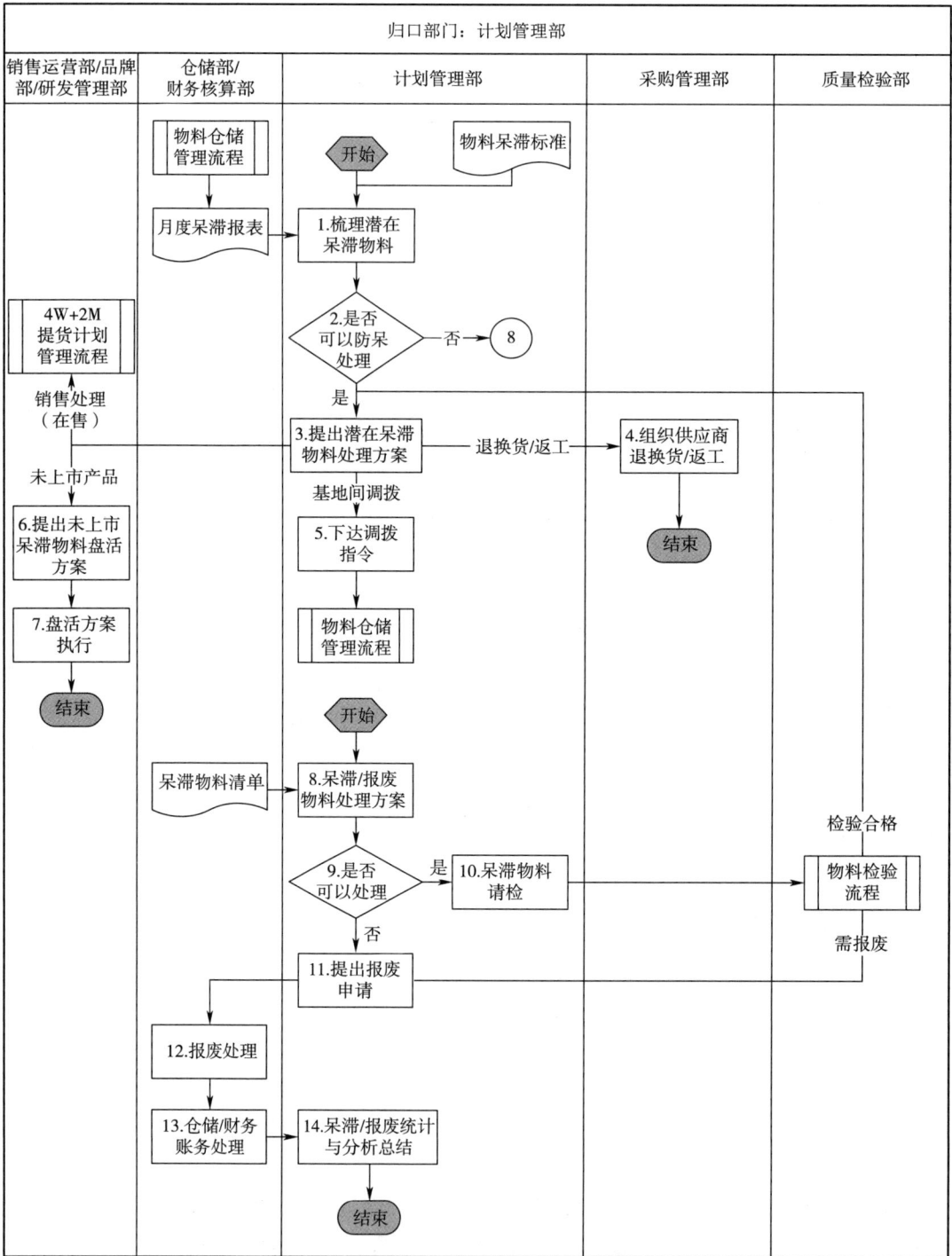

图 9-11　物料呆滞及报废处理流程图

2. 流程步骤说明

表 9-31　物料呆滞及报废处理流程步骤说明

流程步骤	步骤名称	流程步骤说明	相关文件/制度	相关表单
步骤 1	梳理潜在呆滞物料	计划管理每周一根据仓储部提供的月度呆滞报表，梳理在库的物料库存日期统计表，按照物料呆滞标准标识潜在呆滞物料		月度呆滞报表、物料呆滞标准、潜在呆滞物料明细
步骤 2	是否可以防呆处理	计划管理部评估潜在呆滞物料是否可以防呆处理：如可以，进入步骤 3；如不可以，进入步骤 8		
步骤 3	提出潜在呆滞物料处理方案	计划管理部通过与相关部门综合评估后提出潜在呆滞物料的处理方案，并由相关部门签署意见： （1）如销售能处理，进入 4W+2M 提货计划管理流程 （2）如采购管理部能协助退换货/返工，进入步骤 4 （3）如能在基地间进行消化处理，潜在呆滞物料的处理方案需征询质量管理部意见，进入步骤 5 （4）未上市产品的潜在呆滞物料，进入步骤 6	4W+2M 提货计划管理流程	
步骤 4	组织供应商退换货/返工	通过供应商退换货/返工解决的，由计划管理部向采购管理部发起退换货/返工处理申请单，采购管理部组织供应商进行退换货/返工处理		退换货/返工处理申请单
步骤 5	下达调拨指令	计划管理部结合月度生产计划及潜在呆滞物料明细，评估可通过跨基地处理的，则下达调拨指令： （1）在 OA 发起物料调拨申请流程 （2）在 ERP 做物料调拨单		月度生产计划、物料调拨单
步骤 6	提出未上市呆滞物料盘活方案	品牌部/研发管理部对未上市造成的呆滞物料制定盘活方案，明确处理方式、时间、相关部门等		
步骤 7	盘活方案执行	品牌部/研发管理部组织盘活方案执行		
步骤 8	呆滞/报废物料处理方案	计划管理部根据呆滞物料清单及潜在不合格物料处理办法输出的"不合格物料信息清单"（仓储或生产过程发现的不合格物料）沟通处理方案，并由相关部门签署意见	潜在不合格物料处理办法	呆滞物料清单、不合格物料信息清单

流程步骤	步骤名称	流程步骤说明	相关文件 / 制度	相关表单
步骤 9	是否可以处理	如不能处理，则进入步骤 11；如可以处理，则进入步骤 10		
步骤 10	呆滞物料请检	计划管理部根据呆滞物料处理方案，通知仓储部填写信息反馈联络单知会质量检验部，进入物料检验流程，检验合格进入步骤 3，检验不合格进入步骤 11	物料检验流程	信息反馈联络单
步骤 11	提出报废申请	（1）呆滞物料如已明确无法处理，计划管理部提出报废申请 （2）仓储或生产过程产生需报废的不合格物料，仓储部发起报废申请	产成品 / 物料报废申请流程	
步骤 12	报废处理	（1）物流管理部编制分类报废规范，规范各种类别报废的处理方式 （2）仓储部依据签批后的报废申请单，与质量检验部、财务核算部协同对实物进行报废处理，做好报废处理记录并存档		分类报废规范、报废申请单
步骤 13	仓储 / 财务账务处理	（1）仓储部依据报废的呆滞物料明细于报废后一周内在 ERP 做出库扣账处理 （2）财务核算部根据 ERP 的报废单做账务处理		杂发单
步骤 14	呆滞 / 报废统计与分析总结	计划管理部每月 15 日前统计仓库上月的呆滞 / 报废物料，并进行分析总结		呆滞 / 报废物料分析报告

3. 相关制度与文件

（1）4W+2M 提货计划管理流程。

（2）潜在不合格物料处理办法。

（3）物料检验流程。

（4）产成品 / 物料报废申请流程。

4. 相关表单

（1）月度呆滞报表

（2）物料呆滞标准。

（3）潜在呆滞物料明细。

（4）退换货 / 返工处理申请单。

（5）月度生产计划。

（6）物料调拨单。

（7）呆滞物料清单。

（8）不合格物料信息清单。

（9）信息反馈联络单。

（10）分类报废规范。

（11）报废申请单。

（12）杂发单。

（13）呆滞／报废物料分析报告。

5. 流程授权表

表 9-32 物料呆滞及报废处理流程授权表

流程步骤	流程业务授权内容	提 报	审 核	二级审核	审 批	知 会
—	—	—	—	—	—	—

6. 流程风险点

表 9-33 物料呆滞及报废处理流程风险点

流程步骤	风险描述	控制类型	控制方式	控制频率	控制文档	相关部门
步骤 1 至步骤 10	（1）潜在呆滞物料未能有效、及时识别，造成物料呆滞 （2）防呆处理不及时，造成物料呆滞 （3）呆滞处理不及时，产生物料报废 （4）物料实物报废处理不当，导致有公司品牌标识的物料流向市场，给公司品牌造成负面影响	预防型／发现型	人工	每周	物料呆滞标准、潜在呆滞物料明细	计划管理部、仓储部、质量检验部、财务核算部

十二、周生产计划管理流程

周生产计划管理流程的输入为 4W+2M 月度生产计划、缺货统计表、不合格物料处理信息等，输出为周生产计划分析，增值方式为提升周生产计划达成率。图 9-12、表 9-34 至表 9-36 为周生产计划管理流程全过程。

1. 流程图

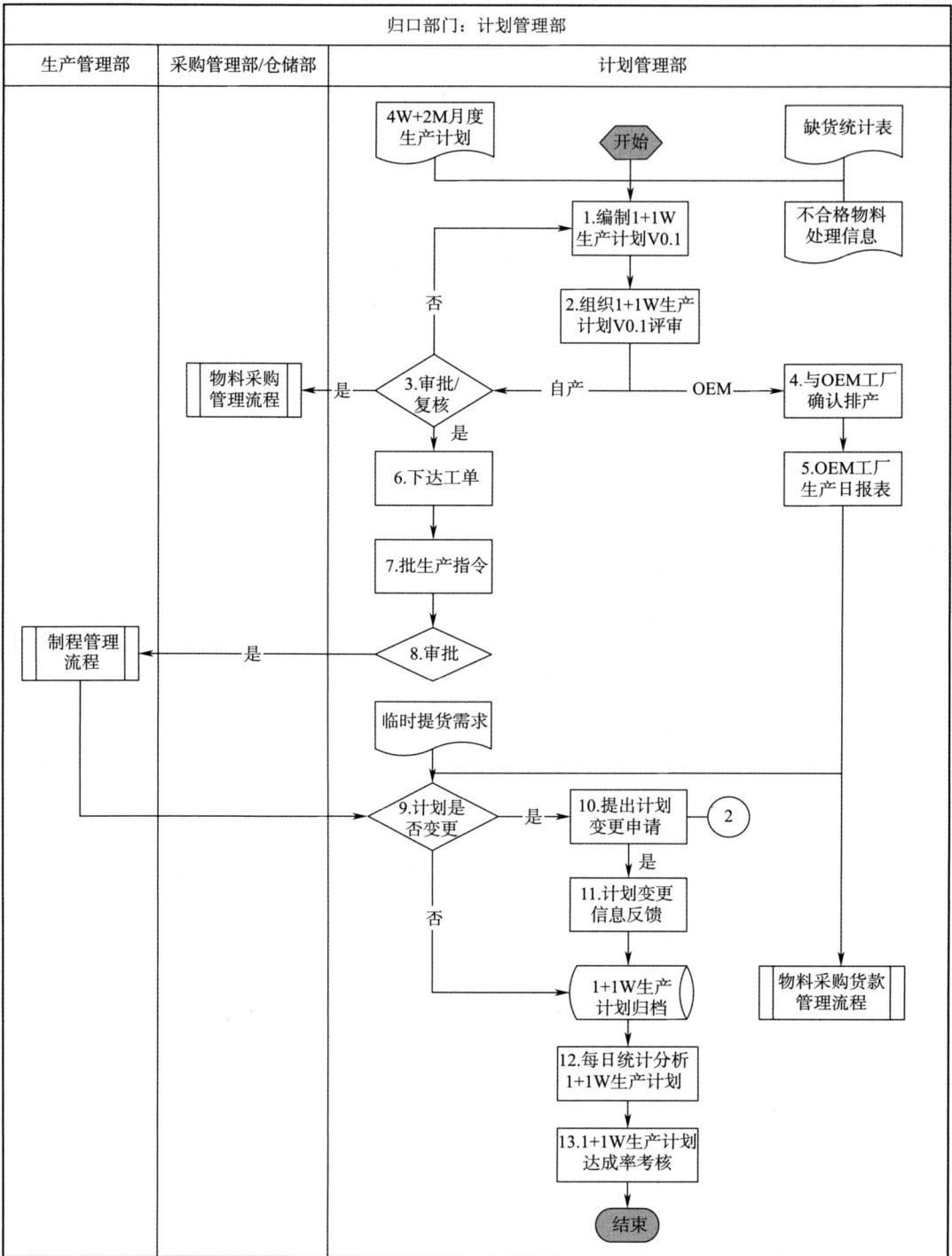

图 9-12　周生产计划管理流程图

2. 流程步骤说明

表 9-34 周生产计划管理流程步骤说明

流程步骤	步骤名称	流程步骤说明	相关文件/制度	相关表单
步骤 1	编制 1+1W 生产计划 V0.1	（1）自产：计划管理部根据 OA 下发的月度总生产计划，并参考缺货信息及质量检验部反馈的不合格物料处理信息（如有），编制 1+1W 滚动生产计划 V0.1（1W 为确定执行周计划 +1W 采购参考计划备料） （2）OEM：计划管理部下达月度总生产计划时，即明确周生产需求		1+1W 生产计划 V0.1
步骤 2	组织 1+1W 生产计划 V0.1 评审	（1）自产：计划管理部编制完 1+1W 周生产计划 V0.1 后，组织各部门从以下几个方面进行评审： ①人：人员需求及准备到位情况确认 ②机：设备状态及准备情况确认 ③料：库存物料、采购物料准备及供应情况确认 ④法：配方、制程工艺／标准等准备情况 ⑤环：仓储库容情况等 （2）OEM：进入步骤 4 确认排产		
步骤 3	审批／复核	1+1W 生产计划经基地副厂长审批，并报计划管理部复核后，进入步骤 6 和物料采购管理流程；审批／复核不通过的，返回步骤 1		1+1W 生产计划 V1.0
步骤 4	与 OEM 工厂确认排产	计划管理部根据月度总生产计划，协调 OEM 工厂确认生产排产		
步骤 5	OEM 工厂生产日报表	OEM 工厂按时发送成品日报表及月报表，反馈生产、出货、库存情况		OEM 工厂成品日报表及月报表
步骤 6	下达工单	计划管理部根据审批／复核 1+1W 生产计划 V1.0 后下达生产工单		生产工单
步骤 7	批生产指令	计划管理部根据下达的生产工单分解制定批生产指令		批生产指令
步骤 8	审批	批生产指令由基地副厂长审批，进入制程管理流程并报备质量检验部	制程管理流程	
步骤 9	计划是否变更	（1）基地 1+1W 生产计划及 OEM 工厂排产计划经计划管理部审核确认后，原则上不得变更，需严格执行，各部门围绕周生产计划展开工作安排 （2）计划管理部根据相关部门提出的销售／非销售临时提货需求，判断是否能够通过调整计划满足需求的，如能满足需求的进入步骤 10，无法满足及时反馈		临时提货需求
步骤 10	提出计划变更申请	计划管理部提出周生产计划调整申请，明确计划变更触发的原因、部门、预估成本增加等，进入步骤 2 和步骤 11		周生产计划变更申请

续上表

流程步骤	步骤名称	流程步骤说明	相关文件/制度	相关表单
步骤 11	计划变更信息反馈	（1）自产：计划管理部将生产计划调整结果相关信息反馈至运营管理部和生产管理部 （2）OEM：OEM 工厂计划如有变更，信息需反馈至计划管理部		
步骤 12	每日统计分析1+1W 生产计划	计划管理部每日统计并上报生产量、追踪周生产计划达成情况		基地生产统计表
步骤 13	1+1W 生产计划达成率考核	计划管理部/生产管理部根据 1+1W 生产计划与实际生产量对比，并计算生产计划达成率		生产计划达成率

3. 相关制度与文件

制程管理流程。

4. 相关表单

（1）1+1W 生产计划。
（2）OEM 工厂成品日报表及月报表。
（3）生产工单。
（4）批生产指令。
（5）临时提货需求。
（6）周生产计划变更申请。
（7）基地生产统计表。
（8）生产计划达成率。

5. 流程授权表

表 9-35 周生产计划管理流程授权表

流程步骤	流程业务授权内容	提 报	审 核	二级审核	审 批	知 会
步骤 2、步骤 3	1+1W 生产计划	计划管理部			基地厂长	各部门、计划管理部、生产管理部
步骤 7、步骤 8	批生产指令	计划管理部	质量检验部（如需）		基地厂长	基地各部门、计划管理部、生产管理部

6. 流程风险点

表 9-36 周生产计划管理流程风险点

流程步骤	风险描述	控制类型	控制方式	控制频率	控制文档	相关部门
步骤 1 至步骤 3、步骤 9、步骤 10	1+1W 生产计划各部门评审时考虑不全面，导致周生产计划无法有效执行	预防型	人工	每周	1+1W 生产计划	各部门、计划管理部

十三、制程管理流程

制程管理流程的输入为周生产计划，输出为生产结批记录，增值方式为规范制程管理，减少制程异常。图 9-13、表 9-37 至表 9-39 为制程管理流程全过程。

1. 流程图

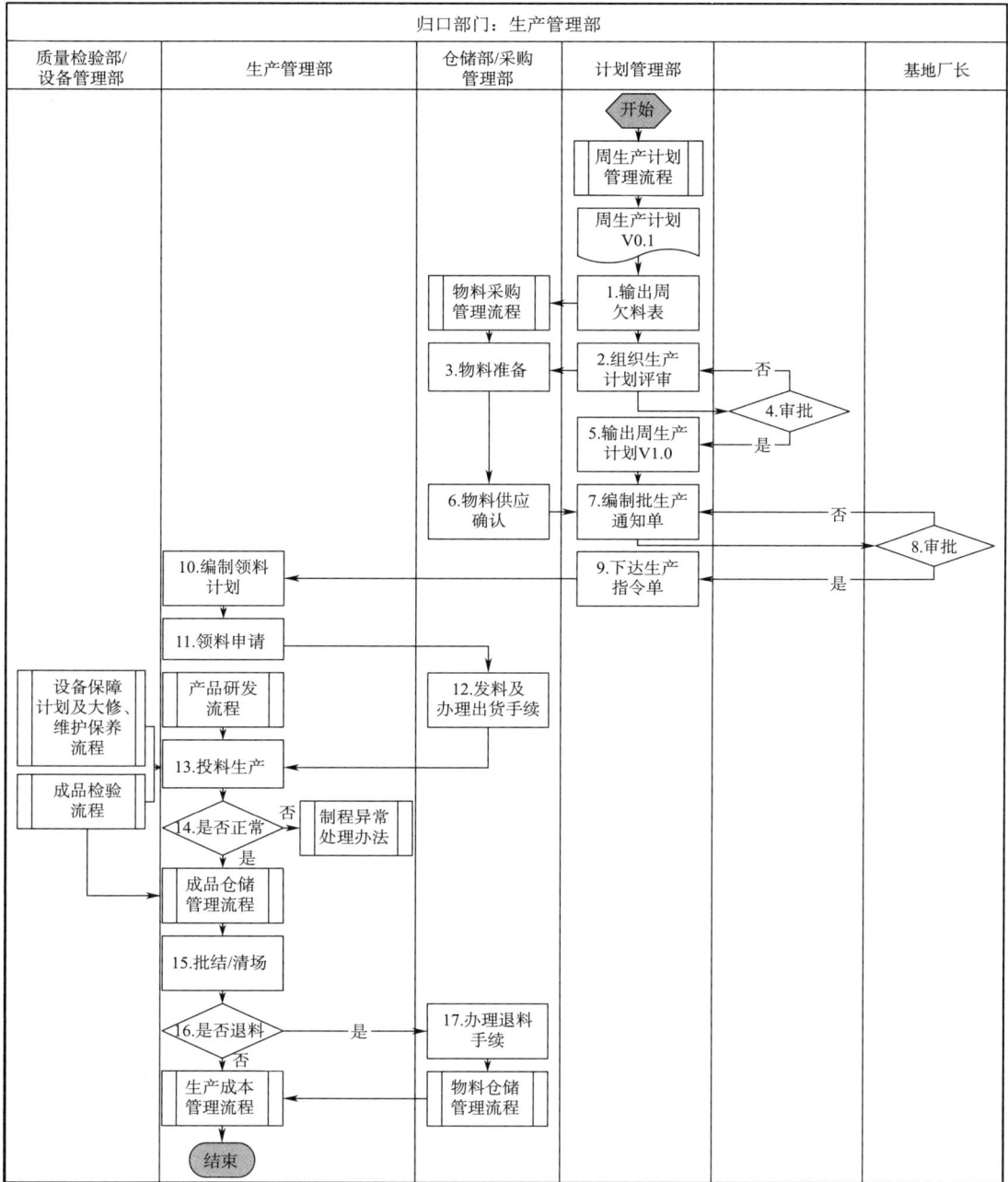

图 9-13　制程管理流程图

2. 流程步骤说明

表 9-37　制程管理流程步骤说明

流程步骤	步骤名称	流程步骤说明	相关文件/制度	相关表单
步骤 1	输出周欠料表	（1）计划管理部每周四提供的周生产计划 V0.1 在每周五下班前，在 ERP 系统查询未来两周欠料状况，输出欠料表 （2）计划管理部发欠料表到仓储部和采购管理部，采购管理部根据仓储部的反馈仓容提供物料到货计划表		周生产计划 V0.1、欠料表
步骤 2	组织生产计划评审	计划管理部根据周生产计划 V0.1 在每周五组织生产计划评审		
步骤 3	物料准备	采购管理部根据欠料表按计划时间保证物料到厂		
步骤 4	审批	（1）自产计划由计划管理部根据评审之后的周生产计划 V0.1，在每周五下班前完成计划审批 （2）OEM 计划由计划管理部根据 OEM 工厂组织评审之后的周生产计划 V0.1，在每周五下班前完成计划审批		
步骤 5	输出周生产计划 V1.0	计划管理部主管根据审批结果在周五下班前，在 ERP 系统录入周生产计划 V1.0 并生成生产工单		周生产计划 V1.0、ERP 生产工单
步骤 6	物料供应确认	根据欠料表在批生产通知单下达前： （1）仓储部确认在库物料，如有异常，即时向计划管理部反馈 （2）采购人员确认在途物料，如有异常，即时向计划管理部反馈		
步骤 7	编制批生产通知单	（1）计划管理部根据 ERP 生产工单及物料状态，提前 3 天编制并下发生产通知单 （2）计划管理部负责人、质量检验部负责人审核	生产批次管理制度	生产通知单、批生产指令、批包装指令
步骤 8	审批	基地厂长对生产通知单、批生产指令、批包装指令当天进行审批		
步骤 9	下达生产指令单（批生产指令、批包装指令）	计划管理部根据审批意见提前 3 天，下达正式的生产通知单、批生产指令、批包装指令给仓储部、生产管理部、质量检验部等部门		
步骤 10	编制领料计划	生产管理部生产班长根据生产通知单、批生产指令、批包装指令，编制领料计划		原辅料领用、退库记录、包装材料领用、退库记录

续上表

流程步骤	步骤名称	流程步骤说明	相关文件／制度	相关表单
步骤 11	领料申请	生产班长指定人员根据领料计划，在上批次清场完成后到仓储部办理物料领用手续		领料单
步骤 12	发料及办理出货手续	仓储部根据领料单，进行物料发放，并办理出库手续	物料领用退库管理制度	发料单
步骤 13	投料生产	生产管理部生产班长根据生产通知单及批生产指令、批包装指令，进行称量、投料	生产制程管理制度	称量记录、投料记录
步骤 14	是否正常	生产管理部对生产过程异常问题及时进行处理：停机不结批、停机结批、停线、停产，如发生以上情况，参考制程异常处理办法执行	制程异常处理办法	
步骤 15	批结／清场	生产管理部生产班长在批次生产结束后组织结批： （1）原料、包材盘点 （2）设备维护保养及清洗、消毒 （3）现场 5S	设备三级保养制度	原辅料领用、退库记录；包装材料领用、退库记录
步骤 16	是否退料	生产管理部根据原料、包材盘点结果及生产指令单判定是否需要退料		
步骤 17	办理退料手续	如需退料的，生产管理部填写"原辅料领用、退库记录""包装材料领用、退库记录"，并办理退库手续		

3. 相关制度与文件

（1）生产批次管理制度。

（2）物料领用退库管理制度。

（3）生产制程管理制度。

（4）制程异常处理办法。

（5）设备三级保养制度。

4. 相关表单

（1）周生产计划。

（2）欠料表。

（3）ERP 生产工单。

（4）生产通知单。

（5）批生产指令。

（6）批包装指令。

（7）原辅料领用、退库记录。

（8）包装材料领用、退库记录。

（9）领料单。

（10）发料单。

（11）称量记录。

（12）投料记录。

5. 流程授权表

表 9-38　制程管理流程授权表

流程步骤	流程业务授权内容	提 报	审 核	二级审核	审 批	知 会
步骤 4	周生产计划 V0.1（自产）	计划管理部			计划管理部负责人	
步骤 4	周生产计划 V0.1（OEM）	计划管理部			计划管理部负责人	
步骤 8	批生产通知单	计划管理部	计划管理部负责人	质量检验部负责人	基地厂长	

6. 流程风险点

表 9-39　制程管理流程风险点

流程步骤	风险描述	控制类型	控制方式	控制频率	控制文档	相关部门
步骤 5	周生产计划无法匹配实际订单需求： （1）造成短期订单堆积 （2）造成短期成品库存积压，影响后续生产	预防型	人工	每周	缺货表	计划管理部
步骤 7	批生产通知单无法执行	预防型 /发现型	人工	随时	周生产计划管理流程	计划管理部、生产管理部
步骤 14	制程异常：停机不结批、停机结批、停线、停产	发现型	人工	随时	制程异常处理办法	生产管理部

十四、制程工艺管理流程

制程工艺管理流程的输入为产品技术标准，输出为工艺文件执行记录，增值方式为确保工艺执行，降低质量损耗。图 9-14、表 9-40 至表 9-42 为制程工艺管理流程全过程。

1.流程图

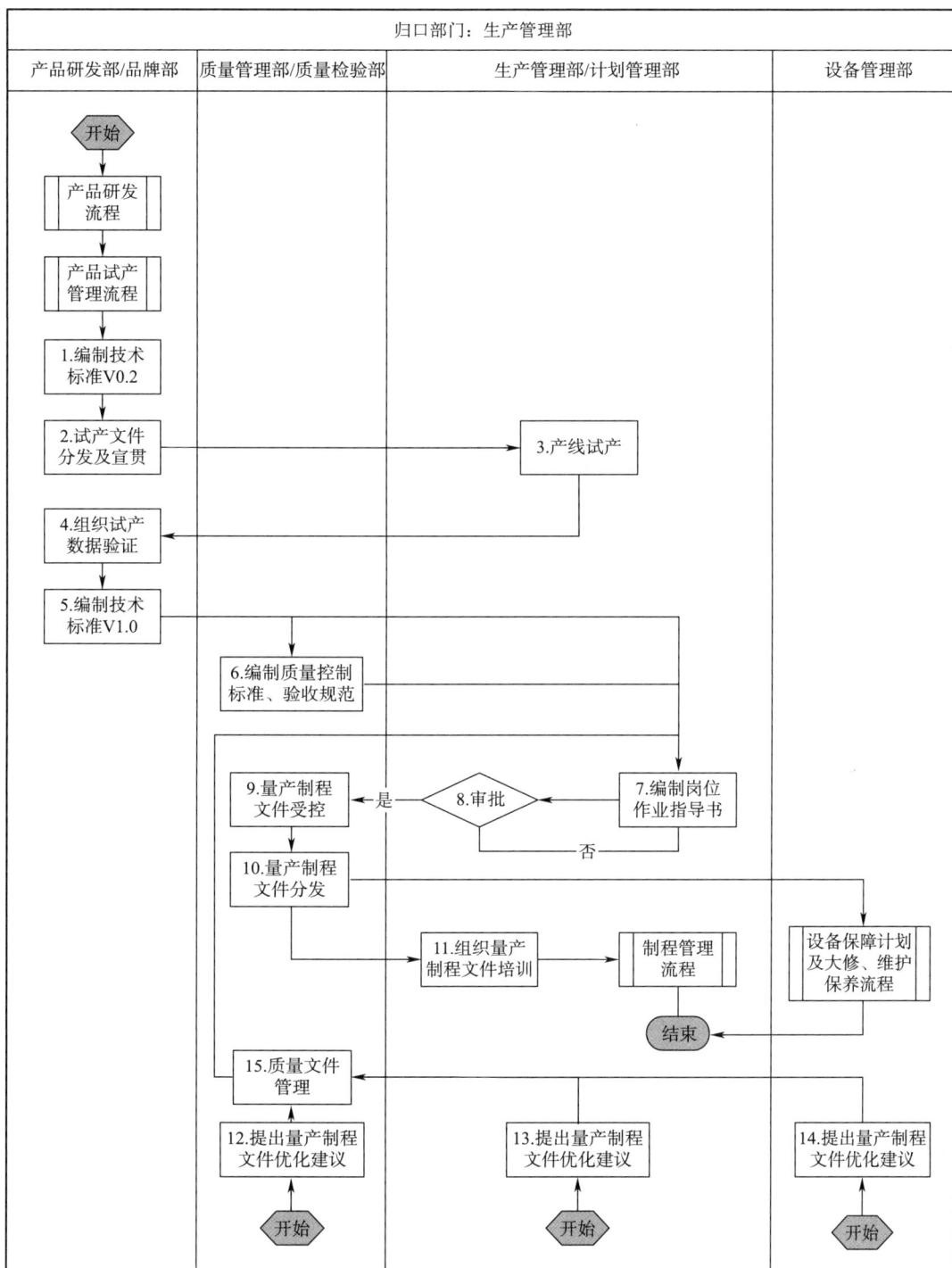

图 9-14　制程工艺管理流程图

2. 流程步骤说明

表 9-40　制程工艺管理流程步骤说明

流程步骤	步骤名称	流程步骤说明	相关文件/制度	相关表单
步骤 1	编制技术标准 V0.2	产品研发部或品牌部在产品研发和产品试产过程中输出技术标准 V0.2，组织质量管理部、生产管理部、设备管理部对工艺文件进行评审	技术标准 V0.2	
步骤 2	试产文件分发及宣贯	产品研发部或品牌部组织生产人员学习技术标准 V0.2		试产计划单
步骤 3	产线试产	（1）计划管理部编制试产计划并发布生产通知知会相关部门 （2）生产管理部根据试产计划完成试产工作		
步骤 4	组织试产数据验证	产品研发部指导进行关键试产数据验证		
步骤 5	编制技术标准 V1.0	产品研发部根据试产数据编制技术标准 V1.0	技术标准 V1.0	
步骤 6	编制质量控制标准、验收规范	质量管理部根据技术标准 V1.0，编制质量控制标准（V1.0）、包材验收规范 V1.0、成品质量标准 V1.0	质量控制标准（V1.0）、包材验收规范 V1.0、成品质量标准 V1.0	
步骤 7	编制岗位作业指导书	生产管理部根据技术标准 V1.0、质量控制标准（V1.0）、包材验收规范 V1.0、成品质量标准 V1.0，结合设备运行参数，操作规程等，编制岗位作业指导书	岗位作业指导书	
步骤 8	审批	生产管理部负责人审批		
步骤 9	量产制程文件受控	质量管理部将技术标准 V1.0、质量控制标准（V1.0）、包材验收规范 V1.0、成品质量标准 V1.0、岗位作业指导书等导入文档系统，文件受控		
步骤 10	量产制程文件分发	质量管理部在文档系统分配文档查阅权限给质量检验部、生产管理部、设备管理部相关人员，并通知查看		
步骤 11	组织量产制程文件培训	生产管理部组织生产人员学习技术标准 V1.0、质量控制标准（V1.0）、包材验收规范 V1.0、成品质量标准 V1.0、岗位作业指导书		
步骤 12	提出量产制程文件优化建议	质量管理部根据现场实际作业情况提出制程文件修改建议		
步骤 13	提出量产制程文件优化建议	生产管理部根据现场实际作业情况提出制程文件修改建议		

流程步骤	步骤名称	流程步骤说明	相关文件/制度	相关表单
步骤 14	提出量产制程文件优化建议	设备管理部根据现场实际作业情况提出制程文件修改建议		
步骤 15	质量文件管理	质量管理部按照质量文件相关规定对质量文件进行管控		

3. 相关制度与文件

（1）技术标准。

（2）质量控制标准。

（3）包材验收规范。

（4）成品质量标准。

（5）岗位作业指导书。

4. 相关表单

试产计划单。

5. 流程授权表

表 9-41　制程工艺管理流程授权表

流程步骤	流程业务授权内容	提 报	审 核	二级审核	审 批	知 会
步骤 7、步骤 8	岗位作业指导书	生产管理部			生产管理部负责人	

6. 流程风险点

表 9-42　制程工艺管理流程风险点

流程步骤	风险描述	控制类型	控制方式	控制频率	控制文档	相关部门
步骤 4、步骤 5	试产数据未能充分验证制程工艺文件要求的技术标准，导致量产时出现工艺偏差	发现型	人工	随时	技术标准	产品研发部、生产管理部、质量检验部、设备管理部
步骤 2、步骤 11	制程文件培训不到位，生产员工操作未严格按照制程工艺要求执行，导致出现不合格品、产品报废等	发现型	人工	随时	质量控制标准、包材验收规范、成品质量标准	生产管理部、设备管理部

十五、成品仓储管理流程

　　成品仓储管理流程的输入为年度生产计划（按基地），输出为成品仓储账务处理，增值方式为确保成品仓储安全、准确。图 9-15、表 9-43 至表 9-45 为成品仓储管理流程全过程。

1. 流程图

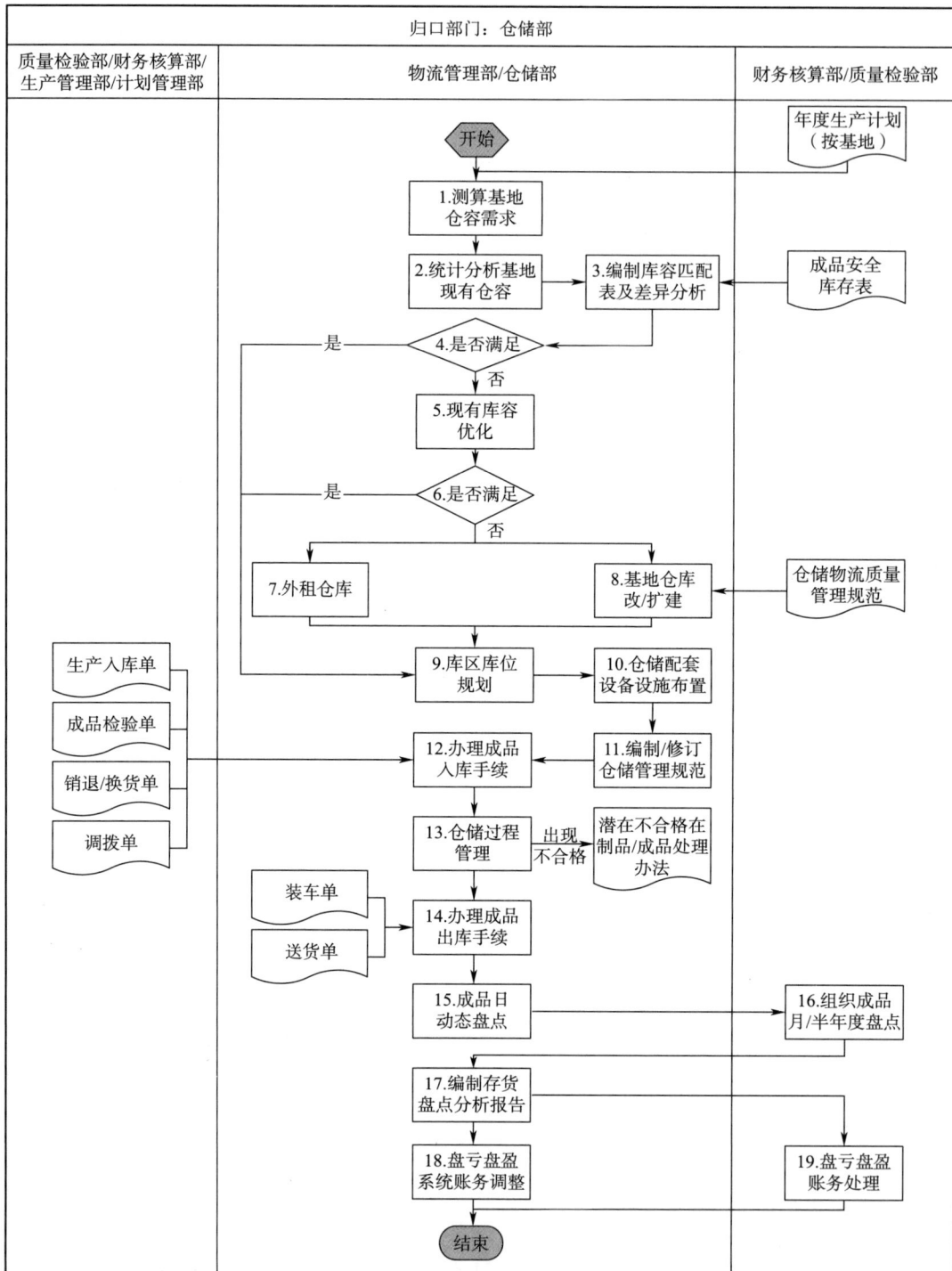

图 9-15　成品仓储管理流程图

2. 流程步骤说明

表 9-43　成品仓储管理流程步骤说明

流程步骤	步骤名称	流程步骤说明	相关文件/制度	相关表单
步骤 1	测算基地库容需求	物流管理部根据年度生产计划，于每年 11 月 10 日前测算成品库容需求		成品库容需求
步骤 2	统计分析基地现有库容	物流管理部根据基地仓库平面图，结合新基地建设或基地新增基建项目规划，于每年 11 月 15 日前统计分析基地可用于存储成品的库容面积		成品仓库容统计表
步骤 3	编制库容匹配表及差异分析	物流管理部根据成品库容需求、成品仓库容统计表、成品安全库存表，于每年 11 月 18 日前进行库容需求与现有库容规划匹配，了解库容缺口		成品安全库存表
步骤 4	是否满足	物流管理部根据库容匹配差异及分析表评估库容是否满足，如不满足，进入步骤 5		
步骤 5	现有库容优化	物流管理部与仓储部根据库容配置差异，于每年 11 月 20 日前进行库位优化方案探讨、以及成品仓各品类的仓位调整评估		库位优化方案
步骤 6	是否满足	通过库容优化后，如不满足，进入步骤 7 或者步骤 8		
步骤 7	外租仓库	（1）物流管理部根据库容缺口，于 11 月 25 日前提出外仓租赁需求，并确定预计启用时间 （2）采购管理部根据外仓租赁需求寻找外租仓资源并确定供应商		
步骤 8	基地仓库改/扩建	（1）物流管理部于 11 月 25 日前根据库容缺口、结合基地新增基建项目规划，评估在建项目是否能满足库容需求 （2）物流管理部与仓储部评估是否可以结合现有仓库平面图建设立体仓扩容满足库容缺口		
步骤 9	库区库位规划	仓储部根据现有仓库做库区库位规划更新，于 11 月 28 日前输出更新后的仓库平面图		
步骤 10	仓储配套设备设施布置	仓储部根据更新后的仓库平面图进行配套设备设施的布置，含符合 GMP 要求的防护设施以及作业使用的设备、工具等		
步骤 11	编制/修订仓储管理规范	物流管理部于每年 11 月 30 日前，根据公司管理升级要求更新仓储管理规范	成品仓储管理制度	
步骤 12	办理成品入库手续	仓储部根据生产入库单、成品检验单、销退/换货单，于次日上午 9 点前完成前一天的成品入库及系统入账		检验合格单、销退/换货单、生产入库单、送货单

流程步骤	步骤名称	流程步骤说明	相关文件/制度	相关表单
步骤13	仓储过程管理	（1）仓储部根据成品仓储管理制度管理在库成品，如仓库的存储条件、仓库的区域划分、状态标识、成品的先进先出管理等，保障成品数量、批次准确，质量稳定，账实相符 （2）如因仓储过程管理不当，导致产品质量异常的，按照潜在不合格在制品／成品处理办法进行处理	成品仓储管理制度、潜在不合格在制品/成品处理办法	仓储日常巡检表
步骤14	办理成品出库手续	仓储部依据送货单（仓储打印）及出货单，于每日上午9点前完成前一日的成品出库及系统作业，出库应依据先进先出原则，并按照瓶箱关联客户信息进行扫码作业		出货单、送货单
步骤15	成品日动态盘点	仓储部每日上午9点前，针对前一天有出入库的成品进行账务与实物核对，完成成品的动态盘点，确保库存数据准确		
步骤16	组织成品月/半年度盘点	财务核算部于每月月底前一周制订成品盘点（月度、半年度）计划并发出盘点通知，财务核算部与仓储部根据盘点通知要求对在库成品进行实物盘点及系统账务核对		成品盘点表
步骤17	编制存货盘点分析报告	仓储部根据成品盘点表，于次月5日前编制存货盘点分析报告，针对有差异的盘点项需进行差异分析并整改，进入OA资产盘点报告审核流程		
步骤18	盘亏盘盈系统账务调整	（1）仓储部根据盘点结果，于次月10日前进行账务处理，针对无法查明原因的盘亏做杂发、盘盈做杂收处理 （2）物流管理部依据成品仓储管理制度对仓储部实施考核	成品仓储管理制度	仓储KPI考核表
步骤19	盘亏盘盈账务处理	财务核算部根据仓库提交的杂收、杂发单，于次月15日前完成系统的扣／入账		

3. 相关制度与文件

（1）成品仓储管理制度。

（2）潜在不合格在制品／成品处理办法。

4. 相关表单

（1）成品库容需求。

（2）成品仓库容统计表。

（3）成品安全库存表。

（4）库位优化方案。

（5）检验合格单。

（6）销退 / 换货单。

（7）生产入库单。

（8）仓储日常巡检表。

（9）出货单。

（10）送货单。

（11）成品盘点表。

（12）仓储 KPI 考核表。

5. 流程授权表

表 9-44　成品仓储管理流程授权表

流程步骤	流程业务授权内容	提　报	审　核	二级审核	审　批	知　会
—	—	—	—	—	—	—

6. 流程风险点

表 9-45　成品仓储管理流程风险点

流程步骤	风险描述	控制类型	控制方式	控制频率	控制文档	相关部门
步骤 3 至步骤 9	库容匹配无法满足实际需求，可能出现爆仓导致停产或在库库存管理异常、出现安全隐患	预防型	人工	随时	成品库容需求、成品仓库容统计表	物流管理部、仓储部
步骤 12 至步骤 16	（1）收错或发错成品（成品数量、品项、日期等）库存出现差异、产生客诉 （2）仓储管理过程区域规划不合理、标识不清晰等导致不合格成品或潜在不合格成品流入市场 （3）仓库未按照先进先出原则进行发货导致成品呆滞 （4）扫码错误，导致市场客户信息关联异常，产生客诉	预防型	人工	随时	成品仓储管理制度、生产入库单、成品盘点表、仓储日常巡检表	物流管理部、仓储部、质量检验部、生产管理部

十六、成品呆滞及报废处理流程

成品呆滞及报废处理流程的输入为成品呆滞标准、成品日库存报表，输出为成品呆滞及报废处理结果，增值方式为降低成品呆滞及报废，提升成品周转率。图 9-16、表 9-46 至表 9-48 为成品呆滞及报废处理流程全过程。

1.流程图

归口部门：计划管理部			
销售运营部	仓储部/财务核算部	计划管理部	相关部门

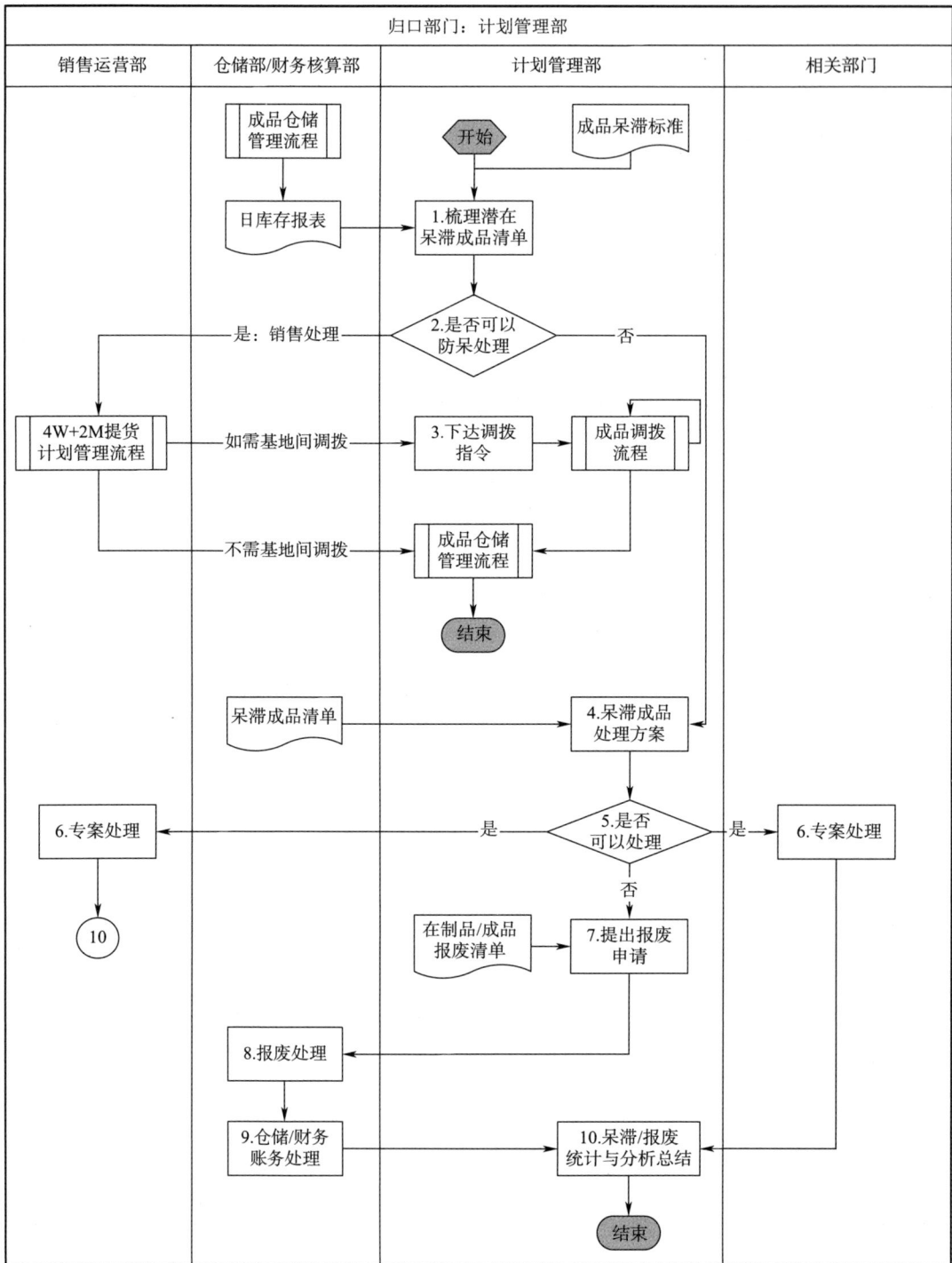

成品仓储管理流程

日库存报表

开始

成品呆滞标准

1.梳理潜在呆滞成品清单

2.是否可以防呆处理 —— 是：销售处理 / 否

4W+2M提货计划管理流程

如需基地间调拨

3.下达调拨指令

成品调拨流程

不需基地间调拨

成品仓储管理流程

结束

呆滞成品清单

4.呆滞成品处理方案

6.专案处理

是

5.是否可以处理

是

6.专案处理

10

否

在制品/成品报废清单

7.提出报废申请

8.报废处理

9.仓储/财务账务处理

10.呆滞/报废统计与分析总结

结束

图 9-16　成品呆滞及报废处理流程图

2. 流程步骤说明

表 9-46　成品呆滞及报废处理流程步骤说明

流程步骤	步骤名称	流程步骤说明	相关文件／制度	相关表单
步骤 1	梳理潜在呆滞成品清单	计划管理部每周一根据仓储部提供的日库存报表，梳理在库的成品库存日期统计表，并根据成品呆滞标准标识潜在呆滞成品		成品呆滞标准、潜在呆滞成品明细
步骤 2	是否可以防呆处理	计划管理部根据潜在呆滞成品明细，评估是否可以防呆处理	4W+2M 提货计划管理流程、成品仓储管理流程	
步骤 3	下达调拨指令	计划管理部针对可防呆处理的需跨基地处理的潜在呆滞成品下达调拨指令		成品调拨单
步骤 4	呆滞成品处理方案	计划管理部针对呆滞成品清单与相关部门沟通处理方案（销售特卖、行政领用、活动使用等专案处理），并由相关部门签署意见		呆滞成品清单
步骤 5	是否可以处理	如能处理，进入步骤 6；如不能处理，进入步骤 7		
步骤 6	专案处理	呆滞成品通过专案进行处理： （1）销售可以通过销售活动处理（销售特卖如电商秒杀、促销活动等），计划管理部跟进处理进度，按照正常出货流程办理出库手续，进入步骤 10 （2）内部行政领用消化如活动使用、部门领用等，领用部门在 OA 提交产成品、包材等调拨流程，费用由领用部门按照使用目的分摊，进入步骤 10	产成品、包材等调拨流程	
步骤 7	提出报废申请	（1）呆滞成品如已明确无法处理，计划管理部提出报废申请 （2）仓储或生产过程产生需报废的不合格成品，仓储部发起报废申请 （3）进入 OA 产成品／物料报废申请流程		成品报废申请单
步骤 8	报废处理	物流管理部编制分类报废规范，规范各种类别报废的处理方式，如报废产品对周边环境造成影响的，需要采取相应的措施和监督机制		
步骤 9	仓储／财务账务处理	（1）仓储部依据报废的呆滞成品明细，于报废后一周内在 ERP 做出库扣账处理 （2）财务核算部根据 ERP 的报废单做账务处理		报废单
步骤 10	呆滞／报废统计与分析总结	计划管理部每月 15 日前统计基地仓库上月的呆滞／报废成品，并进行分析总结		

3. 相关制度与文件

（1）4W+2M 提货计划管理流程。

（2）成品仓储管理流程。

（3）产成品、包材等调拨流程。

4. 相关表单

（1）成品呆滞标准。

（2）潜在呆滞成品明细。

（3）成品调拨单。

（4）呆滞成品清单。

（5）成品报废申请单。

（6）报废单。

5. 流程授权表

表 9-47　成品呆滞及报废处理流程授权表

流程步骤	流程业务授权内容	提 报	审 核	二级审核	审 批	知 会
—	—	—	—	—	—	—

6. 流程风险点

表 9-48　成品呆滞及报废处理流程风险点

流程步骤	风险描述	控制类型	控制方式	控制频率	控制文档	相关部门
步骤1至步骤8	（1）潜在呆滞成品未能有效、及时识别，造成成品呆滞 （2）防呆处理不及时，造成成品呆滞 （3）呆滞成品处理不及时，产生成品报废	预防型 / 发现型	人工	每周	成品呆滞标准、潜在呆滞成品明细、呆滞成品清单	计划管理部、仓储部、质量检验部、财务核算部

十七、销售订单出库管理流程

销售订单出库管理流程输入为代发货订单，输出为销售订单出货及物流报表，增值方式为及时发货，保障订单交付。图 9-17、表 9-49 至表 9-51 为销售订单出库管理流程全过程。

1. 流程图

归口部门：物流管理部				
经销商	仓储部	计划管理部	物流管理部	物流承运商/自提司机

开始

待发货订单

1.制订出货计划

配送

4.车辆调度（自提）

2.订单推送

3.车辆调度

5.车辆预约入厂/过磅

7.打印装车单，等待装车

6.自助打印出货单、送货单

8.备货

9.扫码、装车、签单

10.过磅、出厂（自提 → 结束）

12.物流在途跟踪（配送）

11.ERP扣账

出库资料存档

13.经销商签收

14.是否合格

合格

不合格

16.组织异常处理

签收

15.回单上传

18.实物回收

17.订单销退处理

拒签

19.账务处理

物流费用结算流程

20.销售订单出货及物流报表

结束

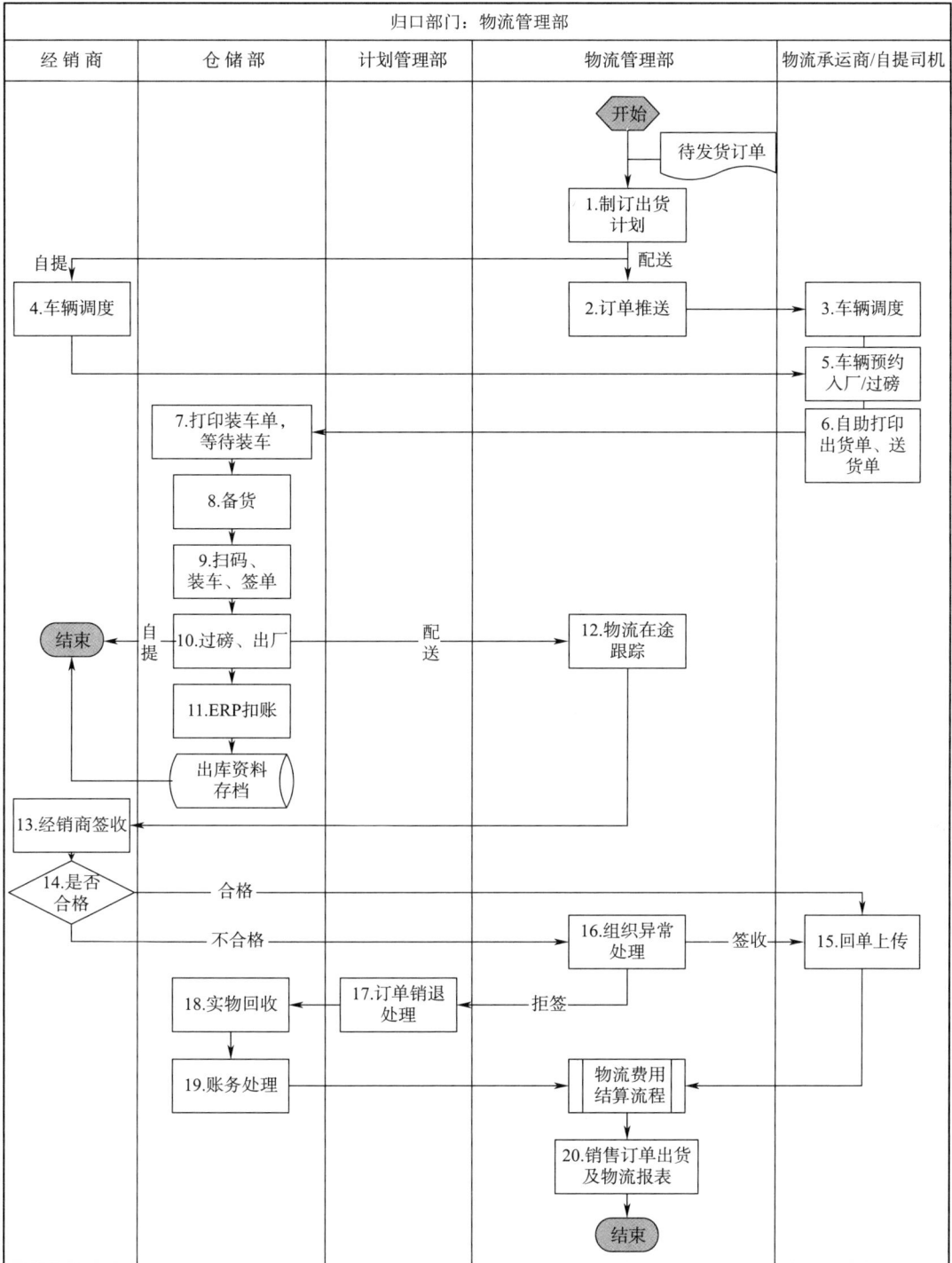

图 9-17　销售订单出库管理流程图

2. 流程步骤说明

表 9-49　销售订单出库管理流程步骤说明

流程步骤	步骤名称	流程步骤说明	相关文件/制度	相关表单
步骤1	制订出货计划	物流管理部根据待发货订单、运输方式（自提/公司配送）、仓储提供的最大装载计划及销售运营部提供的待发订单优先顺序表，于每日下午5点前制订出货计划，确定基地次日营销中心各大区的出货订单比例，参考以下维度统筹安排		待发货订单、待发订单优先顺序表、出货计划表
步骤2	订单推送	物流管理部根据出货计划表，于每日下午6点前在供应链系统上，将订单信息推送至对应线路的物流承运商		
步骤3	车辆调度	物流承运商根据供应链系统上接收的出货订单与经销商进行配送预约，安排配送车辆于次日上午8点前提供车辆调度计划		
步骤4	车辆调度	经销商根据物流管理部提供的自提发货计划安排自提车辆		
步骤5	车辆预约入厂/过磅	（1）物流承运商/司机根据车辆调度计划在预约系统做提货预约 （2）提货司机根据预约时间按时入厂并过磅（空磅、车辆自重）		
步骤6	自助打印出货单、送货单	车辆过磅后，提货司机根据预约系统的订单信息在自助打印机打印出货单与送货单		出货单、送货单
步骤7	打印装车单，等待装车	提货司机到仓储部办理提货手续，仓储部根据送货单打印装车单，司机现场等待装车		装车单
步骤8	备货	仓储部根据装车单进行拣货，原则上依据成品仓储管理制度按照先进先出原则出货，有特殊货龄要求的依据计划管理部指令执行	成品仓储管理制度	
步骤9	扫码、装车、签单	（1）仓储部通知司机到指定月台进行装车作业 （2）装车前仓库管理员使用PDA扫码，并与司机交接数量 （3）装车完成后双方在装车单、送货单上签字确认		
步骤10	过磅、出厂	装车完成后，司机根据物流运输合同要求做好相应的防护措施，车辆过重磅后出厂	物流运输合同	

流程步骤	步骤名称	流程步骤说明	相关文件 / 制度	相关表单
步骤 11	ERP 扣账	仓储部根据装车单，于每日上午 8 点半前在 ERP 完成前一天的出货订单扣账		
步骤 12	物流在途跟踪	物流管理部根据物流承运商反馈的在途订单跟踪表跟进货物在途状况，确保货物安全准时送达客户		在途订单跟踪表
步骤 13	经销商签收	经销商根据送货单进行验收，并签收确认		
步骤 14	是否合格	经销商确认产品（数量、质量等）是否合格		
步骤 15	回单上传	物流承运商 / 司机于配送完成后三天内在预约系统上上传签收无误的送货单，进入物流费用结算流程		
步骤 16	组织异常处理	物流承运商依据在途单异常反馈表现场反馈给物流管理部，物流管理部收到反馈后及时协调处理		
步骤 17	订单销退处理	计划管理部订单科依据物流管理部反馈的送货单签收差异在 OA 上发起退货申请流程，ERP 上做订单销退处理	OA 退货申请流程	销退单
步骤 18	实物回收	仓储部根据销退单验收物流承运商返回的产品，清点产品数量并检查外观，异常产品请质量检验部检验	物流运输合同	货损货差赔付清单
步骤 19	账务处理	仓储部根据销退单及出货单在 ERP 上进行账务处理，进入物流费用结算流程		
步骤 20	销售订单出货及物流报表	物流管理部每月 5 日前统计上月销售订单出货、物流费用，制作上月销售订单出货及物流报表，在月度述职会上汇报		销售订单出货及物流报表

3. 相关制度与文件

（1）成品仓储管理制度。

（2）物流运输合同。

（3）退货申请流程。

4. 相关表单

（1）待发货订单。

（2）待发订单优先顺序表。

（3）出货计划表。

（4）出货单。

（5）送货单。

（6）装车单。

（7）在途订单跟踪表。

（8）销退单。

（9）货损货差赔付清单。

（10）销售订单出货及物流报表。

5. 流程授权表

表 9-50　销售订单出库管理流程授权表

流程步骤	流程业务授权内容	提 报	审 核	二级审核	审 批	知 会
—	—	—	—	—	—	—

6. 流程风险点

表 9-51　销售订单出库管理流程风险点

流程步骤	风险描述	控制类型	控制方式	控制频率	控制文档	相关部门
步骤 1	出货计划安排不合理，造成物流车辆不能及时装货，额度增加物流成本	预防型	人工	随时	出货计划表	仓储部、物流管理部
步骤 9	（1）多装、漏装、错装造成货损、物流费用增加 （2）装货区域产品混乱，出货扫码数据采集错误，造成错装	发现型	人工	随时	装车单、送货单	仓储部、物流管理部、物流承运商
步骤 13 至步骤 16	（1）经销商签收印章与公司备案印章不一致，存在潜在冒领及货物丢失风险 （2）物流承运商未依据送货单地址送货，可能造成市场窜货或货物丢失	发现型	人工	随时	送货单	物流管理部、物流承运商、经销商

十八、物流承运商管理流程

物流承运商管理流程的输入为年度生产计划（按基地），输出为承运商评价结果，增值方式为确保物流承运商合格，降低物流风险。图 9-18、表 9-52 至表 9-54 为物流承运商管理流程全过程。

1. 流程图

物流承运商	计划管理部	物流管理部	采购管理部	供应链中心负责人/总经理

归口部门：物流管理部

年度生产计划（按基地）

开始

1.测算基地年度物流需求

2.编制年度物流承运商邀标说明书

3.组织物流承运商考察

4.组织物流承运商资格预审

5.物流承运商定向邀标

6.组织评标

7.汇总评标结果

8.审核/审批　否

9.签订年度承运合同　是

10.新物流承运商培训

合格承运商建档

物流承运商月度评价模型

物流承运商月度服务记录

11.组织物流承运商月度评价

12.编制月度评价报告

13.评价结果反馈

14.编制月度改善计划　否

15.审批

16.月度改善计划实施　是

17.物流承运商月度改善计划验证

18.根据季度综合结果提出调整策略

更新承运商档案

结束

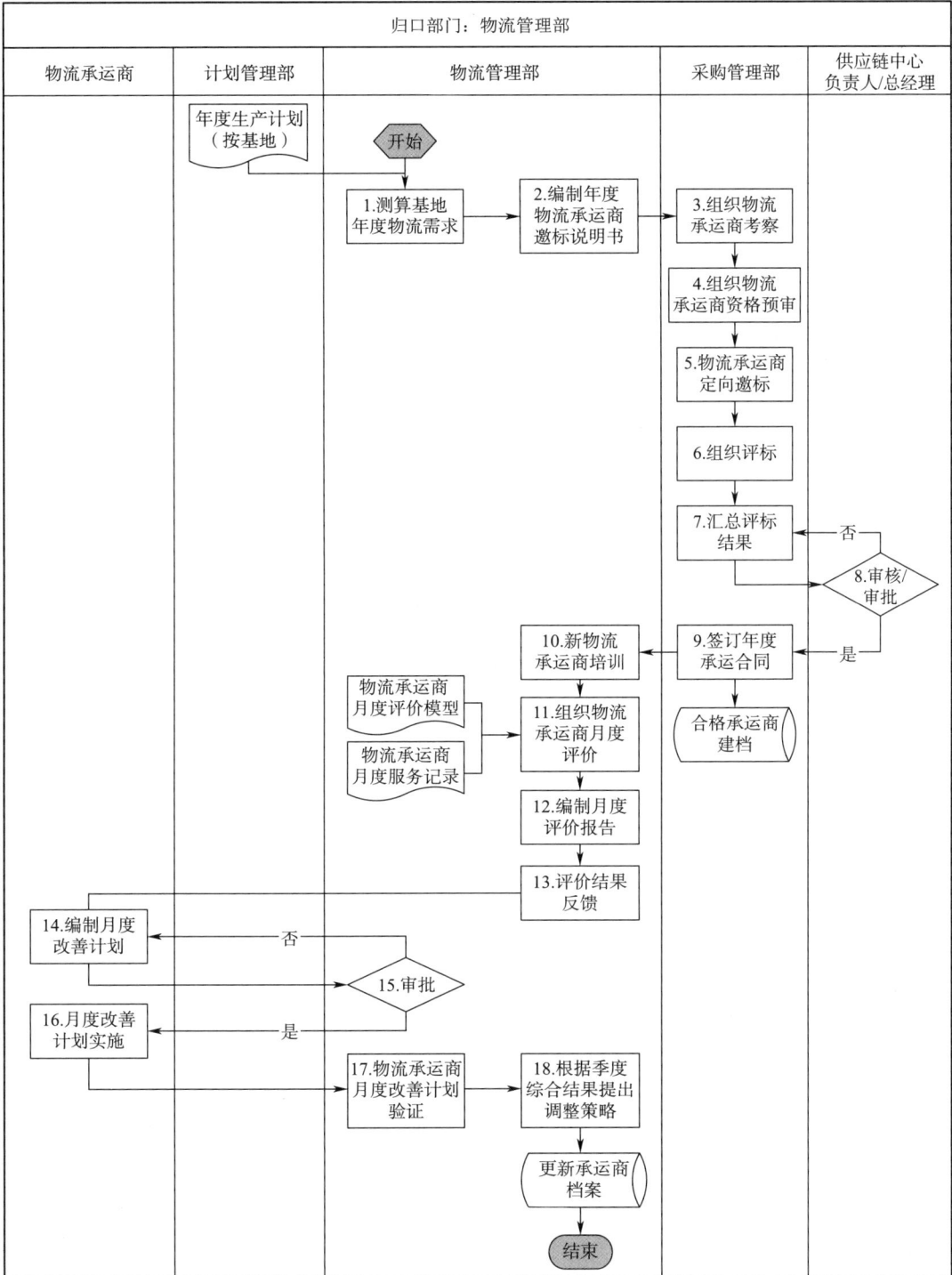

图 9-18　物流承运商管理流程图

2. 流程步骤说明

表 9-52　物流承运商管理流程步骤说明

流程步骤	步骤名称	流程步骤说明	相关文件/制度	相关表单
步骤 1	测算基地年度物流需求	物流管理部根据年度生产计划（按基地）及预估增长量测算基地下一年度物流需求，并制定物流线路运量预估表，明确各配送中心各线路的预估发运吨位		物流线路运量预估表
步骤 2	编制年度物流承运商邀标说明书	物流管理部根据物流线路运量预估表以及配送要求编制物流承运商邀标说明书，邀标说明书含标的预估金额、邀标议程、投标须知、公司配送要求及管理规范等		物流承运商邀标说明书
步骤 3	组织物流承运商考察	（1）采购管理部根据物流管理部发起的年度物流需求组建邀标项目组 （2）采购管理部组织邀标项目组成员对意向邀标的物流承运商（含现有合格供应商及对口的知名物流企业）进行考察，邀标项目组根据考察情况形成物流承运商名录 （3）考察内容包括供应商资质、办公场地、自有车辆状况、经营项目运行状况等		物流承运商名录
步骤 4	组织物流承运商资格预审	（1）采购管理部根据物流承运商名录，组织项目组依据物流供应商资格预审表对意向邀标供应商进行资格预审 （2）邀标项目组更新物流承运商名录		物流供应商资格预审表
步骤 5	物流承运商定向邀标	采购管理部以企业邮箱形式向物流承运商名录中预审通过的承运商发出邀标文件		运输线路报价表、物流承运商邀标说明书
步骤 6	组织评标	采购管理部组织邀标项目组依据物流邀标项目供应商投标评分表对供应商投标资料进行评审，评审标准含商务及价格等维度		物流邀标项目供应商投标评分表
步骤 7	汇总评标结果	采购管理部根据物流邀标项目供应商投标评分表汇总评标结果，得出供应商综合得分及排名，采购管理部负责人审核		物流邀标供应商综合得分排名表
步骤 8	审核/审批	供应链中心负责人审核、总经理审批，如不通过，则由采购管理部组织邀标项目组成员依据审核/审批意见进行调整；如通过，进入步骤 9		中标通知书
步骤 9	签订年度承运合同	审批通过的，由采购管理部向中标供应商以企业邮箱形式发送中标通知书，并组织中标供应商签订物流运输合同		物流运输合同

流程 步骤	步骤 名称	流程步骤 说明	相关文件／ 制度	相关 表单
步骤10	新物流承运 商培训	物流管理部组织新物流承运商进行培训，培训内容包括：接单流程及系统操作、工厂管理规范及要求、操作规范及注意事项、运输标准及结算流程等		
步骤11	组织物流承 运商月度评价	物流管理部依据物流承运商月度KPI考核评分表、月度服务记录，组织仓储部等相关部门对物流承运商上月的服务进行评价		物流承运商月度 KPI考核评分表
步骤12	编制月度评 价报告	物流管理部依据物流承运商月度KPI考核评分表编制物流承运商月度评价报告		物流承运商月度 评价报告
步骤13	评价结果 反馈	物流管理部以企业邮箱形式将物流承运商月度评价报告发送给对应的物流承运商，如承运商对评价结果有异议，双方需查询系统、原始表单等相关资料进行核实		
步骤14	编制月度改 善计划	物流承运商依据物流承运商月度评价报告中的不合格项编制月度改善计划		物流服务月度改 善计划
步骤15	审批	物流管理部对物流承运商提交的物流服务月度改善计划进行审批		
步骤16	月度改善计 划实施	物流承运商根据物流服务月度改善计划在计划时间内实施改善		
步骤17	物流承运商 月度改善计划 验证	物流管理部依据物流服务月度改善计划对承运商的改善过程进行监督，并对改善效果进行验证		
步骤18	根据季度综 合结果提出调 整策略	物流管理部根据物流承运商季度的KPI考核结果进行物流承运商策略调整，如运量占比、线路调整或解除承运合同等		

3. 相关制度与文件

无。

4. 相关表单

（1）物流线路运量预估表。

（2）物流承运商邀标说明书。

（3）物流承运商名录。

（4）物流供应商资格预审表。

（5）运输线路报价表。

（6）物流邀标项目供应商投标评分表。

（7）物流邀标供应商综合得分排名表。

（8）中标通知书。

（9）物流运输合同。

（10）物流承运商月度 KPI 考核评分表。

（11）物流承运商月度评价报告。

（12）物流服务月度改善计划。

5. 流程授权表

表 9–53　物流承运商管理流程授权表

流程步骤	流程业务授权内容	提　报	审　核	二级审核	审　批	知　会
步骤 7、步骤 8	物流承运商评标结果	采购管理部	采购管理部负责人	供应链中心负责人	总经理	

6. 流程风险点

表 9–54　物流承运商管理流程风险点

流程步骤	风险描述	控制类型	控制方式	控制频率	控制文档	相关部门
步骤 2 至步骤 9	（1）供应商资格预审疏漏，导致不合格供应商中标（2）承运商报价人工汇总结果计算不准确导致评标结果有偏差	预防型	人工/系统	每年	物流供应商资格预审表	物流管理部、采购管理部
步骤 10	培训效果不达预期，承运商未按运输规范承运，造成货损、客诉等	预防型	人工	每年	新物流承运商培训课件	物流管理部

十九、物流费用结算流程

物流费用结算流程的输入为物流回单，输出为物流费用付款记录，增值方式为确保准确、及时支付物流费用。图 9-19、表 9-55 至表 9-57 为物流费用结算流程全过程。

1. 流程图

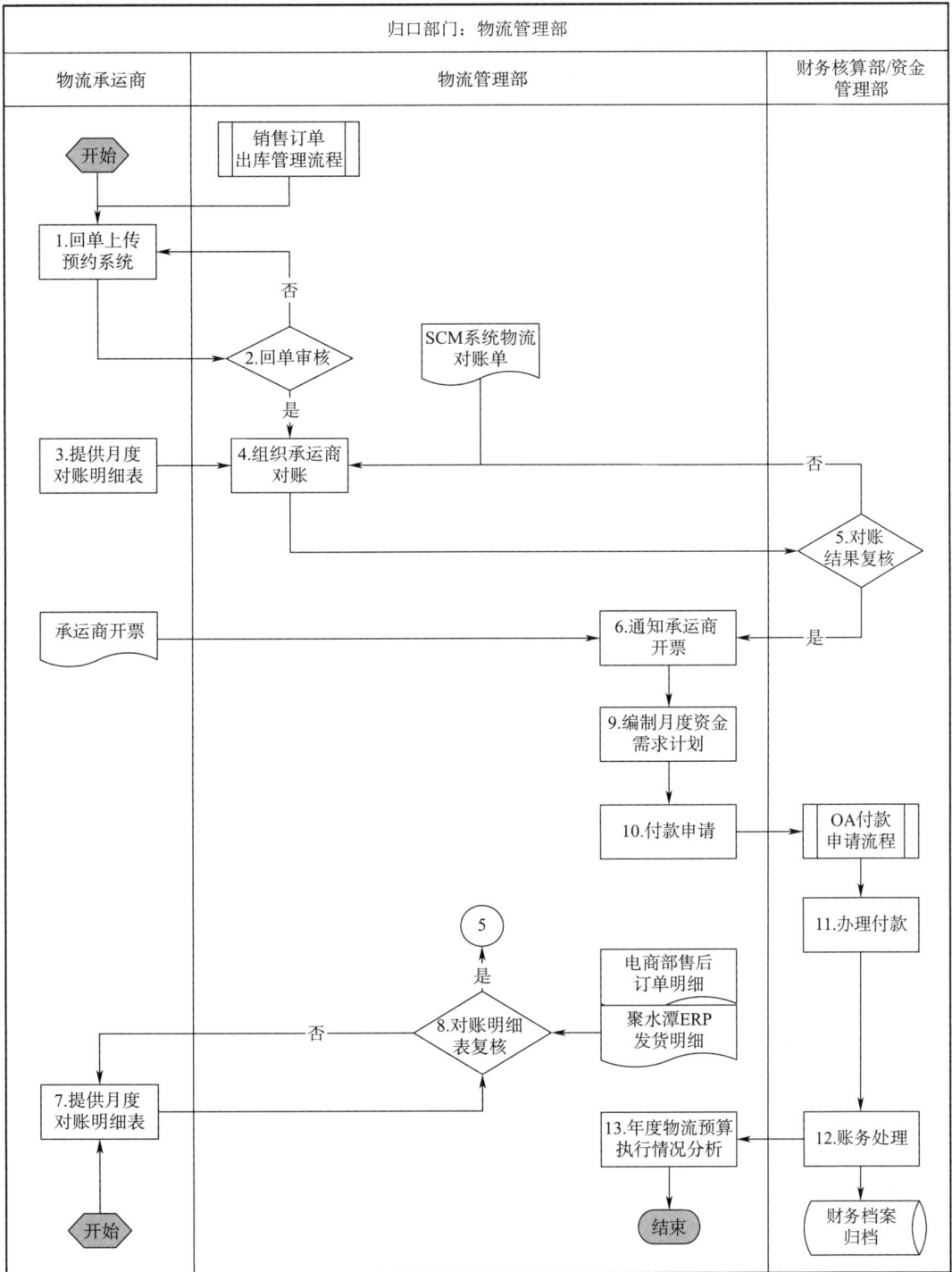

图 9-19 物流费用结算流程图

2. 流程步骤说明

表 9-55　物流费用结算流程步骤说明

流程步骤	步骤名称	流程步骤说明	相关文件/制度	相关表单
步骤 1	回单上传预约系统	物流承运商根据物流运输合同要求，非电商系统订单在送货完成后的 3 天内将经销商签收完整的送货单上传到车辆预约系统	物流运输合同	送货单
步骤 2	回单审核	（1）物流管理部于每月 10 日前，在供应链 SCM 系统完成上月度的电子回单审核，审核内容包含电子回单是否清晰、签收是否符合规范 （2）如审核通过，进入步骤 4；如审核不通过，返回步骤 1		
步骤 3	提供月度对账明细表	物流承运商根据送货单，参考预约系统订单计费方式、物流运输合同的报价表，于每月 10 日前提供月度对账明细表		月度对账明细表
步骤 4	组织承运商对账	物流管理部根据供应链 SCM 系统的物流对账单、月度对账明细表组织物流承运商对账，确认无误后，物流管理部负责人在纸质版月度对账单上签字，并于每月 13 日前提交财务核算部复核		
步骤 5	对账结果复核	财务核算部于每月 18 日前根据送货单、物流运输合同的报价表对月度对账明细表完成复核： （1）复核通过，财务核算部在月度对账明细表上签字或盖章，月度对账明细表返回物流管理部 （2）复核不通过，标注并返回步骤 4 重新对账		
步骤 6	通知承运商开票	物流管理部根据财务核算部复核通过的月度对账明细表，汇总每个物流承运商的运费金额，在每月 20 日前通知物流承运商开具运输增值税专用发票		
步骤 7	提供月度对账明细表	（1）快递公司根据电商订单和仓配服务合同的报价表，于每月 10 日前提供月度对账明细表（含快递费明细、装卸明细、售后订单明细等费用类别）至物流管理部 （2）对账明细单包含：快递费明细、装卸明细、售后订单明细等费用类别		
步骤 8	对账明细表复核	物流管理部根据 ERP 发货明细、电商部售后订单明细、成品调拨订单、仓配服务合同的报价表，于接收月度对账明细表的 5 个工作日内完成复核： （1）复核通过，物流管理部负责人和电商部负责人在月度对账明细表上签字，进入步骤 5 （2）复核不通过，标注并返回步骤 7 重新核对		
步骤 9	编制月度资金需求计划	物流管理部根据月度对账明细表汇总物流承运商/快递公司的费用金额，按照物流运输合同、仓配服务合同约定的付款周期，于每月 20 日前编制月度资金需求计划，并提交至资金管理部		仓配服务合同、月度资金需求计划表
步骤 10	付款申请	物流管理部负责人根据月度资金需求计划，于每月 25 日前在 OA 系统发起付款申请，进入 OA 付款申请流程		

续上表

流程步骤	步骤名称	流程步骤说明	相关文件/制度	相关表单
步骤 11	办理付款	资金管理部按照月度对账明细表、增值税发票，根据合同约定付款周期完成付款		
步骤 12	账务处理	资金管理部根据付款明细做会计凭证，并进行账务处理		
步骤 13	年度物流预算执行情况分析	物流管理部对当年度物流费用预算执行情况进行分析，如单箱物流费用、各配送中心、各销售渠道物流费用等进行分析及对比		

3. 相关制度与文件

物流运输合同。

4. 相关表单

（1）送货单。

（2）月度对账明细表。

（3）月度资金需求计划表。

（4）仓配服务合同。

5. 流程授权表

表 9-56　物流费用结算流程授权表

流程步骤	流程业务授权内容	提 报	审 核	二级审核	审 批	知 会
—	—	—	—	—	—	—

6. 流程风险点

表 9-57　物流费用结算流程风险点

流程步骤	风险描述	控制类型	控制方式	控制频率	控制文档	相关部门
步骤 4、步骤 5、步骤 8	与物流承运商对账时出现差错，造成物流费用支出增加	发现型	人工	每月	月度对账明细表、物流运输合同等	物流管理部、财务核算部

二十、设备生命周期管理流程

设备生命周期管理流程的输入为供应链年度运营规划，输出为设备档案，增值方式为延长设备生命周期，提升设备稼动率。图 9-20、表 9-58 至表 9-60 为设备生命周期管理流程全过程。

1. 流程图

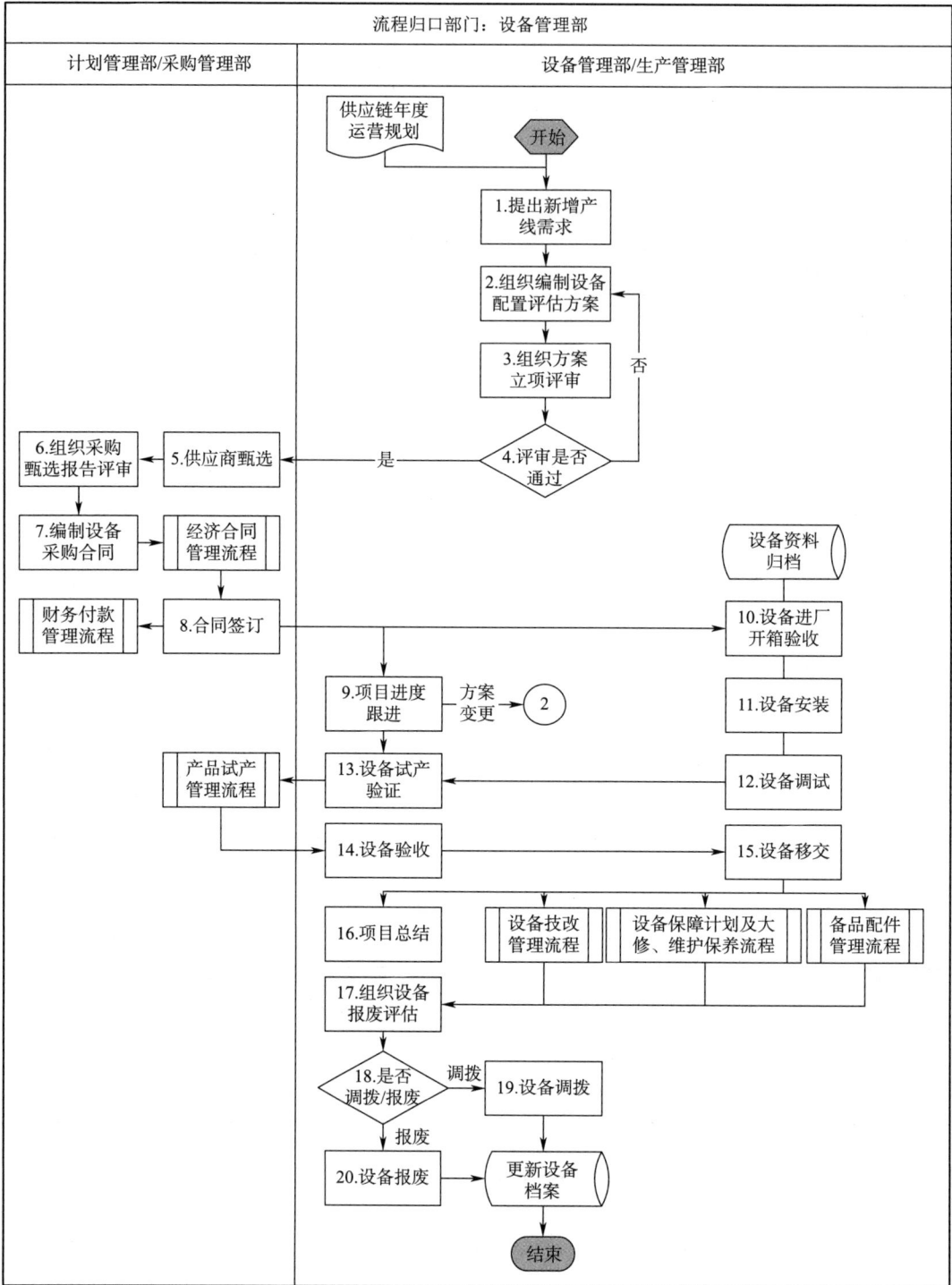

图 9-20 设备生命周期管理流程图

2. 流程步骤说明

表 9-58　设备生命周期管理流程步骤说明

流程步骤	步骤名称	流程步骤说明	相关文件/制度	相关表单
步骤 1	提出新增产线需求	设备管理部根据供应链年度运营规划提出新增产线需求，并提交项目提案需求表至供应链营运中心负责人审批	设备新增、技改管理规范	项目提案需求表、设备技改提案
步骤 2	组织编制设备配置评估方案	设备管理部按照项目提案需求，组织设备厂家、设备管理部和采购管理部编制设备配置评估方案	设备新增、技改管理规范	设备配置评估方案
步骤 3	组织方案立项评审	在出具设备配置评估方案后，设备管理部组织相关部门对设备配置评估方案进行评审，确定设备方案是否满足项目需求，是否同意立项，并输出项目立项审批表，按照权限进行审核、审批	设备新增、技改管理规范	项目立项审批表
步骤 4	评审是否通过	评审通过进入步骤 5；评审不通过返回步骤 2		
步骤 5	供应商甄选	采购管理部收到项目立项审批表、设备配置评估方案后，负责对符合要求的设备供应商进行寻源、甄选		
步骤 6	组织采购甄选报告评审	采购管理部组织需求部门和设备管理部一起讨论，编制设备采购项目甄选审批报告，并组织需求部门、设备管理部、供应链负责人、总裁（根据情况而定）等对采购的设备及甄选的结果进行评审，根据评审结果发出中标通知函（如需）		设备采购项目甄选审批报告
步骤 7	编制设备采购合同	采购管理部按照评审结果编制设备采购合同，按经济合同管理流程执行	经济合同管理流程	设备采购合同
步骤 8	合同签订	采购管理部组织与设备厂家完成合同的签订，按财务付款管理流程执行	财务付款管理流程	设备采购合同
步骤 9	项目进度跟进	（1）设备采购合同签订完成后，项目负责人按照项目计划表跟进项目进度，每周输出设备新增、技改进度提报表 （2）项目进行过程中，若有项目方案发生变更或新增，则需求部门提出项目需求变更审批表，返回步骤 2	设备新增、技改管理规范	设备项目进度提报表、项目需求变更审批表
步骤 10	设备进厂开箱验收	（1）设备管理部协调设备厂家的进厂时间，提前做好设备的吊装、卸货安排（如需） （2）购置的设备到货进厂时，设备管理部根据设备送货清单负责对到货的设备进行开箱验收，对设备的数量、外观质量等进行确认，并在设备送货清单、设备开箱验收记录签字确认	设备新增、技改管理规范	设备开箱验收记录、设备送货清单

流程步骤	步骤名称	流程步骤说明	相关文件/制度	相关表单
步骤 11	设备安装	基地厂部根据项目计划表负责对基地现场设备的安装进行分工、分区域，协调设备厂家进行安装	设备新增、技改管理规范	
步骤 12	设备调试	设备安装完成后，设备管理部协调计划管理部、质量检验部根据生产计划安排进行试车、调试，以满足设备试产验证要求	设备新增、技改管理规范、产品试产管理流程	
步骤 13	设备试产验证	（1）待单机设备调试/整线调试合格后，设备管理部协调生产管理部发出设备试产通知 （2）试产验证时，由设备项目负责人提出试产验证需求申请，按照产品试产管理流程执行 （3）按照质量管理部的质量验证方案进行设备试产验证，质量管理部输出质量验证报告（如需），设备管理部输出设备试运转记录	产品试产管理流程、质量验证方案	设备试运转记录、质量验证报告
步骤 14	设备验收	在设备试产验证合格后，设备管理部组织设备管理部对试运转无问题的设备项目进行竣工验收，以设备试运转记录作为参考附件，最终由使用部门和项目相关部门完成设备竣工申请及验收表的填写	设备新增、技改管理规范	设备竣工申请及验收表、设备试运转记录
步骤 15	设备移交	（1）设备项目负责人统筹收集设备项目相关资料，包括设备说明书、设备操作规程、设备验证文件、项目总结报告、设备技术图纸、设备布局图纸等，然后与设备管理部进行确认，并签署设备资料交接清单 （2）设备管理部设备管理科负责把项目资料归档在文档系统，以便查阅 （3）设备管理部建立或更新基地设备台账，协助财务核算部对固定资产的录入		设备验竣工申请及验收表、设备资料交接清单
步骤 16	项目总结	在设备竣工验收完成后的2周内，设备项目负责人组织相关部门对设备项目实施过程中的经验、教训、流程、制度、管理等方面进行总结，并形成项目总结报告提交至设备管理部	设备新增、技改管理规范	
步骤 17	组织设备报废评估	（1）当设备达到报废条件时，设备管理部编制设备报废评估报告 （2）设备管理部组织采购管理部、财务管理部、生产管理部、基地对设备管理部提交的设备报废评估报告进行评审，按照评审意见记录设备处置意见：返修、变卖、调拨、报废。	设备调拨、报废管理规范	固定资产报废申请表、设备报废评估报告

流程步骤	步骤名称	流程步骤说明	相关文件／制度	相关表单
步骤18	是否调拨／报废	根据评审记录的设备处置意见，设备报废进入步骤20；设备调拨进入步骤19		
步骤19	设备调拨	（1）评审确认设备可以调拨，由设备管理部出具设备调拨通知，告知调出设备管理部发起调拨流程 （2）调出／调入财务核算部做好固定资产的转移、账务的核算 （3）调出／调入设备管理部建立或更新设备档案	设备调拨流程	设备调拨通知、固定资产转移单
步骤20	设备报废	（1）评审确认设备可以报废，设备管理部通知设备管理部发起固定资产报废申请流程，按照流程进行审核、审批，并按照评审记录的设备处置意见执行报废 （2）设备管理部更新设备档案	固定资产报废申请流程	设备台账记录

3. 相关制度与文件

（1）设备新增、技改管理规范。

（2）经济合同管理流程。

（3）财务付款管理流程。

（4）产品试产管理流程。

（5）质量验证方案。

（6）设备调拨流程。

（7）固定资产报废申请流程。

4. 相关表单

（1）项目提案需求表。

（2）设备技改提案。

（3）设备配置评估方案。

（4）设备技改方案。

（5）项目立项审批表。

（6）项目需求变更审批表。

（7）设备采购项目甄选审批报告。

（8）设备采购合同。

（9）设备项目进度提报表。

（10）设备开箱验收记录。

（11）设备送货清单。

（12）设备试运转记录。

（13）质量验证报告。

（14）设备竣工申请及验收表。

（15）设备资料交接清单。

（16）固定资产报废申请表。

（17）设备报废评估报告。

（18）设备调拨通知。

（19）固定资产转移单。

（20）设备台账记录。

5. 流程授权表

表 9-59　设备生命周期管理流程授权表

流程步骤	流程业务授权内容	提　报	审　核	二级审核	审　批	知　会
—	—	—	—	—	—	—

6. 流程风险点

表 9-60　设备生命周期管理流程风险点

流程步骤	风险描述	控制类型	控制方式	控制频率	控制文档	相关部门
步骤 1 至步骤 9、步骤 12 至步骤 15	（1）需求部门提出的设备新增／技改需求不确定或不全面，导致后期出现变更，造成设备闲置 （2）设备新增／技改方案不完善，实施后未能满足工艺、技术、质量、效率等要求，造成公司损失	预防型	人工	随时	项目提案需求表、项目需求变更审批表	设备管理部、设备管理部、需求部门

二十一、设备保障计划及大修、维护保养流程

设备保障计划及大修、维护保养流程的输入为年度产能规划、设备保养规范，输出为设备效率分析，增值方式为减少设备故障时间，提升设备利用效率。图 9-21、表 9-61 至表 9-63 为设备保障计划及大修、维护保养流程全过程。

1. 流程图

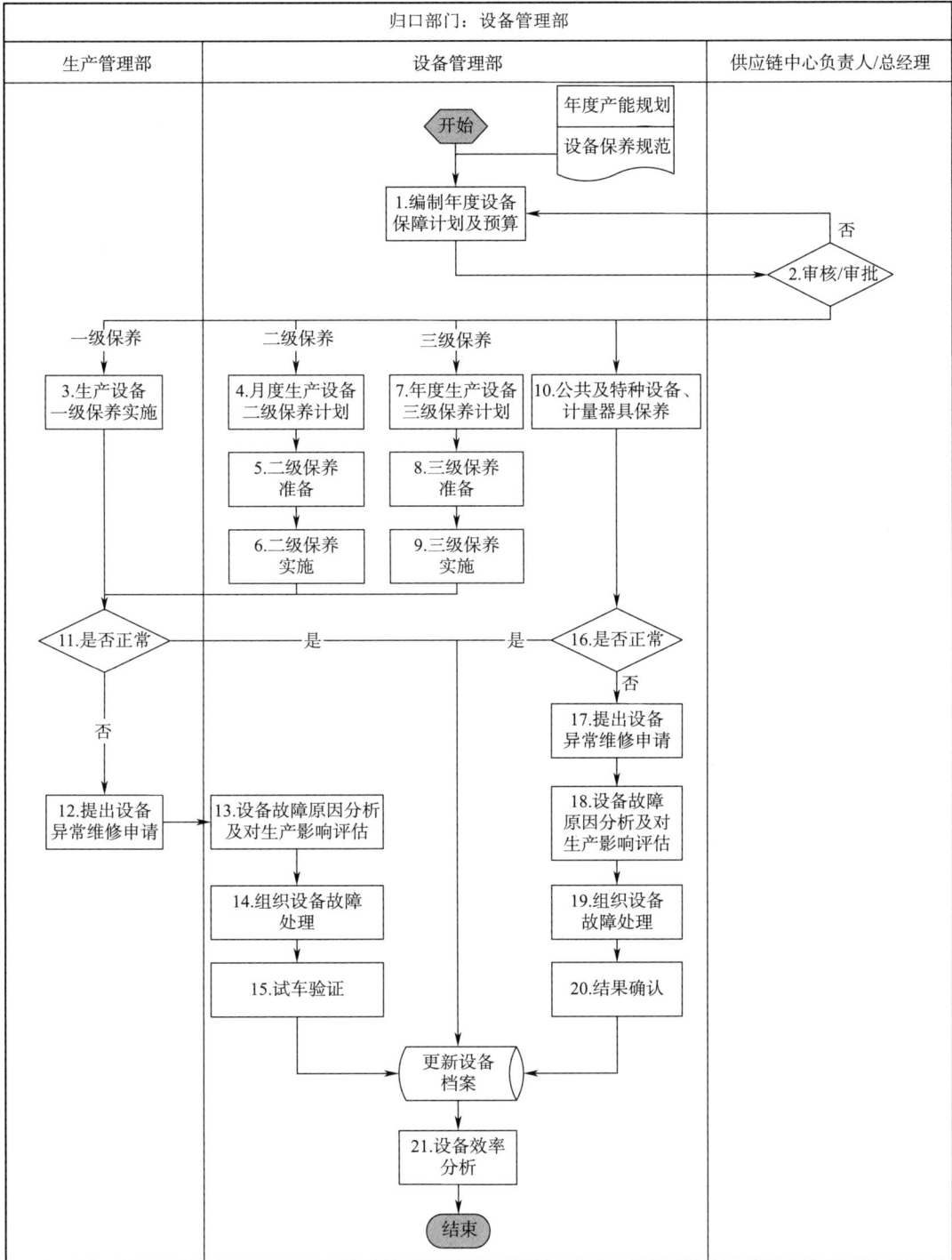

图 9-21　设备保障计划及大修、维护保养流程图

2. 流程步骤说明

表 9-61   设备保障计划及大修、维护保养流程步骤说明

流程步骤	步骤名称	流程步骤说明	相关文件/制度	相关表单
步骤 1	编制年度设备保障计划及预算	设备管理部负责人根据年度产能规划和设备维护保养规范在每年的 11 月统筹编制年度设备保障计划及预算（含一、二、三级保养）	设备维护保养规范	年度设备保障计划及预算、设备一级保养表、设备二级保养表
步骤 2	审核/审批	提交供应链中心负责人审核、总经理审批		
步骤 3	生产设备一级保养实施	生产管理部按照设备一级保养表的内容、标准、时间进行设备一级保养	设备维护保养规范	
步骤 4	月度生产设备二级保养计划	设备管理部根据设备二级保养表和设备易损件更换清单的更换周期，每月 20 号前对下月需进行的保养项目进行统筹、整理、汇总，形成月度生产设备二级保养计划表	设备维护保养规范	设备二级保养表、月度生产设备二级保养计划表
步骤 5	二级保养准备	根据月度生产设备二级保养计划表，设备管理部负责准备设备二级保养所需的备品配件	设备维护保养规范、备品配件管理规范、备件领用出库流程、采购申请流程	备品配件出库单
步骤 6	二级保养实施	（1）设备管理部跟进生产线停机时间，按照月度生产设备二级保养计划表组织相关人员（包含在线维修）进行维保作业 （2）实施过程中更换的零配件按照设备维修履历表进行记录，并在电子版的备件使用明细上进行记录	设备维护保养规范	设备二级保养表、电子版"备件使用明细"
步骤 7	年度生产设备三级保养计划	设备管理部组织相关部门依据设备维护保养规范结合设备一级保养表、设备二级保养表、设备维修履历表和日常的故障发生点，编制或更新年度生产设备大修保养计划、设备年度大修清单，提交至生产管理部核查，具体大修时间安排与计划管理部做沟通	设备维护保养规范	设备年度大修清单、年度生产设备大修保养计划
步骤 8	三级保养准备	根据年度生产设备大修保养计划，设备管理部负责统筹准备设备三级保养所需的备品配件	设备维护保养规范、备品配件管理规范	
步骤 9	三级保养实施	设备管理部根据生产线停机时间，按照年度生产设备大修保养计划组织相关人员（包含在线维修）进行设备三级保养	设备维护保养规范	备件使用明细
步骤 10	公共及特种设备、计量器具保养	（1）设备管理部负责统筹公共设备和生产车间里面特种设备、计量器具、仪器仪表的保养与校准事项 （2）根据计量设备校准计划，提前 1 个月开始安排第三方检验机构进行校验，须在上期检验期失效前完成校验 （3）设备管理部负责对公共设备按照设备第一、二、三级保养计划和设备维保合同进行实施保养	设备维护保养规范	计量设备校准计划

续上表

流程步骤	步骤名称	流程步骤说明	相关文件／制度	相关表单
步骤 11	是否正常	生产管理部确认设备运行是否正常，做好日常的运行记录，定期更新设备档案；出现故障进入步骤 12		
步骤 12	提出设备异常维修申请	运行过程中出现故障异常，生产管理部提出设备异常维修申请，通知设备人员进行维修	设备维护保养规范	维修申请单
步骤 13	设备故障原因分析及对生产影响评估	收到设备异常反馈后，设备管理部或生产管理部负责协调设备人员对设备异常原因进行分析，并对产线的影响进行评估	设备维护保养规范	重大事项反馈表
步骤 14	组织设备故障处理	设备管理部人员对设备异常问题进行维修，在设备维修履历表上记录维修过程	设备维护保养规范、备品配件管理规范	设备维修履历表
步骤 15	试车验证	（1）待设备故障解决后，设备管理部协同使用部门对维修后的设备进行试车验证，按照要求填写设备试运转记录，并进行验收确认 （2）需试车验证时，由设备管理部组织提出试车验证需求申请，进入质量验证管理流程	设备维护保养规范	设备试运转记录
步骤 16	是否正常	设备管理部负责对公共设备、特种设备、计量设备维修后进行试运转：填写设备试运转记录，设备试运转正常，定期更新设备档案；设备试运转不正常，进入步骤 17		设备试运转记录
步骤 17	提出设备异常维修申请	（1）公共设备、特种设备、计量器具、仪器仪表运行过程中出现故障异常，使用部门及时通过电话或者企业微信提出设备异常维修申请，通知设备人员进行维修 （2）使用部门填写维修申请单，维修完成后签字确认	设备维护保养规范	维修申请单
步骤 18	设备故障原因分析及对生产影响评估	收到设备异常反馈后，设备管理部协调设备人员对设备异常原因进行分析，并对产线的影响进行评估	设备维护保养规范	重大事项反馈表
步骤 19	组织设备故障处理	设备管理部组织设备人员对设备异常问题进行维修，在设备维修履历表上记录维修过程	设备维护保养规范、备品配件管理规范	设备维修履历表
步骤 20	结果确认	设备故障处理完毕后，设备管理部协同使用部门对设备试运转情况进行确认		
步骤 21	设备效率分析	设备管理部负责组织使用部门对设备运行效率进行分析，包括：生产设备故障率、生产设备故障停机时间、设备整线效率、设备完整率等	设备完整率检查管理规范、设备维护保养规范	

3. 相关制度与文件

（1）设备维护保养规范。

（2）备品配件管理规范。

（3）设备完整率检查管理规范。

4. 相关表单

（1）年度设备保障计划及预算。

（2）设备一级保养表。

（3）设备二级保养表。

（4）设备维修履历表。

（5）月度生产设备二级保养计划表。

（6）备件使用明细。

（7）设备年度大修清单。

（8）年度生产设备大修保养计划。

（9）计量设备校准计划。

（10）维修申请单。

（11）重大事项反馈表。

（12）设备试运转记录。

（13）备品配件出库单。

5. 流程授权表

表 9-62　设备保障计划及大修、维护保养流程授权表

流程步骤	流程业务授权内容	提 报	审 核	二级审核	审 批	知 会
步骤1、步骤2	年度设备保障计划及预算	设备管理部	基地厂部	设备管理部负责人	供应链中心负责人、总经理	财务核算部、采购管理部

6. 流程风险点

表 9-63　设备保障计划及大修、维护保养流程风险点

流程步骤	风险描述	控制类型	控制方式	控制频率	控制文档	相关部门
步骤3至步骤10	（1）设备未及时进行预防维护保养，造成设备发生故障的风险增大 （2）设备未按照规范进行维护保养，造成设备发生故障的风险增大	预防型	人工	随时	设备保养表、年度生产设备大修保养计划	设备管理部、生产管理部
步骤12至步骤19	（1）设备异常未及时完成维修，造成停机、停产 （2）设备异常处理不当，造成停机、停产、物料损耗等	发现型	人工	随时	设备异常维修申请单、设备维保履历表	设备管理部、生产管理部、质量检验部

二十二、物料检验流程

物料检验流程的输入为物料检验申请，输出为物料检验结果，增值方式为及时、准确检测物料质量。图 9-22、表 9-64 至表 9-66 为物料检验流程全过程。

1. 流程图

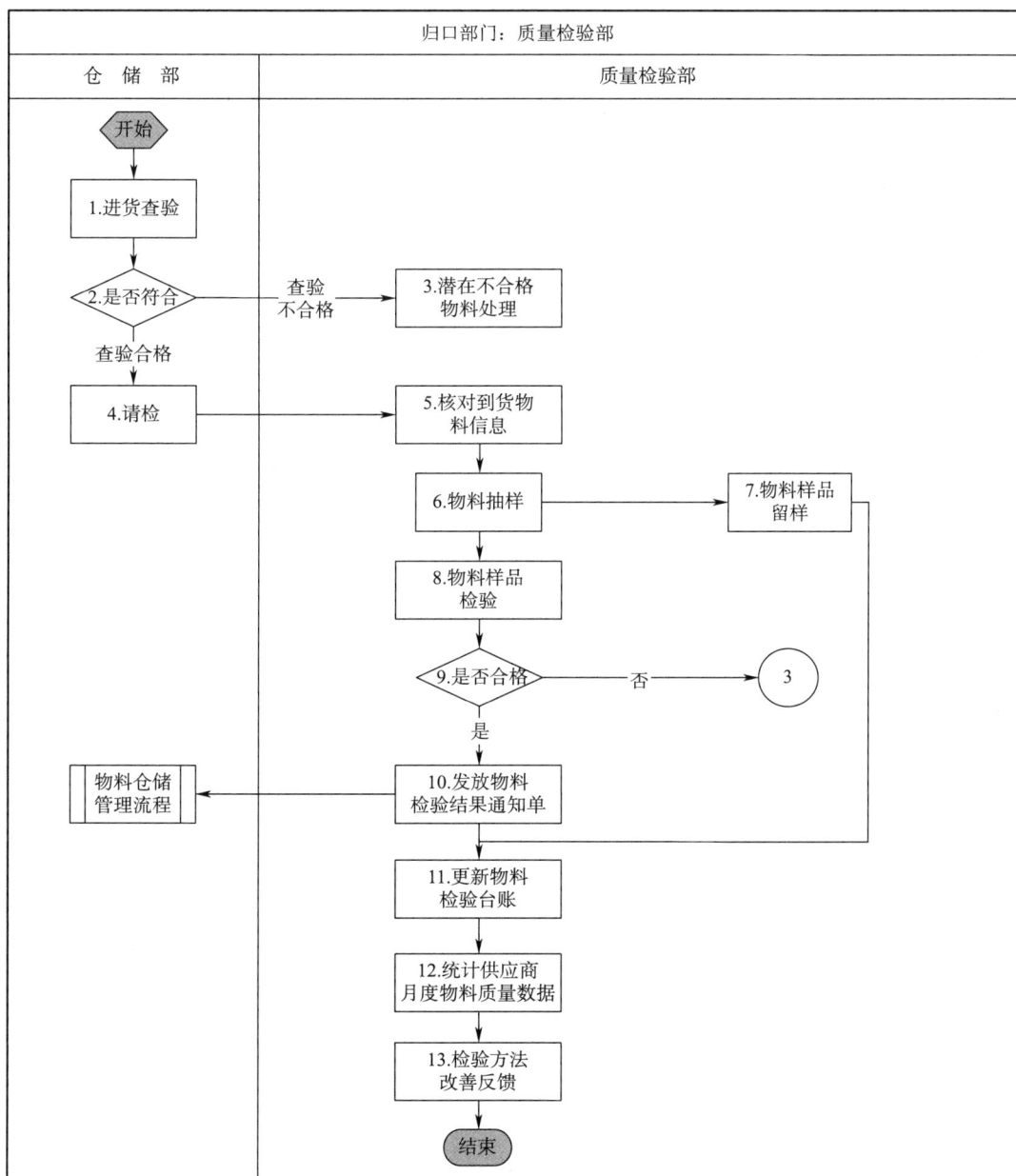

图 9-22　物料检验流程图

2. 流程步骤说明

表 9-64　物料检验流程步骤说明

流程步骤	步骤名称	流程步骤说明	相关文件 / 制度	相关表单
步骤 1	进货查验	仓储部根据原材料进货查验管理制度对当天来货物料的标签、外观、车辆卫生状况等进行查验并记录在请检单中	原材料进货查验管理制度	请检单
步骤 2	是否符合	查验结果符合要求，进入步骤 4；查验结果不符合要求，进入步骤 3		
步骤 3	潜在不合格物料处理	质量检验部按照潜在不合格物料处理规范对查验不符合要求的物料进行处理	潜在不合格物料处理规范	
步骤 4	请检	仓储部在物料到货查验完成当天，将请检单提交给质量检验部，通知开展物料检验		请检单
步骤 5	核对到货物料信息	质量检验部根据请检单和物料验收规范，对随货单据、到货物料信息等进行核对	物料验收规范	物料进货检验记录
步骤 6	物料抽样	质量检验部检验科根据原辅材料抽样规范对物料进行抽样，填写取样证贴在取样处，在请检单填写取样信息	原辅材料抽样规范、物料验收规范	取样证、请检单
步骤 7	物料样品留样	质量检验部根据留样管理办法将抽样样品留样，填写留样标识贴在留样包装上，填写留样记录表	留样管理办法	留样标识、留样记录表
步骤 8	物料样品检验	质量检验部根据物料验收规范对抽检的物料样品进行逐项检验		物料进货检验记录
步骤 9	是否合格	检验结果合格，填写物料检验结果通知单，进入步骤 10；检验结果不合格，进入步骤 3		检验结果通知单
步骤 10	发放物料检验结果通知单	检验员将物料检验结果通知单提交质量检验部主管审核、质量检验部负责人审批，检验周期内在 ERP 系统中放行，并将纸质单据发放给仓储部		
步骤 11	更新物料检验台账	质量检验部根据检验结果通知单，每天更新物料检验台账		物料检验台账
步骤 12	统计供应商月度物料质量数据	质量检验部每月 2 日前，将上个月物料质量数据整理至质量月报表中，提交至质量检验部定期进行质量分析		质量月报表
步骤 13	检验方法改善反馈	质量检验部在日常物料检验过程中，发现检验方法、验收规范等不适用，将改善需求反馈至质量管理部		

3. 相关制度与文件

（1）原材料进货查验管理制度。

（2）潜在不合格物料处理规范。

（3）原辅材料抽样规范。

（4）物料验收规范。

（5）留样管理办法。

4. 相关表单

（1）请检单。

（2）物料进货检验记录。

（3）取样证。

（4）留样标识。

（5）留样记录表。

（6）检验结果通知单。

（7）物料检验台账。

（8）质量月报表。

5. 流程授权表

表 9-65　物料检验流程授权表

流程步骤	流程业务授权内容	提报	审核	二级审核	审批	知会
步骤 10	检验结果通知单	质量检验部	质量检验部检验主管		质量检验部负责人	仓储部

6. 流程风险点

表 9-66　物料检验流程风险点

流程步骤	风险描述	控制类型	控制方式	控制频率	控制文档	相关部门
步骤6、步骤8	（1）抽样方法未严格按验收规范执行，导致抽样位置、抽样数量不能满足要求，造成检测结果不准确 （2）检测员对检测方法不熟悉／未严格执行，造成检测结果不准确 （3）检测仪器未校准／失灵等，造成检测结果不准确	预防型／发现型	人工	随时	原辅材料抽样规范、物料验收规范	质量检验部

二十三、成品检验流程

成品检验流程的输入为周生产计划及成品送检单，输出为成品检验结果，增值方式为及时、准确检测成品品质。图 9-23、表 9-67 至表 9-69 为成品检验流程全过程。

1. 流程图

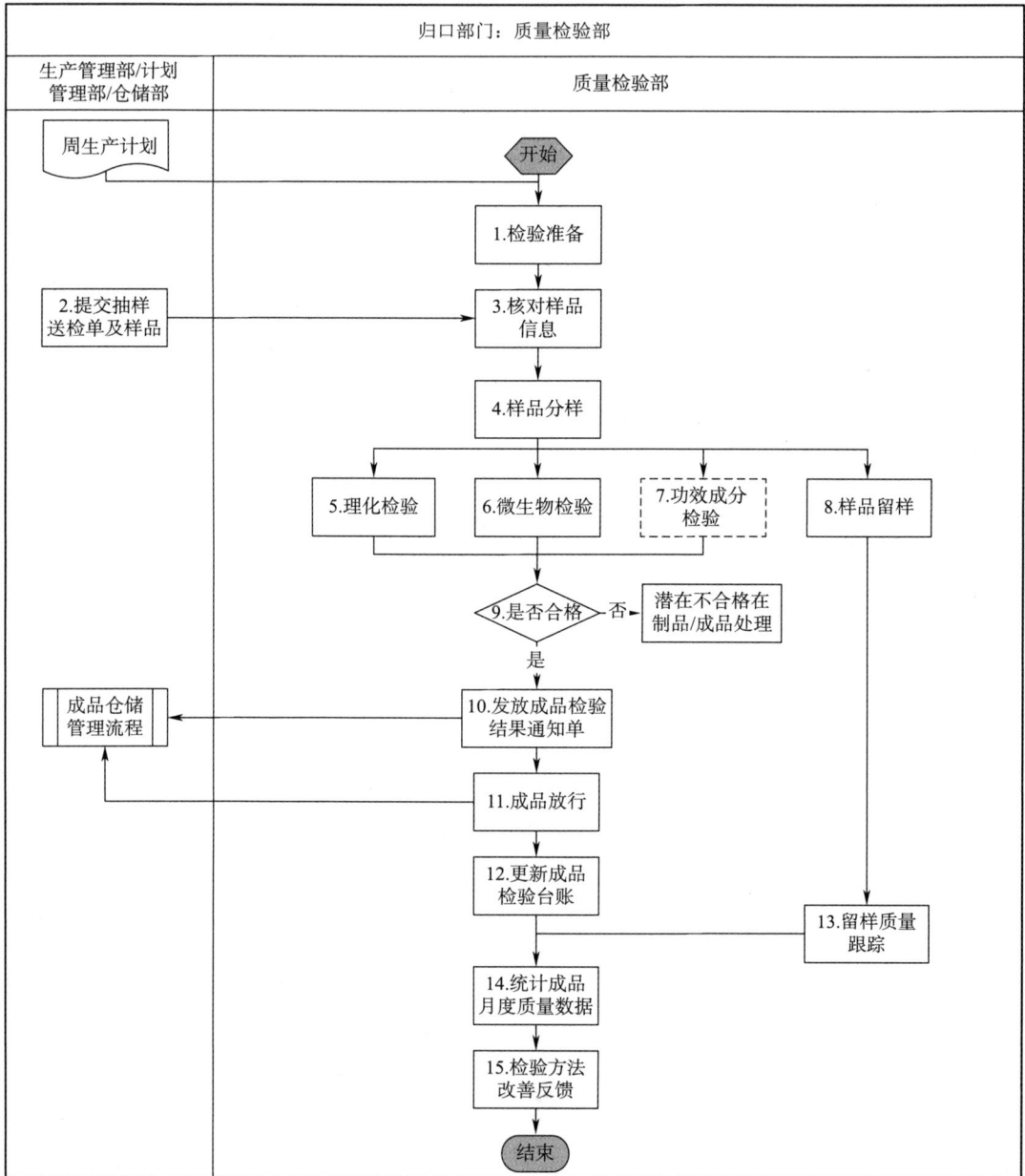

图 9-23　成品检验流程图

2. 流程步骤说明

表 9-67　成品检验流程步骤说明

流程步骤	步骤名称	流程步骤说明	相关文件/制度	相关表单
步骤 1	检验准备	质量检验部根据周生产计划、成品质量标准、检验作业指导书，提前准备检验仪器设备和检验耗材	成品质量标准、检验作业指导书	周生产计划
步骤 2	提交抽样送检单及样品	生产管理部根据成品抽样作业指导书对当天生产的成品进行抽样，填写成品抽样送检交接清单，将样品与记录于每班下班时交给质量检验部	成品抽样作业指导书	成品抽样送检交接清单
步骤 3	核对样品信息	质量检验部根据成品抽样送检交接清单和样品，核对样品批号、数量等信息		
步骤 4	样品分样	质量检验部按成品抽样作业指导书，对样品按理化检验、微生物检验、功效成分检验、留样的样品量进行分拣，分发给相应的检验岗及留样室		
步骤 5	理化检验	质量检验部根据成品质量标准、检验作业指导书，对样品进行理化检验	成品质量标准、检验作业指导书	成品理化检验记录表
步骤 6	微生物检验	质量检验部根据成品质量标准、检验作业指导书，对样品进行微生物检验	成品质量标准、检验作业指导书	微生物检验记录表
步骤 7	功效成分检验	针对出厂检验项目要求检验功效成分的产品，质量检验部根据成品质量标准、检验作业指导书，对样品进行功效成分检验	成品质量标准、检验作业指导书	成品功效成分检验记录表
步骤 8	样品留样	质量检验部根据成品抽样作业指导书、留样管理办法对分拣的样品进行留样，填写产品留样标签贴在留样样品上，并填写产品留样记录	成品抽样作业指导书、留样管理办法	产品留样记录
步骤 9	是否合格	（1）质量检验部对检验结果进行判定，形成成品检验报告，提交质量检验部主管审核、质量检验部负责人审批 （2）检验结果合格，填写产品检验结果通知单，提交质量检验部主管审核、质量检验部负责人审批，进入步骤 10；检验结果不合格，按照潜在不合格在制品/成品处理规范进行处理	出厂检验记录管理办法、潜在不合格在制品/成品处理规范	成品检验报告、产品检验结果通知单

流程步骤	步骤名称	流程步骤说明	相关文件/制度	相关表单
步骤 10	发放成品检验结果通知单	质量检验部将产品检验结果通知单于检验周期完成当天发放给仓储部，通知其成品检验合格，进入成品仓储管理流程	成品仓储管理流程	产品检验结果通知单
步骤 11	成品放行	质量检验部根据产品检验结果通知单，在 ERP 系统对成品进行放行操作，进入成品仓储管理流程		
步骤 12	更新成品检验台账	质量检验部根据成品检验报告，每天更新成品检验台账		成品检验报告、成品检验台账
步骤 13	留样质量跟踪	质量检验部根据留样管理办法，对留样进行质量跟踪，记录于化验室留样观察记录	留样管理办法	化验室留样观察记录
步骤 14	统计成品月度质量数据	质量检验部每月 2 日前，将上个月成品质量数据整理至质量月报表中，提交至质量检验处，进入质量分析流程	质量分析流程	质量月报表
步骤 15	检验方法改善反馈	质量检验部在日常成品检验过程中，发现检验方法、质量标准等不适用，将改善需求反馈至质量检验处		

3. 相关制度与文件

（1）成品质量标准。

（2）检验作业指导书。

（3）成品抽样作业指导书。

（4）留样管理办法。

（5）出厂检验记录管理办法。

（6）潜在不合格在制品／成品处理规范。

（7）成品仓储管理流程。

（8）质量分析流程。

4. 相关表单

（1）周生产计划。

（2）成品抽样送检交接清单。

（3）成品理化检验记录表。

（4）微生物检验记录表。

（5）成品功效成分检验记录表。

（6）产品留样记录。

（7）成品检验报告。

（8）产品检验结果通知单。

（9）成品检验台账。

（10）化验室留样观察记录。

（11）质量月报表。

5. 流程授权表

表 9-68　成品检验流程授权表

流程步骤	流程业务授权内容	提 报	审 核	二级审核	审 批	知 会
步骤 9	成品检验报告、产品检验结果通知单	质量检验部	质量检验部主管		质量检验部负责人	仓储部

6. 流程风险点

表 9-69　成品检验流程风险点

流程步骤	风险描述	控制类型	控制方式	控制频率	控制文档	相关部门
步骤 1、步骤 2、步骤 5 至步骤 7	（1）抽样方法未严格按验收规范执行，导致抽样时间、抽样数量不能满足要求，造成检测结果不准确 （2）检测员对检测方法不熟悉 / 未严格执行，造成检测结果不准确 （3）检测仪器未校准 / 失灵等，造成检测结果不准确	预防型 /发现型	人工	随时	成品抽样送检交接清单、成品质量标准、检验作业指导书	质量检验部

二十四、质量投诉调查处理流程

质量投诉调查处理流程的输入为客户质量投诉记录，输出为质量投诉处理结果，增值方式为及时处理客户质量投诉，提升客户满意度。图 9-24、表 9-70 至表 9-72 为质量投诉调查处理流程全过程。

1. 流程图

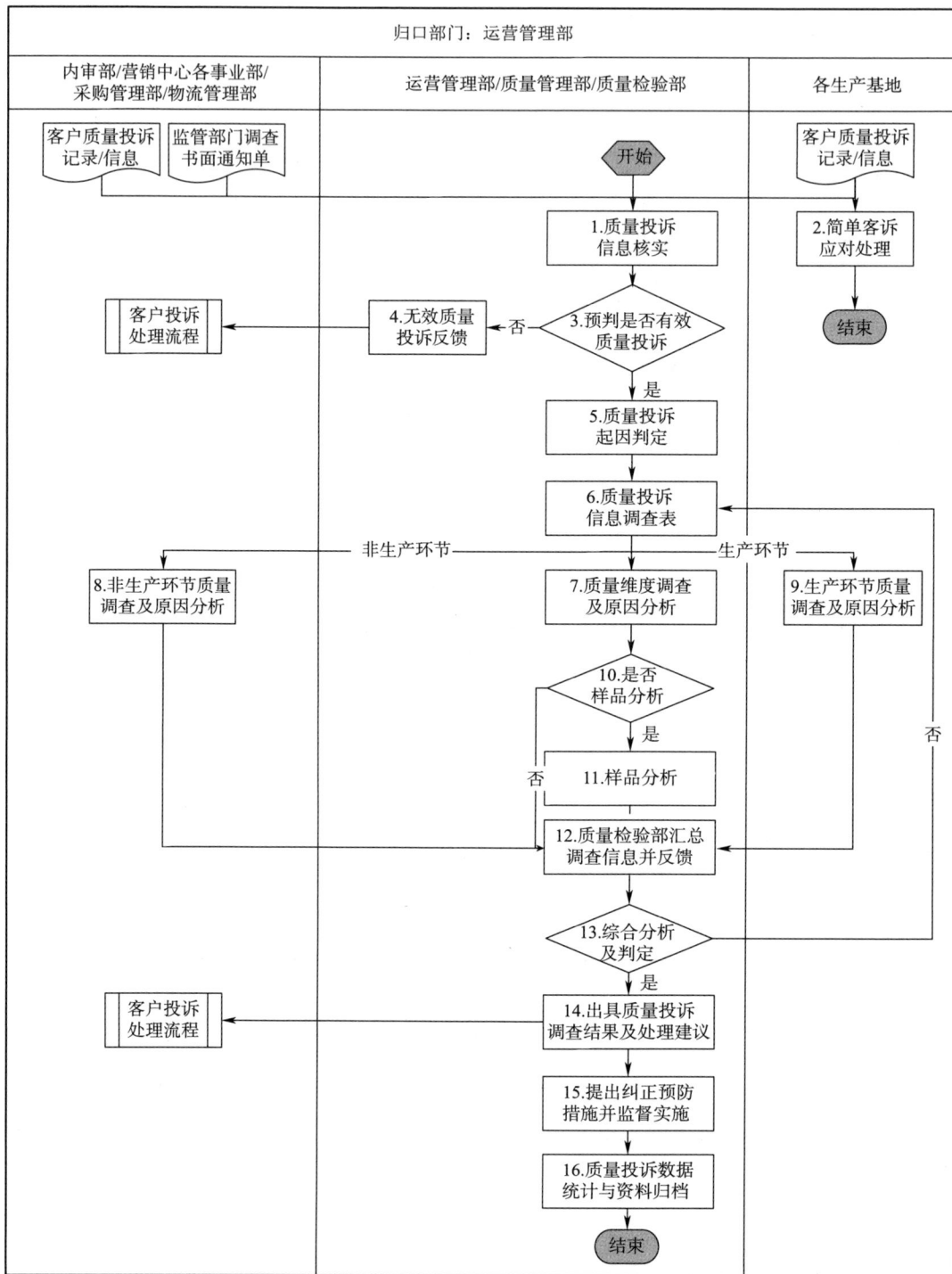

图 9-24　质量投诉调查处理流程图

2. 流程步骤说明

表 9-70　质量投诉调查处理流程步骤说明

流程步骤	步骤名称	流程步骤说明	相关文件/制度	相关表单
步骤1	质量投诉信息核实	（1）运营管理部接到质量投诉，记录并核实信息，内容包括：产品名称、包装规格、喷码信息（见瓶盖瓶肩/盒顶/罐底/箱体/膜包等）、来源、区域、数量、问题、产品图片、视频、样品等，进入步骤3 （2）质量管理部收到质量投诉信息后，需同步至运营管理部		质量投诉信息统计台账
步骤2	简单客诉应对处理	基地直接接到的客诉，基地厂部/厂办及时做出解释及简单处置应对		
步骤3	预判是否有效质量投诉	（1）运营管理部根据接收到的质量投诉信息.预判是否有效质量投诉，有效质量投诉，进入步骤5；无效质量投诉，进入步骤4 （2）运营管理部根据需要组织质量管理相关部门提供技术支持		
步骤4	无效质量投诉反馈	运营管理部判定为无效质量投诉的，将判定的依据和理由反馈给接收质量投诉的部门，进入客户投诉处理流程	客户投诉处理流程	
步骤5	质量投诉起因判定	运营管理部根据反馈的质量投诉相关信息，结合质量投诉样品的质量状况初步判断质量投诉起因		
步骤6	质量投诉信息调查表	（1）运营管理部汇总预判为有效质量投诉的信息至质量管理部、质量检验部等 （2）质量管理部将质量投诉调查分析表发送相关部门人员通知进行调查分析		质量投诉调查分析表
步骤7	质量维度调查及原因分析	（1）物料原因引起的质量投诉，由质量检验部填写物料质量异常信息反馈联络单反馈至采购管理部，采购管理部要求供应商按照客诉处理管理办法规定的时间内完成调查并回复 （2）质量管理部按照质量投诉调查分析表中相关要求组织进行调查，填写调查结果，在收到质量投诉调查通知后，按照客诉处理管理办法规定的时间内完成调查及原因分析	客诉处理管理办法、潜在不合格品（物料）处理规范	质量投诉调查分析表、物料质量异常信息反馈联络单、质量异常信息反馈联络单
步骤8	非生产环节质量调查及原因分析	质量管理部发送质量投诉调查分析表至物流管理部等部门进行非生产环节质量投诉调查及原因分析		质量投诉调查分析表
步骤9	生产环节质量调查及原因分析	基地按照质量投诉调查分析表中相关要求进行详细调查，填写调查结果，在收到质量投诉调查通知后，按照客诉处理管理办法规定的时间完成调查及原因分析		

流程步骤	步骤名称	流程步骤说明	相关文件/制度	相关表单
步骤10	是否样品分析	样品需分析检测,进入步骤11;样品无须分析检测,进入步骤12		
步骤11	样品分析	(1)运营管理部收集投诉样品,移交质量检验部,质量检验部直接获取到投诉样品 (2)质量检验部对投诉样品按照产品质量标准及质量投诉调查分析表中相关要求进行检测分析		质量投诉调查分析表
步骤12	质量检验部汇总调查信息并反馈	质量管理部收集质量投诉调查分析表及调查相关记录、报告等,同步邮件提交运营管理部		质量投诉调查分析表
步骤13	综合分析及判定	(1)质量管理部根据反馈的质量投诉调查分析表及调查相关记录、报告等,进行综合分析及判定 (2)调查的数据、信息充分,能够支持最初判定的起因,进入步骤14;调查的数据、信息不充分,不能够支持最初判定的起因,返回步骤6		
步骤14	出具质量投诉调查结果及处理建议	质量管理部将综合分析及判定的结论填入质量投诉调查处理反馈单,质量管理部负责人审批,运营管理部负责人确认后,将调查结果反馈至内审部、质量投诉接收部门		质量投诉调查处理反馈单
步骤15	提出纠正预防措施并监督实施	相关部门根据自己职责提出纠正预防措施并监督实施		纠正和预防措施要求表
步骤16	质量投诉数据统计与资料归档	(1)质量检验部对基地相关质量投诉调查及原因分析等相关记录资料归档 (2)质量管理部对有效质量投诉进行统计,进入质量分析流程 (3)运营管理部对全部质量投诉调查资料归档备案		

3. 相关制度与文件

(1)客诉处理管理办法。

(2)客户投诉处理流程。

(3)潜在不合格品(物料)处理规范。

4. 相关表单

(1)质量投诉信息统计台账。

（2）质量投诉调查分析表。

（3）质量异常信息反馈联络单。

（4）物料质量异常信息反馈联络单。

（5）质量投诉调查处理反馈单。

（6）纠正和预防措施要求表。

5. 流程授权表

表 9-71　质量投诉调查处理流程授权表

流程步骤	流程业务授权内容	提 报	审 核	二级审核	审 批	知 会
步骤 14	质量投诉调查处理反馈单	质量管理部			质量管理部负责人	运营管理部、内审部
步骤 15	质量调查报告	质量管理部			质量管理部负责人	运营管理部、供应链中心负责人、内审部等

6. 流程风险点

表 9-72　质量投诉调查处理流程风险点

流程步骤	风险描述	控制类型	控制方式	控制频率	控制文档	相关部门
步骤 1、步骤 2	未能识别质量投诉的有效性，判定错误可能会导致投诉升级	预防型	人工	每次	质量投诉信息统计台账	运营管理部
步骤 5 至步骤 9	质量投诉起因判定失误或调查方向偏差，没有找出真正的原因	预防型	人工	每次	质量投诉调查分析表	质量管理部、质量检验部

二十五、生产成本管理流程

生产成本管理流程的输入为生产成本数据，输出为生产成本分析，增值方式为合理控制生产成本，提升产品市场竞争力与企业产品盈利能力。图 9-25、表 9-73 至表 9-75 为生产成本管理流程全过程。

1. 流程图

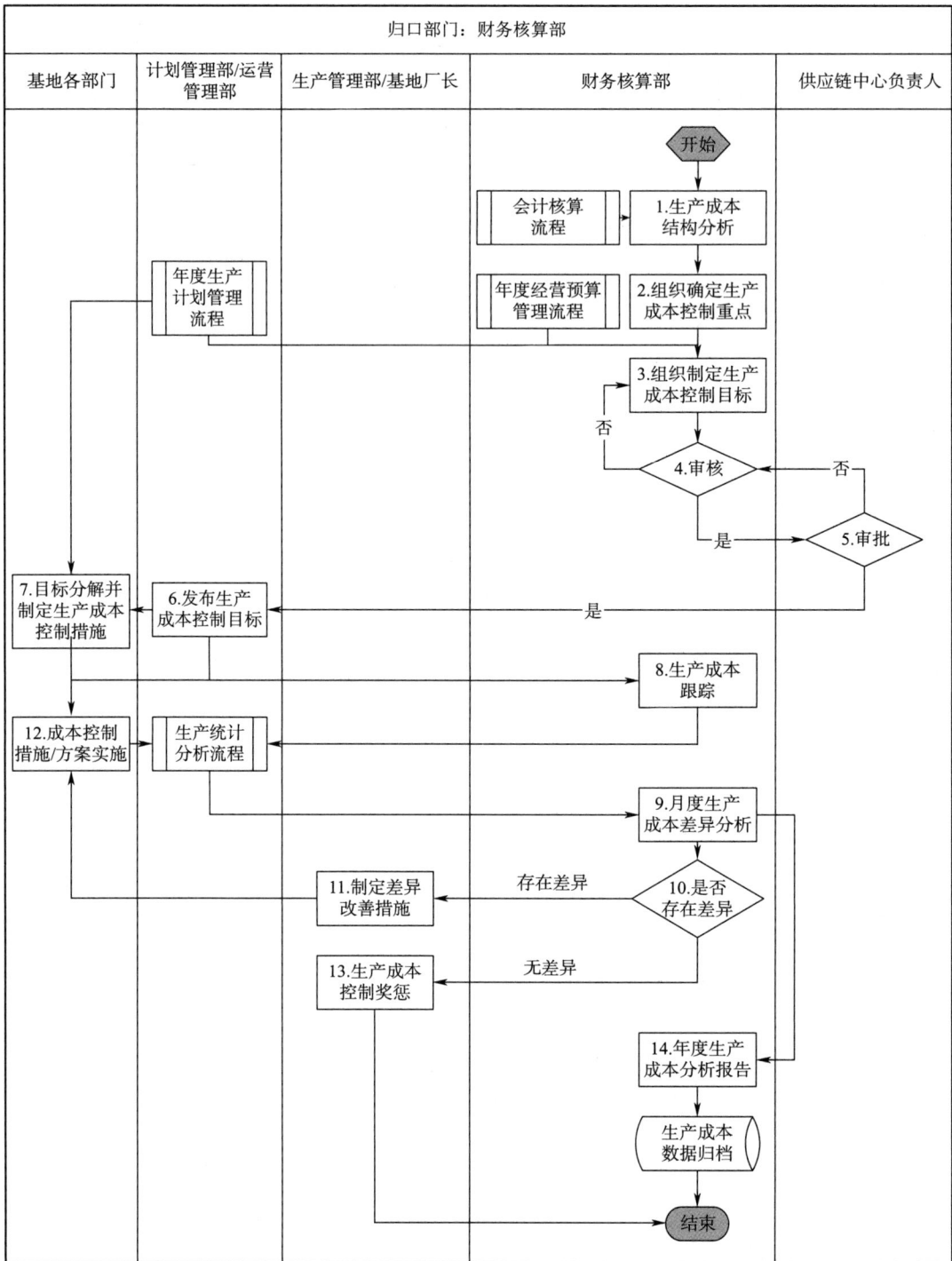

图 9-25　生产成本管理流程图

2. 流程步骤说明

表 9-73　生产成本管理流程步骤说明

流程步骤	步骤名称	流程步骤说明	相关文件/制度	相关表单
步骤 1	生产成本结构分析	财务核算部每年 12 月依据财务会计科目及上一年度的成本核算结果，分析生产成本结构，梳理可控与不可控费用科目		可控与不可控科目划分表
步骤 2	组织确定生产成本控制重点	财务核算部根据生产成本结构分析结果，确定生产成本控制重点，如： （1）人力成本、能耗、生产费用 （2）物料损耗 （3）部门日常费用		
步骤 3	组织制定生产成本控制目标	（1）财务核算部提供历年生产成本相关统计数据 （2）财务核算部确定好重点控制方向后，根据历年生产数据，确定年度生产成本控制目标		绩效考核合约指标表、生产成本考核目标
步骤 4	审核	财务核算部负责人审核		
步骤 5	审批	供应链中心负责人审批		
步骤 6	发布生产成本控制目标	运营管理部发布生产成本考核目标		
步骤 7	目标分解并制定生产成本控制措施	基地各部门按照发布的生产成本考核目标将目标分解，并制定生产成本目标控制措施		配料物料损耗记录表、包装材料物料损耗记录表
步骤 8	生产成本跟踪	财务核算部做好日常生产成本数据收集跟踪		
步骤 9	月度生产成本差异分析	（1）财务核算部每月初从 ERP 提取上月度生产成本控制相关数据进行统计，并与核批过的生产成本控制目标进行对比 （2）财务核算部每月 5 号前提交财务分析报表给基地厂长		财务分析报表
步骤 10	是否存在差异	通过对比后，找出差异项，存在差异的通知基地厂长制定差异改善措施/方案，进入步骤 11；无差异的进入步骤 13		
步骤 11	制定差异改善措施	基地厂长根据财务核算部反馈的差异项，召集相关人员开会讨论，分析差异原因，制定改善措施		配料物料损耗记录表、包装材料物料损耗记录表

续上表

流程步骤	步骤名称	流程步骤说明	相关文件/制度	相关表单
步骤 12	成本控制措施/方案实施	（1）基地各部门组织实施制定的生产成本目标控制措施/方案，做好生产过程各项成本、费用数据的收集和记录 （2）组织实施针对月度生产成本存在差异制定的改善措施/方案		配料物料损耗记录表、包装材料物料损耗记录表、成品入库记录表
步骤 13	生产成本控制奖惩	生产管理部根据生产成本分析结果以及公司相关规定进行奖惩		
步骤 14	年度生产成本分析报告	财务核算部依据全年生产成本统计数据，对比生产成本控制目标，结合各月生产成本差异报告，对全年实际成本与控制目标间的差异进行分析，形成年度生产成本分析报告，为明年的生产决策提供依据		年度生产成本分析报告

3. 相关制度与文件

无。

4. 相关表单

（1）可控与不可控科目划分表。

（2）绩效考核合约指标表。

（3）生产成本考核目标。

（4）配料物料损耗记录表。

（5）包装材料物料损耗记录表。

（6）财务分析报表。

（7）年度生产成本分析报告。

（8）成品入库记录表。

5. 流程授权表

表 9-74　生产成本管理流程授权表

流程步骤	流程业务授权内容	提报	审核	二级审核	审批	知会
步骤 3 至步骤 5	生产成本控制目标	财务核算部	财务核算部负责人		供应链中心负责人	基地、生产管理部、设备管理部

6. 流程风险点

表 9-75　生产成本管理流程风险点

流程 步骤	风险 描述	控制 类型	控制 方式	控制 频率	控制 文档	相关 部门
步骤 3	生产成本控制目标制定不科学、不合理，造成生产资源浪费或者目标难以达成	发现型	人工	每年	生产成本考核目标	财务核算部、供应链中心各部门
步骤 7、步骤 11、步骤 12	（1）生产成本控制措施／方案、差异项改善措施／方案制定不科学、不合理，达不成生产成本控制目标 （2）生产成本控制措施／方案、差异项改善措施／方案执行不到位，达不成生产成本控制目标	发现型	人工	随时	生产成本考核目标、生产过程记录表单	基地各部门

参考文献

［1］ 沃泽尔 M. 什么是业务流程管理 [M]. 姜胜，译. 北京：电子工业出版社，2017.

［2］ 科比. 流程思维：企业可持续改进实践指南 [M]. 肖舒芸，译. 北京：人民邮电出版社，2018.

［3］ 波特. 竞争优势 [M]. 陈小悦，译. 北京：华夏出版社，2009.

［4］ 海姆. 重新定义流程管理：打造客户至上的创新流程 [M]. 楚建伟，译. 北京：中国人民大学出版社，2017.

［5］ 哈默，钱匹. 企业再造 [M]. 王珊珊，译. 上海：上海译文出版社，2007.

［6］ 布拉干扎. 全面流程再造 [M]. 爱丁文化，译. 北京：中华工商联合出版社，2004.

［7］ 佩帕德，罗兰. 业务流程再造精要 [M]. 高俊山，译. 北京：中信出版社，2002.

［8］ 可汗. 持续改善：TOC 生产管理指南 [M]. 中华高德拉特协会，译. 北京：电子工业出版社，2020.

［9］ 加藤治彦. 生产管理 [M]. 党蓓蓓，译. 北京：东方出版社，2021.

［10］ 施炜. 管理架构师 [M]. 北京：中国人民大学出版社，2019.

［11］ 于海澜. 企业架构 [M]. 北京：东方出版社，2009.

［12］ 修文群，张蓬. ERP/CRM/SCM/BI 协同商务建设指南 [M]. 北京：科学出版社，2004.

［13］ 祖林，怀海涛. 重新定义制造 [M]. 北京：中国商业出版社，2019.

［14］ 水藏玺. 业务流程再造 [M]. 北京：中国经济出版社，2019.

［15］ 水藏玺. 互联网时代业务流程再造 [M]. 北京：中国经济出版社，2015.

［16］ 水藏玺，吴平新，刘志坚. 流程优化与再造 [M]. 北京：中国经济出版社，2013.

［17］ 水藏玺. 流程优化与再造：实践、实务、实例 [M]. 北京：中国经济出版社，2011.

［18］ 水藏玺，智鹏. 企业流程优化与再造实例解读 [M]. 北京：中国经济出版社，2008.

［19］ 水藏玺. 不懂流程再造，怎么做管理 [M]. 北京：中国纺织出版社，2019.

水藏玺作品集

序　号	书　　　名	出　版　社	出版时间
1	吹口哨的黄牛：以薪酬留住人才	京华出版社	2003
2	金色降落伞：基于战略的组织设计	中国经济出版社	2004
3	睁开眼睛摸大象：岗位价值评估六步法	中国经济出版社	2004
4	管理咨询35种经典工具	中国经济出版社	2005
5	看好自己的文件夹：企业知识管理的精髓	中国经济出版社	2005
6	绩效指标词典	中国经济出版社	2005
7	培训促进成长	中国经济出版社	2005
8	拿多少，业绩说了算	京华出版社	2005
9	成功向左、失败向右：在企业的十字路口如何正确决策	中国经济出版社	2006
10	激励创造双赢：员工满意度管理8讲	中国经济出版社	2007
11	人力资源管理最重要的5个工具	广东经济出版社	2008
12	人力资源管理体系设计全程辅导	中国经济出版社	2008
13	企业流程优化与再造实例解读	中国经济出版社	2008
14	金牌班组长团队管理	广东经济出版社	2009
15	薪酬的真相	中华工商联合出版社	2011
16	流程优化与再造：实践、实务、实例（第2版）	中国经济出版社	2011
17	管理成熟度评价理论与方法	中国经济出版社	2012
18	流程优化与再造（第3版）	中国经济出版社	2013
19	定工资的学问	立信会计出版社	2014
20	互联网时代业务流程再造（第4版）	中国经济出版社	2015
21	管理就是解决问题	中国纺织出版社	2015
22	年度经营计划管理实务	中国经济出版社	2015
23	学管理用管理会管理	中国经济出版社	2016
24	人力资源就该这样做	广东经济出版社	2016
25	人力资源管理体系设计全程辅导（第2版）	中国纺织出版社	2016
26	互联网+：电商采购、库存、物流管理实务	中国纺织出版社	2016
27	年度经营计划制订与管理（第2版）	中国经济出版社	2016

续上表

序 号	书 名	出 版 社	出版时间
28	班组长基础管理培训教程	化学工业出版社	2016
29	互联网＋：中外电商发展路线图	中国纺织出版社	2017
30	石油与化工安全管理必读	化学工业出版社	2018
31	年度经营计划制订与管理（第3版）	中国经济出版社	2018
32	不懂解决问题，怎么做管理	中国纺织出版社有限公司	2019
33	不懂流程再造，怎么做管理	中国纺织出版社有限公司	2019
34	高绩效工作法	中国纺织出版社有限公司	2019
35	业务流程再造（第5版）	中国经济出版社	2019
36	胜任力模型开发与应用	中国经济出版社	2019
37	年度经营计划制订与管理（第4版）	中国经济出版社	2020
38	不懂激励员工，怎么做管理	中国纺织出版社有限公司	2020
39	不懂带领团队，怎么做管理	中国纺织出版社有限公司	2020
40	不懂组织再造，怎么做管理	中国纺织出版社有限公司	2021
41	不懂任职资格，怎么做管理	中国纺织出版社有限公司	2022
42	人力资源管理体系设计全程辅导（第3版）	中国经济出版社	2022
43	A级选手成长路径	中国纺织出版社有限公司	2023
44	集成供应链业务流程再造	中国铁道出版社有限公司	2023